旅途无止境

自助玩转六大洲

黄欣 著

山东画报出版社

图书在版编目（CIP）数据

旅途无止境：自助玩转六大洲 / 黄欣著. —济南：山东画报出版社，2018.1
ISBN 978-7-5474-2634-0

Ⅰ.①旅… Ⅱ.①黄… Ⅲ.①旅游指南—世界 Ⅳ.①K919

中国版本图书馆CIP数据核字（2017）第305782号

责任编辑 秦 超
装帧设计 沐 伊
主管部门 山东出版传媒股份有限公司
出版发行 山东画报出版社
社 址 济南市胜利大街39号 邮编 250001
电 话 总编室（0531）82098470
市场部（0531）82098479 82098476（传真）
网 址 http://www.hbcbs.com.cn
电子信箱 hbcb@sdpress.com.cn
印 刷 山东新华印务有限责任公司
规 格 160毫米×230毫米
13印张 223幅图 300千字
版 次 2018年1月第1版
印 次 2018年1月第1次印刷
印 数 1—3000
定 价 68.00元

自　序

2011年，在亲戚朋友的鼓励下，我出版了第一本游记《自助玩转六大洲》。之后发生了许多大事，包括两个儿子的先后出生，但是，我们探索世界的脚步并没有停下。6年多的时间内，我们一家又踏上了五大洲共十六个国家。

每次旅行回来，我还是保持着撰写游记的习惯，曾经想过要不要换一种风格写作，但是考虑再三，还是保持了这种“流水账”形式。因为我每次阅读其他人的游记的时候，都希望能够得到更多细节信息，以便规划自己的行程。毕竟到一个陌生的地方旅行，事先了解的越多越详细，越能避免一些浪费时间和金钱的事件发生。因此，在游记里，我忠实地记录了旅行前的各种准备工作包括办理签证、购买机票等等，以及旅行途中的每一个细节和趣事，希望对未来想去同一个地方旅行的人有所帮助，自己多年后读起，也可以对当年的旅行有一个清晰的回忆。

虽然本书的内容仅涵盖五大洲，但是为了和第一本书相呼应，书名还是定为《旅途无止境：自助玩转六大洲》，略有点不名副其实。内容除了大家耳熟能详的美国、英国、加拿大之外，还有相对小众但景色独特的目的地包括玻利维亚、刚果（金）等等，相信总有一篇能引起您的兴趣。

由于书的篇幅有限，旅游的线路、详细到每一笔的花费等信息就不放在书内，感兴趣的读者可以扫描封底二维码进行查看，特别是打算第一次去美国西部进行自驾游的朋友，相信我的路线图以及每天行车的公里数的记录一定能够对您规划路线有所帮助。当然，也欢迎给我留言，交流旅行的心得，如果有机会的话，甚至可以约伴同行。

目　录

city cruises

2012 奥运行

免费的奥运套餐

2012 年伦敦奥运会的脚步近了。今年是奥运年，也是我从伦敦经济学院（London School of Economics, LSE）毕业后的第 10 个年头，于是我萌发了回伦敦看奥运的想法，同时也算是对我硕士毕业 10 年的纪念。

上网一看，由于奥运已经临近，想看的比赛的第一批门票早已售罄，事与愿违，只能暂时放弃了去伦敦的想法。

6 月份，伦敦奥运会门票的第二批销售开始了，奥运门票是分地区销售的，在中国的销售是通过指定的旅行社进行的，大部分票被包装成昂贵的旅游套餐产品，于是我联系了在伦敦工作的大学同学小蔡，让他在英国帮我买几张票。当天晚上，我们俩在网上交谈得热火朝天，他到奥运门票网上一看，我想要的一些比赛门票还没卖完，于是我们就日期、交通、门票价格等讨论了一会儿，最终决定了买哪几场的票子。最后小蔡下单，在网上付款的环节，被告知：没票了。真是白忙活了一晚上，看来这次真的去不了了。

7 月 1 日，基本不上天涯网站的我鬼使神差地打开了天涯论坛，首页上赫然写着“0 元看奥运，免费伦敦食宿”。点进去一看，是天涯网站 6 月 30 日刚刚发起的一个活动，说是只要按要求报名，符合条件的 100 名可以免费获得他们提供的奥运旅游套餐，免费内容包括奥运比赛门票，相应天数的酒店和午餐。被选中的人唯一要做的就是在天涯论坛上发帖子，展示自己看奥运时的照片。

不知道是不是骗人的，我也临时注册了一个账号，将信将疑地报了个名，反正也没损失。我选择了 8 月 6 日的男篮比赛的套餐（8 月 6 日 20:00—22:00 ：西班牙—巴西，22:00—0:00 ：美国—阿根廷）；我也让 Ellen 报了个名，和我选择了一样的套餐，这样如果中了，我们可以一起去。

1 天之后，我们两人都收到了通知，入选了。由于我 2009 年办过英国 5 年多次往返的签证，所以不用再办签证了。Ellen 赶忙去办签证，由于曾经去过英联邦国家旅游，因此可以办加急的英国签证，结果1个工作日签证就下来了。接下来就是订机票：维珍航空，8月3日出发，8月13日返回，价格还可以，往返8400多元。

由于爱尔兰从2011年7月推出了短期签证免签计划，允许持有英国旅游签证的中国人免签证进入爱尔兰旅游。因此借这个机会，我们也决定去爱尔兰玩一趟。从伦敦往返爱尔兰的廉价航空的机票更是便宜，大约700元人民币。

一切都办妥了，8月3日一早，我们就出发前往浦东机场。经过近12个小时的飞行，我们到达了伦敦希思罗（Heathrow）机场。入关时，边检的官员问我，2009年就给了我签证，为啥现在才来，我答道，儿子出生了。

我们的免费酒店是8月4日至7日的，其他在伦敦的日子，我们要住在小蔡的家里。小蔡的家在伦敦市东南郊区的Orpington地区，从希思罗机场出来换一次地铁、再换一次火车就到了，整个行程不到2个小时。要换火车，听上去好像很不方便，其实小蔡家就在Orpington火车站旁步行2分钟的距离内，从Orpington坐火车到伦敦市中心，只要二十几分钟。所以其实住在这里挺方便。火车每天有很多班，而且很准时，在网上查好时刻表之后，提前3—4分钟从家里出来就可以了。因此小蔡上班在路上花的时间其实比大部分在市区居住的伦敦人要短得多。

伦敦市区一日游

到了小蔡家，已经是晚上8点多了。吃了点东西，叙叙旧之后，我们就睡下了。由于时差的关系，夜里醒来一次。清晨5点多，我又醒了一次，窗外下起了大雨。7点多，天晴了起来。天气预报说奥运期间，伦敦天气以阴雨为主，于是我们吃过早饭，赶快出门，享受着充满阳光的时光。

伦敦的公交系统十分复杂，包括地铁、火车、公共汽车，轮渡等，伦敦市区被分成9个区，不同区域的票价不同。车票又分为单程、往返以及Travel Card（可乘坐相应区间内的地铁、火车和公共汽车）等多种形式。

Travel Card包括日票、周票、月票、年票等。日票的价格还分全天和非高峰时期（周一至周五的9:30之前为高峰时期）两种。例如，1—6区的高峰时期的日票价格为15.8镑，而非高峰时期为8.5镑。用现金支付购票和事先购买Oyster Card（类似于上海的交通卡之类的）的价格又有所不同。总地来说，公交系统票价不菲，连伦敦市民都怨声载道。对伦敦的公交车票有一定了解之后，根据自己的需求，购买合适的票，才不会花冤枉钱，以最小的成本实现自己的旅行计划。除了复杂的车票系统之外，在伦敦坐地铁还要特别留意，因为同一个站台可能有不同线路的多辆车次经过（即使是同一条线路，目的地也有可能不同），上车之前一定要看好电子指示牌，弄清楚这辆车是哪条线路的、开往哪里的再上车。

拿着小蔡同学借给我们的打折卡，我们以2/3的价格（今天是周六，属于非高峰时期）买了2张Travel Card日票，坐火车到达市中心的Charing Cross车站，出站后天气又阴了起来。Charing Cross车站出来没多远就是伦敦市中心的特拉法加广场（Trafalgar Square）。特拉法加广场是为纪念著名的特拉法加港海战而修建的，广场中央高耸着的就是英国海军将军纳尔逊的纪念碑和铜像。纪念碑有50多米高，碑的四周有4只巨大的铜狮。奥运会为伦敦增添了不少新元素，广场上竖立了一个奥运会计时牌，连一些英国传统的黑色出租车也被涂上了彩色的奥运标志。

伦敦市中心的一些著名景点都在特拉法加广场附近，紧挨着广场的就是国家美术馆（National Gallery），公众可以免费参观。时间还早，美术馆还没开门，我们沿路慢慢逛到广场西南部的白金汉宫（Buckingham Palace）。正在进行的奥运会公路自行车赛正经过白金汉宫门口，道路已经用警戒线隔离了起来，只留下一个口子供行人过马路。每当有选手马上要经过的时候，志愿者们便把这个口子挡住，禁止行人横穿马路，等车子过去之后再放行。我们到达这里的时候，正赶上运动员们经过这里，警戒线旁围着许多人，看到运动员骑车过来，人群中便爆发出一阵欢呼叫好声。

10年前白金汉宫的门票是10英镑，当时还是个学生的我觉得这个价格太贵，没舍得进去。10年后的今天，价格已经涨到18镑了。作为英国王室在英国首都的官邸，白金汉宫其实也没多大，比起紫禁城来说小多了。

王宫主要就是由一座四层楼的大房子和一个花园构成。白金汉宫内部禁止照相，免费提供包括中文在内的多种语言的语音导览仪。这是个比手机略大点的仪器，配有耳机，戴着语音导览仪的耳机，听着语音提示，在仪器上选择，就可以收听你经过的或是感兴趣的王宫里的景点的介绍。

参观王宫，主要也就是领略一下英国王室的奢华生活。我们按照游览指示，参观了王宫的一个个的房间。除了精美的装饰之外，一些房间里面展示着王室收藏的油画、工艺品等。白金汉宫只是女王众多行宫中的一个，不知道王室占有的财富，可以占到整个英国的财富的百分之几。

从白金汉宫出来，我们一路逛到了泰晤士河（Thames）边，河的南岸耸立着巨大的大转轮——伦敦眼（London Eye），而河的北岸就是著名的大本钟（Big Ben）和国会大厦（Parliament）。附近的游客不少，但是比想象中的情况要少得多。离开大本钟，我们来到了唐宁街，这里是英国首相的官邸。街口站着荷枪实弹的警察守卫着，远远望去，可以看到首相的官邸——唐宁街 10 号的门。

白金汉宫

白金汉宫

奥运期间果然和平时不同，我们走着走着，突然路边出现了几个人，打开一个大包，向一旁的行人免费发放东西。我接过来一看，原来是一个简易的望远镜，还有一件雨衣。上面没有任何标志，不知道是什么组织提供的。

我们的下一站是海德公园（Hyde Park）。由于这里是奥运会的一个比赛场地，海德公园里人山人海，没有了平日里的清静。天涯社区提供给我们的免费用餐券指定的餐厅就在海德公园西南方向，位于泰拉酒店（Tara Hotel）内，名叫白沙浮餐厅。我们一路逛、一路问路，终于找到了这个餐厅。这是个新加坡中餐馆，按照免费券的安排，我们每个人可以享受一荤一素两个菜、一碗汤、一瓶软饮料以及一份甜点。点好菜上来一看，分量还挺大，味道也挺正宗的。特别是甜点，好大一份。连服务员都说，最近甜点师傅

国会大厦

大本钟

不知道怎么了，分量都做得这么大。一顿饭下来，我都快撑死了。虽然是免费的，也需要我们签个单，我瞄了一眼价格，我们两人这顿饭价值60英镑，也就是600块钱人民币。

免费午餐之后，我们坐地铁来到Tottenham Court Road，大英博物馆（British Museum）就在这里。据说大英博物馆拥有藏品600多万件，包括埃及的木乃伊、中国的青花瓷、希腊卫城神庙里的石柱以及古罗马时代的雕塑等，当然大部分应该都是抢来的。也许正是因为这个原因，大英博物馆是免费向公众开放的。据说这里经常就有一些希腊人举着牌子抗议，要求英国归还抢走的希腊文物。馆里来自中国的稀世珍宝占据了好几个陈列厅，不知道什么时候这些“赃物”才能重新回归祖国。

大英博物馆的藏品太多，不可能同时展出，因此一些藏品会被轮流展出，而大部分藏品只能呆在仓库里。即使走马观花地参观这些展出在陈列室里的小部分展品，也需要不少时间。我们几乎将每个展厅都走了一圈，脚都走酸了。时间也不早了，已经下午 5 点多了，我们从早上 8 点出门，不知不觉已经逛了 9 个多小时，真够累人的。我们乘地铁回到泰晤士河畔，又稍微逛了一会儿，搭乘 6:45 的火车回小蔡家去了。顺便说一句，在伦敦市中心找个公共厕所很不方便，大部分是在地铁站，而且都是要收费的，便宜的 20 便士，贵的 50 便士，也就是 5 块钱人民币。上个厕所要 5 块，也真够贵的。

大英博物馆

瞧见剑桥

8月5日，按照计划，我们今天前往距离伦敦约100公里的剑桥。由于天涯提供给我们在伦敦的免费酒店从今天开始，考虑到这个酒店离小蔡家挺远的，而且7号一早我们要去机场前往爱尔兰，因此就把要带去爱尔兰的行李一路背去剑桥。我们9点多来到King's Cross火车站，在自助机器上取了事先订好的车票，上了火车。我们订的是快车，不到50分钟就到了剑桥。剑桥的火车站不像伦敦，没有免费的周边地图提供。剑桥整个城市不大，于是我们决定徒步从火车站走到市中心。火车站门口的指示牌上印有剑桥市地图，我们用数码相机把地图拍了下来，这样就可以一路上查阅。

和国内的大学有所不同，剑桥大学并没有统一的校园，学院分散分布在剑桥市的各个地方。参观剑桥，主要也就是参观剑桥大学的几个著名学院。剑桥大学的学院和我们平时理解的学院也有所不同。按我们的理解，大学有经济学院、管理学院什么的。剑桥大学也有经济系、物理系什么的，但是学院并不是按学科来分类的。学院更可以理解为学生居住的地方，学生的日常生活管理、指导老师什么的一般都由学院分配安排。也就是说，同是数学系的学生，可能属于不同的学院，居住在不同的地方。上课的时候统一来数学系的教学楼上课。参观这些学院可不都是免费的，一些著名

剑桥大学国王学院

的学院都是需要门票的。例如国王学院(King's College),门票费为7.5英镑,不便宜。要是每个学院都走一圈,每个人门票费加起来也要一二百元人民币。还好我事先向朋友借了一张剑桥大学的校友卡,凭校友卡可以免费带2—3个人进学院参观,这样我和Ellen就可以免费参观各个学院了。

剑桥大学已经有800多年的历史了,众多学院当中,较大的一些其实就是由高大围墙环绕着的古城堡;较小的一些,比如达尔文学院、女王学院等,仅仅由散落在路边的几幢房子构成。来剑桥参观的人很多,有许多是来自中国的中小学生组成的夏令营。我们首先进入了基督学院(Christ's College),这是个并不是很大的学院,成立于1505年,参观不需要门票,里面很漂亮,邓亚萍就曾在这里学习。

我们从基督学院出来,来到了市中心,宏伟的国王学院就在一旁。许多介绍剑桥大学的图片就是以国王学院作为背景的,学院里耸立着高高塔尖的大教堂配上大片的草坪,看上去非常的壮观。徐志摩当年就是在国王学院学习的,如今国王学院草坪旁的小路上,有一块白色的大理石碑,上面用中文刻着徐志摩《再别康桥》的诗句。

剑桥大学圣约翰学院

剑桥大学圣约翰学院　叹息桥

从国王学院出来，我们来到了成立于 1511 年的圣约翰学院（St John's College）。圣约翰学院占地面积也不小，剑河就从学院内穿过。学院内横跨剑河的，就是著名的叹息桥。在剑桥逛，找洗手间也是个问题，好容易按路上的标牌指示找到一个需要付费的洗手间，结果因为故障关闭了。学院里也找不着洗手间，学生住的地方都有游客禁止进入的文字提示。在圣约翰学院的内部，有一幢看上去比较新的建筑，应该是学生宿舍楼，没有任何禁止进入的文字提示，于是我便沿楼梯上去，找到了洗手间。

圣约翰学院和国王学院之间就是著名的三一学院（Trinity College）。三一学院成立于 1546 年，据说是剑桥大学最著名的学院。这里总共培养出超过 30 位诺贝尔奖得主，著名的科学家牛顿、哲学家培根、诗人拜伦都是这里的校友。

国王学院东南方向没几步路，就是科珀斯克里斯蒂学院（Corpus Christi College）。据说这是唯一一个由剑桥市民建立的学院，成立于 1352 年。从这里出来往西不远，就是著名的数学桥（Mathematical Bridge）了。其实这个桥的官方名称只是“木桥（Wooden Bridge）”。关于数学桥这个名字，有一个故事，说是当年牛顿设计了这个桥，不用一根钉子和螺丝固定，

剑桥大学三一学院

剑桥大学数学桥

将多块木头按一定角度搭建起来，靠它们之间的作用力，支撑起了这个桥。后来剑桥的学生们想弄明白原理，将桥拆了，也没研究清楚，最后也无法复原，只好用钉子钉上了。不过这个故事并不是真的，这个桥一开始修建就借助了钉子，而且也不是牛顿设计建造的，后来不知道是哪个牛顿的崇拜者瞎编了这个故事。不过不管怎样，这个虚假的故事倒是吸引了不少游客前来。

我们又沿途参观了几个小的学院——女王学院（Queen's College）、达尔文学院（Darwin College）等，随后来到剑桥西南方位的一个大草坪上。这里有一个小型的儿童游乐场（滑梯、秋千、跷跷板什么的），许多当地居民带着孩子在这里玩耍。不知不觉也快下午 5 点了，时候不早了，我们向火车站赶去，乘坐 5 点 20 的火车回到了伦敦。背着重重的行李在剑桥逛了一天，真有点腰酸腿疼。

从伦敦 King's Cross 车站出来，我们便赶往天涯提供的免费酒店——Comfort Hotel。这个酒店位于伦敦 4、5 区之间的 Harrow 地区，从

Northwick Park 地铁站出来还要步行近 20 分钟，其实交通没有小蔡家方便。主要考虑到接下来的 2 天我们要早出晚归，所以住在这里可能方便一些，不会影响小蔡一家休息。这是个三星级的酒店，条件一般。入住之后我们稍作休息，便又出发了，我们打算去看看伦敦塔桥（Tower Bridge）的夜景。顺便说一下，有些人把伦敦桥（London Bridge）和塔桥混为一谈，其实这是两个不同的桥，伦敦桥在塔桥西面不远的地方，只是一座普通的桥。

到达塔桥附近，已经是晚上 9 点多了。伦敦纬度高，8 月份白天时间很长，一般晚上 9—10 点天才黑，我们到的正是时候。塔桥是伦敦标志性的建筑之一，夜晚的塔桥被打上了蓝色的灯光，挺好看的。塔桥周边热闹非凡，一座河边的建筑物外墙上正在投影直播奥运会比赛，河对岸一群人正在观看。塔桥旁边的伦敦塔（Tower of London，虽然名字叫做伦敦塔，实际上

伦敦塔桥

是一座城堡）里好像也正在举行什么活动，频频传来欢呼声。这时正好有一艘大船要通过，塔桥的桥面缓缓地向两边抬起，河边的游客纷纷举起相机摄影留恋……等到我们返回酒店，已经快晚上11点了。

探路贝克街

我们的免费酒店是包早餐的，早饭时间是7:00—10:00。天涯给我们提供的免费酒店是8月5号到8号早上，但我们计划7日早上就去爱尔兰，因此要提前退房。7日早上我们6点左右就要出发前往机场，那时候餐厅还没开门。因此8月6日用早餐的时候，我就问餐厅经理，我们明天6点左右来餐厅，有没可能拿到一些面包之类的食物。经理说没问题，他会事先准备两份早餐给我们，他明天6点会在餐厅等我们来取。

天涯赠送的奥运篮球门票就在今天晚上，伦敦奥组委为每一张门票提

 贝克街221号

供了一张比赛当日免费的 Travel Card（含高峰时期的全天有效的日票，有效期至第二天凌晨 4 点），可以乘坐几乎所有的伦敦 1—9 区的公共交通工具。我们计划早上先去郊外的温莎堡，再回市中心逛逛，然后就去奥林匹克公园，晚上看篮球赛。不过，去温莎之前，我们要先去贝克街（Baker Street）一趟。

我们 7 日早上去爱尔兰都柏林的飞机是从伦敦的另外一个机场 Stansted 机场出发的。这个机场没有地铁直接到达，我们在网上预订了前往机场的大巴——Easybus。车票原价 6 镑，提前在网上预订只要 2.99 镑，需要 7 日早上 6:40 分到达贝克街附近的大巴站乘坐。我们今天先来踩个点，看看那个站在哪里，以免第二天找错了地方误了飞机可不好。

说到贝克街，喜爱侦探小说的人应该都知道，柯南道尔笔下大侦探福尔摩斯就住在贝克街 221 号。虽然福尔摩斯只是个虚拟的人物，如今贝克街 221 号已经成为一个福尔摩斯博物馆。除了福尔摩斯之外，贝克街还有另外一个有名的之处：贝克街地铁站是世界上第一个地铁站。

幸好我们提前一天来踩点，这个大巴站不是那么好找，Easybus 网站上的示意地图不是那么准确。我们还查看了地铁时刻表，一路计算了从酒店出来直至达到大巴站的时间，依此判断明天该几点出门比较合适。

女王姓什么

踩点结束，我们乘坐地铁前往 Paddington 站，换乘火车到达 Slough 站，再乘坐从 Slough 到温莎的火车，全程不到 1 个小时。从火车站出来之后，雄伟的温莎城堡就在眼前了。

温莎堡是英国王室的一个行宫，现任女王还经常住在这里。当然，今天她并不在这里。可能有些人并不知道，英国王室的姓就是温莎，女王伊丽莎白的全名是伊丽莎白·亚历山德拉·玛丽·温莎（Elizabeth Alexandra Mary Windsor）。在 1917 年之前，英国王室成员是没有姓氏、而只有名字的。而他们所谓的姓氏，是用王朝的名字或是所居住的房子的名字（House

温莎城堡

Name）来代替（说到这里，又要再提一下什么是房子的名字。在英国，不知道从什么时候起，富人们喜欢给自己居住的房子起个名字）。1914 年，第一次世界大战开始之后，英国国内反对德国的情绪很高。这时英国国王乔治五世用来代替姓氏的房子的名字是萨克森 - 科堡 - 哥达（Saxe-Coburg-Gotha）。这是一个德国名字，为了表示对德国的抗议，1917 年，乔治五世国王宣布不再采用王朝名字或是房子名字来代替姓氏，采用温莎堡的“温莎（Windsor）”作为王室的姓。1960 年女王和爱丁堡公爵（也就是菲利普亲王）结婚之后，为了让自己的后代与其他王室成员有所区别，女王宣布，女王和菲利普亲王的后代的姓氏为蒙巴顿 - 温莎（Mountbatten-Windosr）（菲利普亲王的姓氏为蒙巴顿）。

参观温莎堡的门票为 17 英镑。温莎堡建在一个小山丘上，根据地形的高低大致分为上区、中区和下区。下区部分主要是一大片空地和圣乔治礼拜堂（St George’s Chapel）。我们到达这里的时候，下区的空地上正有一队女王的卫队乐队正在演奏音乐。中区主要就是玫瑰花园和圆塔。这个玫瑰花园是由原先的护城河改造而来的。上区位处于地势较高的小山上，包括舞厅、国家厢房（State Apartments）等房间。

温莎堡的各个房间和大厅里展出了不少东西，包括各种冷热兵器、女王的珠宝首饰等，琳琅满目。其中比较有意思的是玛丽女王的玩偶之家。这个玩偶之家其实就是玛丽女王的大型玩具，是一个按同样比例缩小的一个几层楼的楼房，大约 1 米多高。里面各种功能的房间样样俱全，房间里的家具、器皿、甚至是珠宝首饰都是按微型比例精心制作的。

最后，我们又返回到下区，和这里站岗的卫兵合了张影，或者应该说卫兵是“被合影”的。他站在那一动不动，游客们纷纷过来和他合影。这个卫兵瞪大了眼睛，怎么看上去像是一幅惊恐的样子，非常有意思。

温莎堡旁的河对岸就是伊顿小镇（Eton），著名的贵族学校伊顿公学（Eton College）就在这里。我们在小镇逛了一圈，来到伊顿公学门前。这里暂时不能进入，要等下午 2 点，才会有一场免费的由向导带领的学校参观之旅。我们今天行程很紧，等不到 2 点了，于是我们返回车站，乘车回

伊顿公学

到了市中心。

还有一份免费的午餐券，我们又来到白沙浮餐厅饱餐一顿。从这里坐地铁前往奥林匹克公园途中正好经过我的母校伦敦经济学院，因此我们便在 Holborn 站下车，重返离开了 10 年的学校。伦敦经济学院虽然名气很大，但仅仅是由路边的几个小楼构成。10 年过去了，伦敦市并没有太大的变化，伦敦经济学院倒是增加了一些建筑，感觉建筑里的设施也现代化了不少。

只睡了 3 小时

略微缅怀了一下我的硕士时代之后，我们又返回了 Holborn 地铁站。已经下午 5 点了，我们过来的时候地铁上还有座位，现在可完全不同了，地铁里挤满了人，第一辆车我们都没挤上去，看样子都是去奥运村看比赛的。第二辆车好容易挤了上去。挤在我们周围的，碰巧都是 1.90 米以上的大个，把我们围在中间。我还好，Ellen 个子比较小，感觉就像掉在了井里。伦敦的地铁车厢比中国的要小，这里的人个子又大，再加上地铁里没有空调，一会儿大家都大汗淋漓了。所以有人说夏天在伦敦挤地铁上下班是件痛苦的事，如果再碰到旁边有个身上有异味的，那真是痛不欲生了。

好容易到了 Stratford 站，几乎所有人都下车了，地铁出口的闸机也全部开放，不检票了。我们随着长长的人流缓慢地向奥林匹克公园行进。通过安检，进入公园，伦敦碗就在眼前。个人感觉还是北京的鸟巢更好看一些。奥林匹克公园占地面积挺大，篮球馆又在离入口最远的地方。已经逛了一整天了，等到我们走到篮球馆，感觉脚都快走断了。

进入球馆坐下没多久，比赛就开始了。我们的座位在第 29 排，属于篮球架右后方的区域，看得很清楚。西班牙对巴西、美国对阿根廷这两场比赛比赛很精彩，具体过程我就不再赘述了。比赛结束，已经是零点十分，等我们走出奥林匹克公园、搭乘地铁、回到酒店，洗漱之后上床睡觉，已经是凌晨 2 点左右了。

劳累了一天之后，这一觉也睡得不安稳，5 点我们就起床了，收拾好行李退了房，6:00 整来到餐厅。餐厅经理已经等在那里了，给了我们 2 份早餐，还挺丰盛，有面包、果汁、带牛奶的麦片什么的。我们拿上早餐，赶忙向地铁站赶去。今天是周二，早上 9:30 之前属于高峰时间，这时的地铁票真贵，从 Northwick Park（位于 4 区）到 Baker Street（位于 1 区）的单程票价为 5.1 镑，50 多块人民币。由于踩点计算过时间的缘故，一切都很顺利，我们 6:30 左右到了大巴站。

车行近 50 分钟，我们到了 Stansted 机场。我们要乘坐的是廉价航空——瑞安航空（Ryanair）的航班。这个航空公司挺有意思，要求乘客提前在网上 check in，然后把印有条形码的登机牌打印出来带到机场，届时就凭这个登机牌登机；任何需要托运的行李都要另外收取一笔不菲的费用；登机牌没有指定座位，大家上飞机以后自己找座位坐；登机时大家排成一条长队，如果不想排队、想早点上飞机的人，可以购买 6 镑一张的优先登机券，这样就可以不用排队上飞机了。大部分人都是看中这便宜的机票来的，图的就是便宜，所以也没什么人会购买这个优先登机券。当然，上了飞机之后，要想吃点什么、喝点什么，都要另外付钱。

飞机起飞一个多小时之后，我们到达了都柏林。在入海关的时候，爱尔兰边检的工作人员看到了我护照上的英国 5 年多次签证，感到很意外，对我说他觉得很奇怪，居然英国政府给我 5 年多次的签证。我心里说，凭啥不能给。

我们预订了 Paddywagon 公司在爱尔兰境内的大巴旅游线路。Paddywagon 公司还提供这样一项服务：他们每天有定时的班车往返于机场和市中心，凡是预订过他们公司服务的客户，都可以免费乘坐这个班车。我们找到了机场里 Paddywagon 班车的上车点，班车准时来了，只有我们 2 个人乘坐。看样子是不是他们公司的客户也无所谓，上车不需要出示任何证明。Paddywagon 每天维护这么多班班车，估计很多时候是空载运行，不知道亏不亏本。

班车的终点就在 Paddywagon 办公室旁边，这里位处市中心。我们预订的酒店 Maple Hotel 离这里也就 3 分钟步行距离。在酒店休息片刻，我们的都柏林徒步之旅就开始了。

千年之书与吉尼斯

都柏林城市不大，建筑风格和伦敦很像，道路较窄，我们还看见了一辆装甲车在市中心开过。在伦敦看了这么多城堡、教堂之类的欧式建筑之后，我们也有点审美疲劳了，在都柏林也就走马观花地参观参观。有一条河从都柏林市中心流过，河的北岸是雄伟的海关大楼。我们沿河边走了几步，来到了河的南边的三一学院。这里应该是爱尔兰最著名的大学了，值得参观的，除了大学的建筑之外，还有一本非常有名的书——凯尔斯之书（Book of Kells）。这是一本有着 1000 多年历史的书，据说是爱尔兰中世纪手抄本中最精美的一部。

参观凯尔斯之书的门票挺贵的，要 9 欧元，也就是近 80 元人民币。票价要 9 欧元，主要也就是冲着这本书有 1000 多年历史，其实参观的内容很少，就是一个大厅，里面介绍凯尔斯之书是如何制作的（比如书页是

都柏林三一学院

用动物的皮制作的、字体是怎样的、文字和图案的颜色是用矿石制成的色素画上去的等），然后就是隔着橱窗看看凯尔斯之书以及其他几本年代久远的书，最后就是看看一个古老的图书馆。在这里参观，都是不允许照相的。

凯尔斯之书好像在国内的介绍不是很多，这里我稍微介绍一下。这本书可以算的上是爱尔兰的一大国宝，大约是在公元800年的时候由修道士制作完成，内容是关于圣经的，由拉丁文写成，全书分为4卷。书曾经在凯尔斯修道院（Abbey of Kells）里存放了几个世纪，后来才被搬到了都柏林，因此取名为凯尔斯之书。

爱尔兰闻名于世界的，除了凯尔斯之书之外，还有吉尼斯（Guinness）黑啤。吉尼斯黑啤以竖琴作为自己商标的标志。这个公司非常善于做广告宣传，它如今的成功主要就归功于此。著名的吉尼斯世界纪录，其实最早就是由这个公司创造出来的。故事是这样的，1951年，吉尼斯啤酒公司的董事总经理休·比佛爵士（Sir Hugh Beaver）在爱尔兰韦克斯福德郡的一次狩猎聚会上与人争论哪种鸟是欧洲飞得最快的鸟。他发现没有哪本书能够提供答案。他又想到，还会有同样类型的问题，人们感兴趣但是找不到答案，因此他决定出版吉尼斯世界纪录一书，满足人们的猎奇需求，没想到从此大获成功。不过如今的吉尼斯世界纪录已经和这个酒厂没什么关系了。

我们在城中逛逛，参观了一些教堂和城堡。都柏林市中心有一个小广场，上面耸立着一个雕塑，还有一个非常高的纪念碑，像一根针一样刺向天空，据说是为了纪念千禧年而建立的。离开广场，我们买了瓶黑啤和一些食物，就回酒店了。说实话，黑啤的味道有点奇怪，不过还可以接受。

从都柏林到 Galway

8月8日早上8点，我们来到 Paddywagon 的办公室，搭乘大巴开始我们的爱尔兰3日游。Paddywagon 提供了一辆能坐60人左右的大巴，不过只有10余名乘客。今天我们将一路开往 Galway，并沿途参观一些景点。

大巴上全程提供无线网络，我们的司机名叫 Tiernan（不知道是不是这么拼写），是一个非常能说的小伙子，一路上不停地通过麦克风跟大家介绍一些民俗故事，或是一些笑话。

爱尔兰的乡村和新西兰的有点相似，也是蓝天、白云、漫山遍野的嫩绿。不如新西兰的就是没有白色的雪山，湖泊也比较少。公路两旁的草地上，常常可以看到大片的牛羊，其中就有爱尔兰著名的黑头羊。这种羊的头和脚都是黑色的，身上的毛是白色的。

司机 Tiernan 在路上给我们讲了个小故事：爱尔兰有种树被认为是神树，如果有人把神树砍了，家族子孙 4 代都会遭受厄运。有个人为了移民美国，把家里的树砍了，把土地卖给了别人，搬到美国去了。结果大家都知道了，这个家族就是厄运连连的美国著名的肯尼迪家族。

由于爱尔兰风景优美，许多电影都是在爱尔兰取景的，例如《勇敢的心》。我们途中经过的小镇 Cong，当年就是好莱坞电影《The Quiet Man》（好像中文片名为《蓬门今始为君开》）的拍摄地点。影片讲述的是美国一位拳王退出拳坛后，返回故乡爱尔兰后的事情。看来当地人还挺看重这件事，小镇上还设立了一个小的博物馆来纪念这部电影。

小镇不大，一条清澈的小河从中穿过。河边还有立有一个指示牌，上面画着鸭子，提示司机们这里常常有鸭子横穿马路，注意安全。小镇上一共就几户人家，旁边有一个废弃的城堡，以及一个幽静的森林公园。如果想沿着小路在森林公园走一圈，估计得用上 1—2 个小时。

我们下一个目的地是凯利莫修道院（Kylemore Abbey），号称是爱尔兰版的泰姬陵。这里原本是一个城堡，建于公元 1867—1871 年。之前这里是著名的钓鱼打猎的旅游胜地。英国的一个名叫 Mitchell Henry 的医生和他的夫人来这里度蜜月，被这里的景色迷住了。之后医生就买下了这里方圆 15000 英亩的土地，修建起了城堡作为礼物送给自己的妻子，并定居于此。Henry 医生给当地带来了很大的进步，帮助当地农民发展农业、为当地人提供工作和住所、为孩子们提供学校；在困难时期减免了佃户的租金；他甚至还利用这里的水力资源发电，供城堡使用，节约了大量的煤油；还建立了城堡自己的消防队……Henry 医生将这里原本长满灌木丛的一片

凯利莫修道院

荒芜之地改造成了一个美丽的城堡，而且给当地人民带来了很多的福利，因此受到了当地人民的爱戴。后来医生的夫人因疾病去世，城堡之后几经易手，最后成为修道院。

凯利莫修道院的门票要 12 欧元，不过报上 Paddywagon 的名字，只要 8 欧元就可以了。里面可供参观的有一个城堡、一个教堂以及一个维多利亚式的大花园。要是在这里住上几天，悠闲地欣赏这里的湖光山色，不紧不慢地爬爬山什么的，倒是一种挺好的休闲。可惜我们行程紧，只能匆匆来去。

到了 Galway，我们入住了 Paddywagon 集团下属的 Sleep Zone 青年旅舍。我们放下行李出来，在市中心逛逛。Galway 号称是爱尔兰第三大城市，其实和中国的城市相比，那只能算是一个小镇。半个小时左右就能在市中心逛一圈。Galway 市内并没有什么特别著名的景点，不过倒是有一个有趣的典故。

背过 GRE 单词红宝书、蓝宝书的人可能会记得一个单词 Lynch，意思就是私刑处死。这个单词和 Galway 有着密不可分的联系。15 世纪的时候，Galway 有一个大法官，姓 Lynch。Lynch 家族在当地是一个很有势力的家族。Lynch 法官的儿子为了维护家族利益，杀死了一个也很有势力的西班牙人，西班牙人要求严惩法官的儿子。为了避免公开审判，以免家族名誉受损，Lynch 法官私自处死了自己的儿子，把他吊死在窗户外面。自此，Lynch 这个字也就有了“私刑处死”的意思。关于这个词的来历，我也上网查了一下，也有说法说是来自美国的一个典故，但是我觉得爱尔兰的这个故事更为可信，毕竟 15 世纪的时候，美洲大陆还只有印第安人，而且在 Galway 还可以看到 Lynch 家族曾经住过的城堡，现在已经成了当地爱尔兰联合银行（Allied Irish Bank）所在地。

大雾中的悬崖

8 月 9 日，今天大巴上只有 8 位乘客了（昨天一起的一些游客参加的是一日游或是四日游的项目，不再继续乘坐这辆大巴了）。我们今天主要要参观的是莫赫悬崖（Cliffs of Moher）。由于爱尔兰是个岛国，天气湿冷，莫赫悬崖常常会被大雾笼罩，不知道我们这次有没有运气看到它的庐山真面目。

早上从 Galway 出发之后，我们先来到邓古莱城堡（Dunguaire Castle），这是个位于河边的一个小城堡，建于 1520 年。目前天气挺好，晴空万里，看来我们的愿望可以实现。

离开邓古莱城堡之后，我们又参观了一个我已经记不住名字的城堡，之后我们就到了 Poulnabrone Dolmen 墓穴，这是一种 Portal Tomb（我查了一下网上翻译成“门户墓”）。虽说名字带个“墓”字，但是事实上 Portal Tomb 就是在地面上直立 3—4 块石头，上面横着搭放着一块较为平整的石头而形成的一个小房间。考古发现的最早的门户墓出现在 7000 多年前，至于到底是做什么用的，考古学家一直没搞清楚，学界普遍的理论

邓古莱城堡

古墓

认为是墓穴，但是这个理论目前没有任何证据可以证实。

我们今天参观的 Poulnabrone Dolmen，据推测可能建造于公元前 4200 年至公元前 2900 年之间，属于新石器时代。这里除了这个墓穴之外，比较有特色的还有这附近的地貌，不知道怎么形容比较合适，也许这样说不是很贴切，但是我觉得整个地面就像是局部长了草的穿山甲的皮肤，一块块白色的石片间点缀着绿色的草地。

离开墓穴，接近中午时分，我们来到了莫赫悬崖的山脚下，大家在这里吃点东西，休息休息片刻准备上山。山脚下的这个小镇挺漂亮的，蓝天

莫赫悬崖

白云绿草红花，一幅静谧的田园风光。等到我们上山的时候，一大片雾从大海的方向飘过来，整个莫赫悬崖的山顶已经被笼罩在大雾中。来到悬崖边上，一旁200多米之下就是大西洋的海面。

我们沿着悬崖慢慢行走，期待大雾能够尽快散去。大雾中的悬崖若隐若现，旁边还有许多海鸥盘旋飞翔。雾里看花、水中望月，另有一番风味。悬崖边上有石板砌成的围栏，可能是怕有些人来这里跳海自杀，每隔一段距离，石板上就写着电话号码，以及一些文字，提示人们可以打这个电话谈谈心。沿着悬崖边一直往南，有一块牌子写着前面是私人领地。不过我看大部分游客继续往前，我们也就跟了进去。这里的悬崖边就没有围栏了，许多人趴在地上从悬崖边缘向下看去，十分刺激。

一个半小时之后，大雾开始有散去的迹象，悬崖也犹抱琵琶半遮面似的慢慢显现出来。肉眼已经可以看出莫赫悬崖一层层的形状了，不过相机还拍不出这模糊的震撼。估计再过个半个小时，天气有可能完全放晴。可是我们的大巴要离开了，我们只好带着这份遗憾下了山。如果是自驾游，时间上会充裕一些。不过说到自驾游，如果驾驶技术不是很高的朋友，建议还是不要在爱尔兰尝试了。这里和英国一样，是左行，而且道路狭窄，车速飞快，在国内大城市大马路开惯了的可能会很不适应。可能正是这个原因，在英国考驾照比中国难多了，小蔡同学告诉我，他考了6次才通过。

不光是他，很多人都是多次才过的。

乡村美景

在进入 Kerry 城市中心之前，Tiernan 把大巴开到了城边的小山上，说是让我们欣赏一下美景。到达山顶一看，果然不负此行。山顶上一大片郁郁葱葱的草地，一匹马正在悠闲自得地吃草，山下的远处就是一个湖泊，周围环绕着密密的森林。

等我们到达 Kerry 的时候，已是晚上 7 点左右了。天色尚早（还是艳阳高照），我们把行李放在青年旅社之后就出门了。根据之前 Tiernan 的推荐，我和 Ellen 决定去基拉尼国家公园（Killarney National Park）逛逛。从旅社出去没几步路，就来到国家公园的门口。国家公园对面就是一个教堂，蓝紫色的顶，看上去挺漂亮。走进国家公园一看，近处是大片的草地，许多牛在上面悠闲的吃草；远处是一片森林。一条小路通往森林深处，整个景色给人的感觉就像油画一般。一些当地人在小路上快走或是骑车，作为傍晚的锻炼活动。游览基拉尼国家公园有几条不同的路径可以走，我们选择了前往罗斯城堡（Ross Castle）的路。罗斯城堡在森林的另一头，距离我们进入的国

罗斯城堡

家公园大门约有3公里。为了能在日落之前赶到罗斯城堡欣赏那里的美景，我们决定先不吃晚饭，沿小道一直往前走。

我和Ellen在田园般的国家公园里边走边聊，正觉得有点饿的时候，不远处传来了孩子的嬉戏声，还有船桨在水里击打的声音。再往前几步，我们走出了森林，眼前豁然开朗，出现了一个湖泊，湖泊边上就是我们的目的地——罗斯城堡。

修建于15世纪的罗斯城堡在夕阳照射下的湖畔显得格外宁静，一旁嬉戏游玩的人们不但没有破坏这诗一般的宁静，还更加增添了一丝人文气息，使这份恬静更加具有生气。本想在这里等等日落，考虑到我们都还饥肠辘辘，从这里走回市中心还需要一段时间，我们只好开动相机，尽可能地记录下这美好的一刻，然后便匆匆返回。返回的路上，我们还看到了几只鹿在草丛中用餐，于是我们进一步地加快了步伐……

回到市中心，我们发现离我们旅社不远处就有一个中餐馆。好几天没吃中餐了，我们决定在此改善一下伙食。这里的老板是个东北妹子，挺热情的。我们点了一份牛肉炒面，一份牛肉炒饭，以及一杯果汁，总共 27.7 欧元，味道还不错。

善辩的石头

8 月 10 日，今天是我们大巴 3 日游的最后一天，今天能坐 50—60 人的大巴上只有 6 位乘客了，真不知道这趟大巴赚不赚钱。主要的目的地就是布拉尼城堡(Blarney Castle),据说这个城堡最初修建于公元1200年之前。城堡中有个地牢可供参观，到入口处一看，通道非常的狭窄而且高度很低，需要猫着腰进入，而且看样子这里很潮湿，石头地板上都是水，应该很滑。2010 年在土耳其的时候参观过那里庞大的地下城市，这个地牢和地下城市相比，应该是小巫见大巫吧，而且进出又这么不方便，于是我们放弃了进去参观的念头。

人往高处走，我们不参观地下的牢房，开始攀登城堡。城堡有好几层，我们沿着不平整的石头楼梯盘旋向上走，一层层地参观各个房间，最后来到了城堡的顶上。这里还有一个著名的旅游项目——亲吻布拉尼之石（Blarney Stone），也被称为能言善辩之石（Stone of Eloquence），据说亲吻了这块石头以后，就会变得能言善辩，不知道是不是因为这个原因，布拉尼（Blarney）这个词，原本只是个地名，如今在英语中的还有奉承、哄骗之类的意思。

布拉尼之石镶嵌在城堡的防护墙内侧上，距离城堡顶上供人们行走的平台有个几十厘米的距离，因此，如果要亲吻这块石头，必须面

布莱尼城堡

布莱尼城堡

朝上躺在地上，由工作人员按住游客的身体，然后慢慢地把他的身体向平台外面伸出去，游客双手抓住防护墙上的铁栏杆，头慢慢向后仰，才能够碰得到。不知道那块石头上依附了多少的细菌，不过我还是试了一下，也算是到此一游吧。关于这个石头的传说，据说有好多不同的版本，我就不一一介绍了，感兴趣的同学们可以去网上搜搜看。

从城堡下来，旁边就是一个花园，奇怪的是里面种植的花草都用笼子罩了起来。走近一看，原来这里是毒物园，种着多种类型的剧毒花草植物。有一些鸟儿在这些植物旁欢快地跳来跳去，真有点担心它们会不会误食这些有毒的植物而中毒身亡。

这里就是一个大公园，除了布拉尼城堡和毒物园之外，还有好几个花园，以及 Blarney House 可以参观。我们到了 Blarney House 之后，继续往公园深处走，来到了一大片牧场边上：一群牛正在木头的围栏圈起来的大片草地上吃草。牧场的另一头有一个美丽的小湖，可能是因为这里离城堡有一段距离，游客们大都懒得走过来参观，这里除了我和 Ellen 外，一个人都没有。我们沿着湖边走了一段，从牧场的另一边返回。有 2 匹马紧挨着木头围栏站着，一动不动，仿佛在等着人们过去和它们合影，于是我们就过去抚摸了几下马头，拍了几张照。它们倒是挺温顺，丝毫不抗拒。

离开牧场，逛了几个小花园之后，我们就离开了布拉尼城堡。在返回都柏林之前，我们最后一个景点就是 Rock of Dunamase。这里原本是坐落在小山上的一个城堡，不过已经荒废了，如今只剩下残垣断壁，山脚下有一个漂亮的小教堂。据说这座小山是在公元 9 世纪时堆建起来的，作为防范外敌的工事，山上的城堡于公元 12 世纪下半叶修建，但目前还不清楚到底是谁建的。

登上小山，四周地势不高，一览无余，绿油油的草地、白花花的牛羊，尽收眼底。有一大片草地上还放着许多刚刚收割好的草卷，在大巴上常常可以看到路边草地上有这种草卷，应该是农民们把草割下来，卷成卷出售。一直没机会照张相下来，这下可以拍个够了。

我们的大巴再一次上路，这次就直接奔都柏林去了。由于第二天一早要赶飞机回伦敦，今天我们预订的酒店是距离机场不远的 Regency Hotel。由于我们事先没有查如何从市中心坐车到酒店，因此便问 Tiernan 回都柏林的时候方不方便把我们放在酒店附近。不过 Tiernan 说车不经过这里，我们从西边进入都柏林，而酒店在城市的北方。只好自己找路了，利用车上的无线网络，上网查找。找了半天，没有结果，这时Tiernan通过车上的麦克风说，刚接了老板的一个电话，让他到都柏林后直接开大巴去机场接人，因此，我们可以路过Regency酒店了。

车到了市中心，其他4名乘客下车了，车上就剩下我和Ellen，以及司机Tiernan。车继续向机场方向前进，我和Tiernan便聊了几句。虽然Tiernan满脸络腮胡子，但是应该年纪不大。回想这3天的路上他一直充满激情，在不停地讲话，给我们介绍民俗与风土人情。于是便问他是不是非常热爱这份工作，他竖起了大拇指，说，我喜欢开车。他还说，他很喜欢自己的国家，不过他还是愿意住在都柏林这样的城市里，要是让他住在我们途中路过的那些乡村，他会疯的。

入住酒店后，时候也不早了，我们也懒得再去市中心逛，便在这附近走走，买点东西回房间吃，然后便早早休息了。

足球决赛

8月11日，我们早上6点便退了房前往机场，中午时分，我们已经到了伦敦的小蔡同学家。吃过午饭之后，我们便前往温布利体育场（Wembley Stadium）观看奥运足球决赛。这张门票不是天涯免费送的，而是小蔡同学给的，他买了2张足球决赛票，和我一人一张，Ellen下午就去牛津街（Oxford Street）逛逛。

温布利体育场的安检很松，我拎着一个大包走过去，安保人员让我拿着包，张开双臂，他在我身上摸了一圈，就放我进去了，居然没有检查包。进到体育场内，我们去买矿泉水，工作人员说，必须把瓶盖拿走后再给我们。我们问为什么？他说，避免观众用装着水的瓶子扔向球员。我心想，我那个包，装几块砖头都够了，现在这么严格有啥用。

我们的座位位置很好，第26排。以前从来没有现场看过足球，这次一看，怎么觉得场地比电视上看到的感觉要小得多。和篮球赛不一样，这里现场没有人评论，因此球场上发生什么事都要靠自己观察和判断。比赛刚开始还没 1 分钟，墨西哥队就进球了，估计现场许多人还在整理整理东西、喝喝水、聊聊天什么的，都没注意；不过我倒是认真看到了全过程。最终结果大家都知道了，巴西队虽然全场占尽优势，但是就是踢不进球，最后墨西哥以 2 ∶ 1 获得了金牌。

这次决赛现场有 8 万多名观众，比赛结束后，估计地铁里拥挤不堪，于是我们决定去乘几站公共汽车再转地铁。有小蔡这个“当地人”和他的手机 GPS 引导，我们来到离场馆不太远的一个公共汽车站，除了我们之外，还有几个像是伦敦市的居民也在等车，等了半天没车来。我又认真看了一下站牌，发现时刻表下面有一行小字，说是每当比赛之前，有哪儿路公交车将会改道到哪里哪里、每当比赛之后，又有哪儿路公交车将会改道到哪里哪里。这可对乘车人要求太高了，还得知道什么时间是比赛之前、什么时间是比赛之后。当地人出行，岂不是每天要查一下当天的比赛时刻表才行？

换了个地方，终于坐上了公交车，换乘地铁，来到牛津街和 Ellen 会合。Ellen 对牛津街的评价就是——中国人好多啊。

回到小蔡家，晚上我们还有一个重要的任务，就是去买奶粉。英国的奶粉非常便宜，我们打算给儿子带一些回去。离小蔡家几百米就有一个 Tesco（一个大型超市），这里的奶粉 8 镑一罐，差不多是 80 元人民币，而同样的奶粉在国内要卖 200 多块钱人民币，可惜这里库存很少，只有 11 罐，都被我们一扫而空。

Cutty Sark 与新概念英语

8 月 12 日，今天奥运会就要结束了，我们快离开伦敦回国了。都玩得差不多了，我们决定今天一早再次去塔桥看看，拍拍白天塔桥的照片。从 London Bridge 地铁站出来，沿着河边向东走没多远，就来到了塔桥附近。塔桥旁边有一些警察和我们一样正在和塔桥合影，我猜他们可能是外地调过来协助维持伦敦奥运期间的安保秩序的吧。

我们从塔桥上经过，来到了泰晤士河北岸，一旁就是城堡——伦敦塔（Tower of London）。这里的建筑最早的是公元1066年建造的，早期曾被做为监狱，后来成为了英国王室的宫殿。女王的首饰之一，著名的非洲之星大钻石就展出在这里面。过去一看，门票要20.4镑，太贵了，我们决定不进去了，在外面拍拍照片，以后有机会带儿子来再进去看看。

突然想起10年前我就是在塔桥附近坐公交车去格林威治天文台参观的，于是我决定带Ellen故地重游。坐上188路公交车，不多久我们就来到了格林威治。可惜格林威治公园因为是奥运马术比赛的举办地，要到8月14日才可能开始对公众开放，这下不能参观天文台、横跨零度经度线照张相了。不过我有点纳闷，奥运会今天就结束了，马术比赛应该也早就比完了吧，怎么这个公园还不开放?

格林威治除了天文台之外，还有一个景点小有名气。如果你在学生时代读过新概念英语，可能会记得当时那个版本的第3册第25课，课文题目是“Cutty Sark”，讲的是一艘帆船的事。课文的第一句就是：“One of the most famous sailing ships of the nineteenth century, the Cutty Sark, can still be seen at Greenwich（在格林威治，我们仍旧可以看到19世纪最著名的帆船之一——Cutty Sark号）.”一点都没错，这么多年过去了，它还在这里展出。就这么一艘帆船，参观的门票还要12英镑，真是太贵了。既然我熟读新概念英语，对这艘船已有一定的了解，就不进去参观了，在外面照照相就行了。

返回小蔡家，用过午餐，下午小蔡开车带我们去伦敦东郊的一个大型购物中心——Blue Water。我们打算在这里再买些奶粉，顺便看看有没什么其他打折的便宜货可以抢购。此外，我一个中学同学定居在英国，这次一直没时间碰个面，今天也和他约在这里碰个面，叙叙旧。

逛了1个多小时，我们买了一个行李箱（我们只带了一个箱子来英国，不够装奶粉），原价180镑左右，正赶上打折，只要55镑；以及6罐奶粉，正赶上促销，这里的奶粉比Tesco还便宜，7.5镑一罐，不过库存只有6罐，又被我们扫荡了。

8 月 13 日一早，我们又去了趟 Tesco，买了 2 罐奶粉，累计一共 19 罐，再多也装不下了。打好包之后，我们向小蔡一家道别，赶去了希思罗机场，坐上了飞往上海的飞机。此次奥运会上饱受争议的运动员刘翔正好和我们一班飞机，不过我们坐经济舱，在飞机上没看到他。达到上海之后，我们从机舱出来，外面一堆记者已经等在那里了。

后　记

这次奥运兼硕士毕业10周年纪念之旅还是很成功的，关键是天公作美，原本在奥运期间阴雨连连的伦敦，在我们到来的这几天里大都是好天气。只不过在爱尔兰莫赫悬崖时赶上大雾，有点遗憾。不过买到了这么多又便宜质量又好的奶粉，倒是很令人开心。等儿子长大了，再带他来玩。

2012 年 8 月 31 日

俄罗斯旅游

攻　略

旅游了这么多次，还没有带父母一起出国旅游过。2015 年正值世界反法西斯战争胜利 70 周年，我决定带我父母去俄罗斯旅游一次。

3 月份，小儿子刚出生，5 月份 Ellen 带他回老家住上 2 个月，于是我定下了行程计划：6 月份端午节前后，带父母以及大儿子去俄罗斯玩。住在福州的大姨小姨听说了，也很想去，于是我决定带她们一同前往。据说俄罗斯人英语水平不太好，为此我还提前几个月学了一些俄语，以备应急之用。

在航空公司的官网上查了一下机票，发现 6 月 18 日上海出发前往莫斯科（Москва，Moscow）、6 月 27 日返回的东方航空的机票很便宜只要 4415 元。去年 5 月份我也查过去俄罗斯的机票，当时票价是 5000 多元，现在这个 4415 元的价格还算是比较便宜。当然，如果购买俄罗斯航空的机票，有可能还能以更便宜的价格买到，但是据说俄航的安全性不太好，我决定还是选择东航。怕机票涨价，我赶紧付钱出了票。通常来说，购买国内航空公司的机票是需要提供护照号码的，大姨小姨从来没出过国，护照也还没有办理。于是我通过电话的方式购买了她们 2 人的机票，东航同意等她们的护照办好之后，再通过电话补登她们俩的护照号。

接下来就是办理签证。通常来说，能够自己办理签证我一定不会通过旅行社代办，何必多花一份冤枉钱呢。但是俄罗斯签证是一个例外，通过旅行社办理比自己办理快捷而且便宜。原因是这样的：俄罗斯对大部分国家没有免签，要想办理旅游签证，必须提供当地旅行社出具的一份邀请函。因此，俄罗斯一些旅行社的一大块生意就是对外出售邀请函，旅游者在网上支付了费用之后，他们就把邀请函通过电子邮件发过来，凭着打印出来的邀请函，旅游者就可以去当地的俄罗斯领馆办理签证了。如果仅仅是这样，自己办理也挺方便。但是对于中国护照持有者来说，办理签证需要邀请函的原件，也就是说，需要俄罗斯当地的旅行社把邀请函通过快递形式寄送过来，这样一来，费用就高了不少，而且有时对方还嫌麻烦，不愿意寄送。而国内一些旅行社和俄罗斯方面有长期的合作，通过他们办理签证比自己办理会快捷而且便宜一些。也有一种说法说是一些国内的旅行社伪造了这些邀请函，俄罗斯领事馆也知道，但是睁一只眼闭一只眼，都给予签证了。不知道是不是真的，反正办出来的签证是真的就行。

在网上搜了一下，我选择了上海途牛旅行社办理，他们的报价是是每人 488 元人民币，但是由于大姨小姨是福建户口，需要多收 100 元。我父母虽然也是福建户口，但因为年初刚去过澳大利亚，澳大利亚的签证还在有效期内，因此不用多交那 100 元。

5 月 14 日，我把 6 本护照亲自送到了途牛的办公室，工作人员检查了护照之后，要求我补交 200 元，因为澳大利亚现在采用电子签证，护照上没有贴上纸质的签证，因此他们无法判别我父母是否具有有效的澳大利亚签证。但是这位工作人员说，领馆方面可以查到他们的澳大利亚签证是否是真的，如果是真的，到时候会把这 200 元退还给我。我之前一直以为这针对福建籍的 100 元附加费是旅行社收取的，听这口吻，像是俄罗斯领馆收取的，将信将疑，我先付了这 200 元。

说是 8—10 个工作日签证能下来，5 月 23 日，途牛通知我办好了，可以去取护照了，而且那 200 元可以退给我。不知道这额外的 200 元费用是不是真是领事馆要求收取的，如果是的话，是我第一次看到领馆层面在费用上对福建籍的歧视。为什么呢，难道也有很多福建人偷渡到俄罗斯去？不过话又说回来，途牛的服务还是挺好的。

5 月 25 日，我取回了护照，领馆给了我们每人 30 天有效期、一次入境的签证。

机票、签证搞定了，我们还需要预订酒店、从莫斯科往返圣彼得堡的火车票、芭蕾舞票，以及冬宫博物馆的门票，以下我一一介绍一下：

我们这趟旅游有老有小的，跨度从不满 4 岁到 74 岁，平均年龄 53 岁左右，在外面吃西餐肯定不合适，于是我通过 www.booking.com 订了公寓，可以自己在厨房里做饭。在莫斯科我看中了一个名叫 Moscow For You Apartments 的公寓，距离红场（Красная площадь, Red Square）和克里姆林宫（Кремль，Kremlin）只有 2 公里左右的距离。在网上填写入住人数为 5 个成人 1 个小孩之后，booking 自动给我的搜寻结果是需要预订 2 套公寓。预订后第二天就收到了 Moscow For You Apartments 的名叫 Alex 的工作人员的邮件，通过他的邮件我找到了这个公寓的网址，发现他们有可供 6 个人居住的公寓。通过邮件，Alex 也了解了我的需求，他建议我退掉通过 booking.com 的预订，直接通过他订了 1 套可供 6 人居住的公寓，价格不算贵，平均 1 天也就 1100 人民币左右。这个预订完全是基于信任的，不需要提前付款，也不需要信用卡担保。

至于在圣彼得堡（Санкт Петербург, Saint Petersburg），我看中了 1 套地理位置很好的公寓，但是必须信用卡担保而且预订之后就不可以退款。预订之后才在网上关于这个公寓的评论中发现，这个公寓没有电梯，可能上下会比较辛苦。于是我赶忙写邮件问这个公寓的负责人说，我们这里好几个 70 岁以上的老人，没有电梯会不会不方便。对方很快就回信了，很爽快地说楼层比较高，对于老年人不方便，建议我们退掉预订，他们不会收我们的钱。于是我重新预订了另外一家有电梯的公寓。

购买俄罗斯境内的火车票，可以通过俄罗斯铁路（Russian Railways）的官网预订（http://pass.rzd.ru），网页有英文版，接受信用卡支付，可以在线选座位，很方便。提前预订，有时可以买到便宜的车票。莫斯科和圣彼得堡之间有 4 个多小时的快车和隔夜的慢车。从莫斯科前往圣彼得堡，我们选择坐隔夜的 9 个小时的慢车。由于我等到签证出来以后才预订的车票，票价已经不算便宜，下铺票价 3739 卢布；从圣彼得堡返回的快车倒是让我买到了便宜票，4 个半小时，1348 卢布。顺便说一下，12 岁以下的小孩可以免票，另外，莫斯科往返圣彼得堡的列车是支持电子票的，也就是说，买了车票之后将电子票打印出来，到时候凭这个和护照就可以上车了。

去俄罗斯旅游，有时间且有闲情的话，一定要去看场芭蕾舞。圣彼得堡的马林斯基剧院（Мариинский театр, Mariinsky Theatre）和莫斯科的大剧院（Большой театр）应该算是俄罗斯最好的两个芭蕾舞剧院。要去这两个剧院看芭蕾舞，一定要提早在网上买好芭蕾舞票，否则很可能买不到票。

我提前一个多月在马林斯基的官网（http://www.mariinsky.ru）上买票，发现许多好的座位的票已经卖掉了。票价不算贵，最好的座位档次的票也就5000卢布，比国内看芭蕾舞还是便宜了许多。马林斯基剧院也支持电子票，到时候凭打印出来的门票就可以入场。

圣彼得堡的冬宫博物馆，也就是艾米塔什博物馆（Эрмитаж, Hermitage），是世界四大博物馆之一，和英国伦敦的大英博物馆、法国巴黎的卢浮宫博物馆、以及美国纽约的大都会博物馆齐名。要想参观冬宫博物馆，建议提前在它的官网上（http://www.hermitagemuseum.org）买好票，现场去买票的话需要排很长的队，据说旺季时可能要排上1—2个小时。网上购票略贵一些，不过能节约很多时间还是值得的。网上购票还有一个好处，可以买2日联票，可以连续2天进去参观，持有2日联票，除了冬宫博物馆之外，还可以参观一些附属的博物馆。冬宫博物馆很大，馆藏丰富，即使参观2天也只是走马观花。我们在网上买了2日的联票，每人22.95美元。

你好，莫斯科

6月18日，我们出发了。以前东航从上海到莫斯科的飞机是直飞的，后来可能是为了经济上创收，改成经停西安。这一经停，带来了一些麻烦：对于我们这些目的地是莫斯科的游客来说，需要在国际出发处办票和拖运行李。之后要到国内出发处过安检、登机；到了西安之后，要下飞机过海关，也就是说，在西安的边检处盖了章之后才算是出境了。在西安排队过边检的时候，还出了段小插曲，一对外国夫妇非常着急的样子，询问旁边一起排队的一个中国旅行团的导游。这个导游好像会说俄语和英语，但是和这两个老外说了几句之后，转头和大家说，他说的是西班牙语，听不懂。我上前用西班牙语对老外说，我能说一些西班牙语，有什么可以帮忙的吗？原来他们是来自厄瓜多尔的，在中国转机去莫斯科旅游，看到这里排着这么长的队，担心赶不上转机。由于最近在突击学习俄语，想用西班牙语表达的时候，脑海里首先冒出来一些俄语单词，调整了一下思维，我才磕磕绊绊地告诉他们，这里所有人都是转机去莫斯科的，飞机会等我们的。

在当地时间下午 5 点左右，飞机终于降落在莫斯科的谢列梅杰沃（Шереметьево, Sheremetyevo）机场。机场看上去比较老旧，入境海关处共开放了 3 个供外国人入境的通道，每个通道都已经排起长长的队。中国人如果参加旅行团到俄罗斯旅游，有一个好处就是不需要办理签证，但是入境时手续稍微麻烦一些，要核对旅行文件里的所有人员的名单。于是我问一旁的一个机场工作人员，我们不是团队游客，是不是有其他通道可以走。她看了看我们护照上的俄罗斯签证，让我们走了俄罗斯公民入关的通道，省去了排长队的时间。

按照约定，来接我们的司机已经举着牌子等在外面了，他完全不会说英文。上车之后，我以有限的俄语和他寒暄了几句，我问他这后面几天天气怎么样？他说不知道。他问我是不是第一次来莫斯科？我说是的，然后我们就沉默了一路，只听到儿子一路上在兴奋地说个不停。

我们预定的公寓其实就是一个民宅，在一个住宅小区的 9 楼。迎接我的就是之前通过电子邮件和我联系的 Alex。不过我听司机叫他 саша(莎莎)，听起来像个女名，但实际上是俄罗斯的一个常用的男名。莎莎给我介绍了一些注意事项以及周边的情况，我请他帮我预定 6 月 21 日从公寓前往火车站的出租车，把房费和出租车费统一付给他之后，莎莎就离开了。公寓是两室一厅的，厅里有个沙发床，因此总共 3 张床，最多可以住 6 个人。公寓里收拾得还挺干净的，就是厨房小了点。从大厅的窗户可以看到几十米开外静静流淌着的莫斯科河。

我们在厨房煮了点面吃，之后就躺下休息了。这里纬度高，晚上 9 点了天还亮得像大白天似的，要想好好休息，只能拉起窗帘。

由于时差的关系，凌晨 3 点多我就醒了，窗外已经亮堂堂的，于是我决定先出去转一圈，探探路。下楼之后，我先探清了附近的地铁站在哪里，然后就步行前往红场。这里离红场大约 2 公里的距离，凌晨 4 点不到，大街上没有什么人，虽然是 6 月多，天气感觉还有点冷。我一路步行，首先来到列宁图书馆，再往前就是克里姆林宫墙外的亚历山大花园。花园里各

无名烈士墓

国家历史博物馆

色的鲜花，挺漂亮。花园的另一头就是无名烈士墓，墓前的火焰从建成一直燃烧到现在。

继续前行，前面就是莫斯科国家历史博物馆，博物馆前屹立着朱可夫元帅的雕塑。博物馆的背后就是著名的红场了。沿着博物馆旁的小坡向上走，瓦西里升天大教堂的童话般的圆顶渐渐映入眼帘。记得小时候看过一个童话电影，里面就有瓦西里大教堂的镜头，当时就觉得好漂亮，觉得童话里的建筑就应该是这样的。现在这个建筑就在眼前了，我心里一阵激动，加快了脚步。

来到红场，第一印象就是——好小啊，和我们的天安门广场不是一个数量级。红场南北长 695 米，东西宽 130 米，作为阅兵的地点的确不算大。不过由于四周的漂亮的建筑，红场看上去还是很有特色的：红场北面是国家历史博物馆、南面是瓦西里升天大教堂、东面是国营百货商店（Гум）、西面就是克里姆林宫。克里姆林宫墙外的一个小型建筑物上面写着 Ленин（列宁）字样，这就是列宁的墓了。墓门口的指示牌上写有列宁墓每周开放时间，今天不开放。列宁墓后方和克林姆林宫的围墙之间还有包括斯大林在内的多个前苏联领导人的墓碑。整个红场上除了几个巡逻的警察，好像只有包括我在内的 4—5 个游客，空荡荡得挺适合拍照。

不知不觉，克里姆林宫的大钟敲响了 5 点整的钟声，我也差不多该回去了。再次经过近半小时的快速步行，我回到了公寓。

由于时差的关系，大家也都已经醒了。我们吃了自己煮的早餐之后就出发了。鉴于之前的勘察，2 公里多的步行距离对于老人们来说略为辛苦，而且一路上也没什么特别的东西可看，于是我决定还是带大家坐地铁。地铁斯摩棱斯克（смоленская）站离我们的公寓大概 400 多米，搭乘两站，来到革命广场站（площадь революции），出来走几步路就是红场了。

没买到票

提到莫斯科的地铁，不得不多说几句。莫斯科的地铁站也是著名的旅游景点。为什么这么说呢？因为几乎每个地铁站里都有精美的装饰——雕塑、镶嵌画什么的，而且不同的地铁站装饰完全不同。地铁站的地面上的入口处，往往是一个独立的高大的建筑物，不注意还以为是一个小宫殿什么的，要不是有地铁的标志，初来乍道的游客肯定不会相信这么“雄伟”的一个建筑仅仅只是地铁站的入口。此外，由于早期考虑到地铁应具有防空功能，莫斯科的地铁挖得特别的深。自动扶梯很长，运行速度很快，即使在这么快的速度运行下，有的地方甚至要坐近 2 分钟的自动扶梯才能到达底部。关于自动扶梯安全问题，这里就处理得很好，扶梯底部有一个小岗亭，里面有一个工作人员，时刻关注着监控，如果出了问题会马上按动开关停止扶梯的运作。这可不只是个摆设，有一次小姨乘坐下行扶梯的时候没站稳摔倒了，扶梯马上就停了下来，一旁的备用扶梯启动起来。有些地铁站里还有一些不知道是志愿者还是工作人员，帮助行动不便的人。有一次就是一个工作人员看妈妈拿着拐杖，就主动帮助搀扶妈妈登上扶梯，再全程陪同至下扶梯。我觉得这些措施都是值得我们国家学习的。此外，莫斯科地铁票是按人次而不是距离来购买的：入站时要使用车票，出站时不用。买一张 5 人次的票，可以一个人坐 5 次或者 5 个人坐一次使用。1 人次的票要 50 卢布，而 5 人次的票只要 180 卢布，相对合算一点。

插播了一些关于地铁的内容之后，再回到我们的行程中来。虽然时间还挺早，红场上已经不少人了。我们不赶时间，悠闲地到处照相。几辆洒水车在红场上喷水清洁之后，整个广场一尘不染。

不知不觉一个多小时过去了，差不多到了克里姆林宫开放的时间了。我们向克里姆林宫售票处逛去，先进入红场西北处的亚历山大花园，此时无名烈士墓旁已经有了站岗的士兵。我们在花园的长凳上坐下休息，不一会儿，有个士兵过来请我们离开，意思是花园即将关闭，所有游客必须离开。难道克里姆林宫开放时这个花园就要关闭？不得而知。

来莫斯科之前我查过关于参观克里姆林宫的资料，克里姆林宫内有 2 个景点需要提前另行购票：伊凡大帝钟楼和军械库。伊凡大帝钟楼是克里姆林宫的制高点，登上钟楼，整个克里姆林宫、红场，以及周边的莫斯科河可以尽收眼底；军械库听起来和武器相关，但是里面展出的尽是一些珍宝。

来到售票处，研究了一阵才搞清楚：有几个售票窗口是只出售克里姆林宫门票的，要想购买军械库门票（不包含克里姆林宫门票），只能在一个指定窗口购买。而且参观军械库每天只有 3 个场次：上午 10 点、上午 11 点和下午 2 点。每场参观人数有限，因此只在每个场次开始前 45 分钟内开始出售该场次的票。现在已经 9 点 50 了，我排了一会儿队，前方告知 10 点的票已经卖完了。只好等一会再来排 11 点的。至于伊凡大帝钟楼的门票，没有看到在什么地方销售。墙上的电子屏上的滚动信息好像写着钟楼不开放。

我们在售票处外的长凳上休息，吃点干粮，看看鸽子。10 点 15 分左右，我走进售票处的大厅，发现已经排起了长长的队伍。等我快到离售票窗口还差 3 位的时候，票又卖完了，真是运气不佳。现在有 3 个选择，一是下午再来排队；二是现在只买克里姆林宫的门票，不看军械库里的珍宝了；三是明天再来。我们考虑了一下，决定明天再来，反正我们这次时间比较充裕。

重新返回红场，这会儿人更多了，还有来这里拍婚纱照的。瓦西里升天大教堂也已经开门了，于是我们买票进去参观。俄罗斯的教堂隶属于东正教，建筑风格和基督教不太相同，教堂多见洋葱头形状的顶。据说这个瓦西里升天大教堂于 1555—1561 年间建成，是由 9 个小教堂巧妙地组合起来的，9 个圆形的洋葱头顶就是各个小教堂的顶。买了门票进入大教堂，不知道是不是因为是由 9 个小教堂组合起来的缘故，里面每个房间都很小，里面的摆设、装饰也与欧美国家常见的教堂内部不同。通过教堂内部高陡的楼梯来到二楼，沿着走道穿梭于各个房间，感觉像迷宫一样。

离开大教堂，我们到国营百货商店里逛逛，累了坐下来休息休息，买了一大杯俄罗斯特产的饮料——格瓦斯（квас），味道挺不错的。

离开红场向北偏东方向走一小段路，我们来到了莫斯科大剧院。据说大剧院成立于 1776 年，已经有 200 多年的历史。剧院的建筑挺宏伟的，大门由 8 根巨大的圆柱支撑，顶上有一个 4 驾青铜马车。

由于大家时差还没完全倒过来，今天一早就出门逛到下午 4 点多，都有点累了，于是我们离开大剧院就乘坐地铁返回了斯摩棱斯克站。地

瓦西里大教堂

铁站附近有一个 24 小时超市，我们进去买了点食材晚上做饭吃。之前在 Lonely Planet 的书上看到介绍说俄罗斯的售货员态度非常不好，不是针对外国游客，而是他们一贯如此。这下真的见识了，刚把东西放到收银处，收银员大妈就气呼呼地大声问我们有没有钱。没钱谁来买东西啊！估计可能是这里不能刷卡只能收现金想确认一下我们有没有现金吧，于是我把钱包打开给她看了一下卢布纸币。之后她就继续气呼呼地帮我们把东西装进塑料袋。我们知道超市的塑料袋是要收费的，但是看东西比较多，我们想多拿个塑料袋，于是自己伸手想扯一个，结果她就非常生气地大呼小叫地阻止我们，然后自己扯了一个帮我们装好。不知道她整天带着这样的情绪上班是个什么感觉。

回到公寓吃完晚饭，我上网查了一下，军械库的门票居然可以在网上购买，我赶紧在网上购买明天 10 点的票，可是到了信用卡支付阶段，总是显示出错、无法支付，看来只能明天一早去排队了。

买票吵架事件

6 月 20 日早上 8 点多，我们出发了。和昨天的路线一样，我们乘坐地铁来到了红场，结果发现红场已经被栏杆围了起来，许多穿着军服、带着勋章的军人携带着家属，拿着看上去像是邀请函或是门票的东西，排队通过一个临时的安检门进入红场。不知道今天这是什么活动，一旁守卫的士兵也不懂英语，我的半桶水俄语也问不出个缘由，只问出来下午 1 点半以后才对外开放。

再次来到克里姆林宫的售票处，已经是 9 点出头了。售票窗口已经排起了队，不过不长，今天应该可以买到票吧。排了一会儿队，队伍越来越长了。站在我身后的一男一女正好是昨天排队站在我前面、也没买到票的，于是我们聊了起来。这俩人来自新西兰，我告诉他们好像在网上可以买这里的门票，只不过昨天我在线支付不成功。他们告诉我，这个他们已经咨询过当地人了，网上买票只能接受俄罗斯的银行卡。这么重要的信息网上也不提示一下，害我昨天晚上试了半天。

快轮到我的时候，出了点小插曲，一个说着流利俄语和英语的白人带着两个亚洲面孔的老人过来，径直插进了队伍，站在我的前面，准备买票。我提示他们排队，结果他们无动于衷。于是我和他们吵了起来，我身后的新西兰女子也挺身而出帮我据理力争，排在我们后面的一些人也大声嚷嚷指责他们。看样子这个白人像是这两个亚洲老人的导游之类的，为了自己的客户能买到票，什么也不顾了，厚着脸皮硬是插在队伍里不肯退出，在一片“骂声”中，他们买到了票。什么素质！不知道他们的插队行为会导致后面哪个倒霉的游客买不到票。

终于，在两天 3 次排队之后，我买到了克林姆林宫门票和军械库今天 10 点场次的门票。不知道拿着 10 点场次的票，11 点再去军械库是否会让我们进去？不过我可不想做这个尝试，赶忙排队安检进入克里姆林宫。

安检之后，通过库塔菲娅塔楼，来到会议大厦，再往前可以看到沙皇钟和沙皇炮，不过我们没有驻足停留，先去参观军械库要紧。继续来到中央教堂广场，广场上人山人海，许多看上去像是军校学员的年轻人在这里聚集，像是要举办什么庆典。我们正急着赶路，两个 7—8 岁的漂亮的俄罗斯小姑娘拦住了我们，试图用支离破碎的英语向我表达着什么。于是我用俄语问她们叫什么名字，她们发现我会说俄语，很是兴奋，告诉我她们一个叫 таня，另一个名字太长我没记住。然后她们巴拉巴拉说了一堆我就听不懂了，后来比比划划才搞清楚，她们想要中国的纸币做纪念。拿了两张一块钱纸币之后，她们兴高采烈地走了。我们也赶忙穿过广场，右转前行来到军械库的门口。

在抵制日本吗？

军械库的入口位于地下，我们是 10 点 20 分进入的，看来门票上的时间并不是需要严格遵守的。军械库里不允许拍照，随身的大包需要寄存在门口的免费寄存处。军械库原来的确是存放武器的地方，但是 1720 年起，

克里姆林宫内的广场

彼得大帝把这里改成了博物馆，收藏了许多珍贵的文物和珍宝。军械库里还有一个需要另外购买门票才可以进入的地方——钻石基金会。门口一些人在排队等待，好像是需要导游统一带领参观，因此要分批入内，我们不想等了，于是参观完军械库就出来了。

克里姆林宫在俄语中的意思就是“内城”，里面的建筑以教堂为主。我们返回到中央教堂广场，这里围绕着四座教堂：十二使徒教堂、圣母升天教堂、天使报喜教堂和圣弥额尔教堂，凭门票每个教堂只可进入一次。在参观各个教堂之后，我发现了一个有趣的情况：和国外许多景点一样，这些教堂里设有一个书报架，上面放有各国文字对该教堂说明的小册子供游客免费取用，有俄文、英文、中文、法文、德文、意大利文和韩文版，没有日文版，其中俄文版的占据了不是挨在一起的两个位置，估计其中一个位置原来是日文版吧。不知道日本最近怎么得罪俄罗斯了。不过我觉得这种抵制方式倒是挺好的，注重细节。

已是中午时分，我们坐在教堂的台阶上吃自带的干粮，突然有一对夫妇两人走过来和我爸打招呼。也是巧了，居然碰到熟人了，我爸是中学物理老师，他们两个是爸爸当年教过的第一届学生，应该是大概50前的事了吧。他们俩是参加旅游团从福州出发来这里旅游的，也是游览莫斯科和圣彼得堡这两个城市，不知道在圣彼得堡还能不能碰到他们。

克里姆林宫的厕所

我们休息的过程中，儿子一直在台阶上跳上跳下，一边还哼着歌，旁边一个俄罗斯老太太一直笑眯眯地看着儿子。过了好一会儿，她主动走过来，表示要送给儿子一个钥匙扣和一块巧克力糖，她还试图教儿子用俄语说谢谢，可惜没有成功。

俄罗斯老太离开后不久，儿子说要尿尿。我带儿子出来旅游，包里一般都装着个空瓶，以备不时之需，在红场上儿子就是用这个瓶子解决上厕所的问题的。现在我们在克里姆林宫里，应该很方便找厕所吧，于是我放下背包，带儿子找厕所去。在广场周围找了一圈，没看到厕所，问了边上几个游客，都说不知道。我翻出克里姆林宫的门票，上面的地图上标记着两个厕所，一个在军械库，距离这里有段距离而且没有有效门票我们也进不去；另一个在克里姆林宫入口处外面，这可咋办。正在这个时候，儿子说憋不住了，我也来不及去拿瓶子，只好把儿子抱到一旁的一棵树边临时解决。这下可好，远处一个戴红袖章的小伙子飞奔过来，拦住我不让我走，嘴里还说着什么我完全听不懂，不知道是不是要罚款。他示意我站在原地不要走，然后从广场上叫来一个俄罗斯大妈，这个大妈是一个旅游团的导游，会说英语。他让大妈问我谁是我的导游。我回答道，没有导游，我们是自

沙皇炮

己来旅游的。接着我跟大妈解释了一下找厕所的经历，实在找不着只好在这解决了。大妈向那个小伙子翻译了一下，结果小伙子就让我走了，没有任何惩罚措施。儿子应该是为数不多的在克里姆林宫的树上撒尿的人吧。

后来我们穿过广场，走到另一侧才发现那里有一个厕所，外面排着长长的队，可是为啥这个厕所不在地图上标记一下呢？如果今天这个事件被媒体片面报道一下，又会是指责中国人素质低下的一个头条了吧。

广场四周除了教堂，还有伊凡大帝钟楼，之前在售票处我们没有看到有出售登钟楼的门票，可是现在却发现有导游带领一些人攀登，不知道是不是只有俄罗斯当地人才知道在哪里购买。

我们回到之前路过的青铜制造的沙皇钟王和沙皇炮。沙皇钟于1735年铸成，高6.14米，直径6.6米，重约200吨，号称世界第一大钟，铸造的时候就破裂了，掉下一大块碎片，之后就一直保持着破损的样子至今，因此就从来没有响过。拿破仑占领莫斯科的时候，企图把这个钟搬回巴黎去以彰显自己的胜利，但是因为太重没有成功。

沙皇炮建造于1586年，重约40吨，内口径约0.9米，炮的前方的地上堆放着4颗球状的生铁制造的炮弹，每个重约1吨。据说建成至今，这门大炮从来没有发射过。在沙皇炮旁拍照时，一个熟悉的面孔从我眼前经过，原来是前2天在西安转机时帮助过的那对厄瓜多尔夫妇，他们也高兴地和我们打招呼。

克里姆林宫里可供游客参观的地方还有一个大花园，我们在花园里散了会儿步之后便离开了克里姆林宫。

马戏、一只蚂蚁和莫斯科大学

离克里姆林宫入口处不远就是列宁图书馆地铁站，我们从这里搭乘地铁红线前往莫斯科大学站，今天晚上我们打算去看马戏表演。

俄罗斯的马戏还是很有名的，小时候在电影里就看到过俄罗斯的马戏，现在终于可以亲眼目睹了。莫斯科大马戏团就在莫斯科大学的马路对面，我们买了第二排的票，每张2500卢布。整场马戏共持续2个多小时，也许是如今注重动物保护的结果，马戏主要是小丑表演和杂技表演，动物表演比较少，只有狗、山羊、马和熊这些动物的表演，没有期望中出现的狮子老虎之类的猛兽表演，不过整体上来说演员们的表演还是很卖力的。今天正值周末，可是观众稀稀拉拉没多少人，真不知道马戏表演的生命力还能持续多久。

看完马戏，在出口处，又碰见了那对厄瓜多尔夫妇，看来还真是巧啊。此时外面下起了倾盆大雨，马戏团也下班要关门了，许多人只好躲在门口的屋檐下等待雨停。我们虽然带了伞，但是还是等雨小了一些之后才前往地铁站。

搭乘地铁红线，到列宁图书馆站换乘蓝线，我们回到了斯莫棱斯克地铁站。已经是晚上 10 点多了，我们在麦当劳里吃了点东西当作晚饭，儿子实在困得不行，东西还没吃完就睡着了。我只好一路抱着他回公寓。回到公寓楼下一看，因为时间太晚了，电梯都停运了，只能继续抱着他上 9 楼，真是累人的一天啊。

6 月 21 日，今天我们要搭乘晚上 11 点半的火车前往圣彼得堡。早上我们就在公寓里休息休息，上午 11 点多，司机来接我们去火车站。俄罗斯的火车站的名字很有意思，是以目的地命名的，因此通常大城市有好几个火车站。比如我们要去圣彼得堡，则火车是在列宁格勒火车站出发（圣彼得堡在苏联时期的名字时列宁格勒），而当我们从圣彼得堡返回莫斯科时，搭乘的火车是从当地的莫斯科火车站出发的。虽然苏联已经解体很多年了，列宁格勒也改名为圣彼得堡，但是俄罗斯到处还是可以见到当年的苏联元素，比如很多莫斯科地铁站还保留着苏联时代的名称，如：少先队站、共青团站、马克思主义者站、无产阶级站等。

我们把行李存放在火车站的行李存放处，顺便说一下，在火车站上厕所是要付费的。事实上，在莫斯科和圣彼得堡大部分地方都没有免费的公共厕所。

离开火车站，我们打算去买点纪念品。莫斯科有一个被中国人称为“一只蚂蚁”的地方，是一个大型的工艺品市场，从地铁蓝线的伊兹迈洛沃站出来走几步路就可以到达。为什么被中国人叫做“一只蚂蚁”呢？因为这里的地名是——伊兹玛依。在这里可以买到各式各样的俄罗斯和前苏联风格的纪念品，价格比其他地方便宜了不少。当然，在这里买东西侃价是必不可少的。这里的有些摊主还能说流利的中文。

买完纪念品，时间还早，我们决定去莫斯科大学（Московский государственный университет имени Ломоносова，缩写 МГУ）看看。莫斯科大学是俄罗斯的最高学府，成立于 1755 年。学校的标志性建筑就是它的主楼，是斯大林时代建造的。当时斯大林下令在莫斯科建造了七座类似风格的建筑，被称为“七姐妹”。“七姐妹”之一的莫斯科大学主楼在当时是欧洲最高的建筑，可惜我们没有学生证，无法参观这个主楼以及学校的大部分地区。不过主楼大门外正对面的一大块区域是不需要证件就可以进入的，里面绿化很好，有一些运动场和教学楼。不过正值周末，教学楼都关闭了，我们就当逛公园一般在这里闲逛了一两个小时。

火车上的生日

返回火车站，离出发时间还有好几个小时，我们在火车站外的一个餐厅里点了点东西吃，坐着消耗时间。终于熬到了发车时间，上车之后一看，4 个人一间的卧铺，床位挺小的，不知道那些身材肥胖的老外怎么能够睡得下。我和儿子都算是瘦的，2 个人一张床已经显得十分拥挤。因此，12 岁以下儿童如果不占用额外床位是可以免票的这项规定，估计实际操作中大部分人还是会为孩童另买一张票。

火车 23:30 分出发，全程 9 个小时，免费提供简单的晚餐和第二天的早餐。大家走了一整天，也都累了，上车不久就上床睡觉了。第二天清晨，服务员来到我们房间，拿着印着乘客名单指着妈妈的名字问是哪一位。原来铁路公司根据我们订票时留下的护照信息得知今天是妈妈的生日，她代表铁路公司送妈妈一个杯子和一块巧克力作为生日礼物。平时妈妈都是过农历生日，因此事先完全没有意识到今天是她的生日，这个意外的生日礼物给旅行增添了不少欢乐。

火车到站，下车之后，我们再次碰到了之前在克里姆林宫内偶遇的爸爸的那两个学生。他们参加的旅行团也安排乘坐这趟列车。更巧的是，爸爸当年上大学时的辅导员也在这个旅行团里，真是人生无处不相逢啊。

旅行团的游客出站后都乘大巴走了，我们只能打车。火车站出租车乘招点的工作人员说没有足够我们 6 个人乘坐的大车，因此我们只能叫了两辆出租车。其实我们预定的公寓离火车站没多远，就 2 公里左右的距离。我们这辆车的司机说他在中国住过半年，听了半天才听明白他所说的哪个中国城市，是大连。

到了公寓楼下，我和房东电话联系之后，过了一阵子，一个中年妇女过来了，带我们上了楼。这个楼也挺老旧，电梯应该是后来才安装的。我们的公寓在3楼，进去之后，这位女士就开始打扫卫生，看来我们今天一大早到，房间还没准备好。她的动作挺麻利的，没多长时间就打扫得干干净净，之后让我在租赁合同上签了字，收了我的房费，给我留下钥匙后就走了。这套公寓比前两天我们在莫斯科住的那套面积大了许多，楼下就有一个小型的食品超市。我们就在公寓里休息休息，下楼买点东西做午饭，吃完之后再出门游玩。

我们的公寓就在著名涅瓦大街边上，离圣彼得堡主要的景点都不太远。沿涅瓦大街向北走一小段路，右转，我们来到了俄罗斯博物馆（Государственный Русский Музей），也叫做米哈伊洛夫宫。博物馆外的广场上，树立着普希金的雕塑。买门票时，我们购买了套票，可以在3天之内参观俄罗斯博物馆以及其他附属展览馆。顺便说一句，俄罗斯的博物馆通常每周都有一天闭关休息，比如俄罗斯博物馆及附属馆，每周三关闭、冬宫及附属馆，每周一关闭，大家来俄罗斯旅游，安排行程时一定要弄清楚这些馆的关闭日期。

俄罗斯博物馆的馆藏包括油画、瓷器等艺术品，琳琅满目，其中中国人比较熟悉的可能应该算是油画——伏尔加河上的纤夫了。我们走马观花般的在博物馆里参观了一阵，出来以后继续向北走，来到了滴血大教堂。

滴血大教堂据说是沙皇亚历山大三世为了纪念其被刺杀的父皇，在遇刺地点建立起来的。滴血大教堂看上去和莫斯科的圣母升天大教堂有点像，也是洋葱头类型的，但是我个人觉得圣母升天大教堂色彩更鲜艳，因此更漂亮一些。教堂旁的河边有很多小商贩在兜售纪念品，和莫斯科的“一只蚂蚁”市场相比，这里的价格贵了许多。要参观滴血大教堂，需要购票进入。教堂外有许多人在排队买票，我们看时间已经不算早了，于是就在一旁的公园里陪儿子玩了一会儿荡秋千和跷跷板，之后就一路逛着回到了公寓。

阿芙乐尔号与彼得罗夫要塞

晚上，我们在公寓里研究了一下第二天要去什么地方。根据 Lonely

滴血大教堂

Planet 书上的介绍，我们打算明天早上去看看当年炮打冬宫的阿芙乐尔号巡洋舰。对于对这段历史不太熟悉的朋友，我再普及一下：阿芙乐尔号巡洋舰，原属俄罗斯帝国波罗的海舰队。圣彼得堡在沙俄时代还是俄罗斯的首都，十月革命时，阿芙乐尔号上的水兵接受布尔什维克党的指示，对涅瓦河畔的冬宫进行炮击，揭开了十月革命的序幕。后来在二次世界大战时，为了防止德国人对这个具有巨大象征意义的舰船的轰炸，苏联人自己把阿芙乐尔号沉到了水里，直至战后被打捞出来修复。

6 月 23 日早上，我们从公寓出来，沿着涅瓦大街向北走一小段路，就来到了地铁站。乘坐地铁来到 Горькоаская（Gorkovskaya）站后，我们徒步向阿芙乐尔号的地点前进。圣彼得堡被称为北方的威尼斯，整个城市其实是由 40 多个小岛组成的，小岛由几百座桥梁连接，其中涅瓦河上的桥梁大部分可以打开供高大的船只通过。城市中纵横交错的河流大都是人工运河，据说是叶卡捷琳娜二世时期开凿的。

我们沿着河岸走了好一阵子，才来到了地图上标记着阿芙乐尔号的所在地，可是并没有看到阿芙乐尔号，只看到一旁的河岸上立着个牌子，上面有对阿芙乐尔号的介绍。不知道是不是阿芙乐尔号开到别的地方去展出或是维修了。

来俄罗斯也好几天了，也没机会尝尝当地的食物，今天中午我们决定去试试。我事先在地图上查好了一家叫做普希金的餐厅，离开消失的阿芙乐尔号之后，我们就一路向餐厅逛去。餐厅的门面不大，我们好了点时间才找到，由于到的早，里面一个食客也没有。价格不算特别贵，一顿饭下来，人均一百多块人民币吧。味道还可以，只不过对于老年人来说，西餐还是比较难适应的。其实俄罗斯的食物并没有什么特色，可能是因为位处于高纬度地带，农业不是很发达，因此吃得就比较简单吧。

午饭过后，我们向彼得罗夫要塞出发。彼得罗夫要塞和冬宫隔河相望，据说是当年俄罗斯与瑞典进行北方战争是修建的。要塞中有圣彼得保罗大教堂、钟楼、圣彼得门、彼得大帝的船屋、造币厂、兵工厂、克龙维尔克炮楼、十二月革命党人纪念碑等建筑物。从要塞大门进入后，径直来到了一个大广场。要塞的中心——圣彼得保罗大教堂就在这里。教堂上是高 122 米的钟楼，钟楼的镀金尖顶在阳光照射下金光闪闪。游客可以登上钟楼顶上俯瞰圣彼得堡，但是必须在楼底下排队等待，直至指定的时间由导游统一带领浏览，估计也是只有俄语导游。我们晚上还要去看芭蕾舞呢，就不在这里耗费时间了，在教堂所在的广场转转，之后又沿着要塞的外墙兜了小半圈，就返回住所了。

今天走了不少路，大家都累了，在公寓里躺下休息了一会了，才开始做饭。饭后我和妈妈出发，前往著名的马林斯基剧院，观看芭蕾舞《罗密欧与朱丽叶》。来俄罗斯观看芭蕾舞，通常大家会选择看《天鹅湖》，不过我们在俄罗斯的这几天，无论是在莫斯科的大剧院还是圣彼得堡的马林

圣彼得保罗大教堂

斯基，都没有上演《天鹅湖》。据说6月底到8月是芭蕾舞团的休息期，上演的剧目比较少。从公寓到剧院，没有地铁可以直达，为了避免迟到，我们打了辆出租车前往。到了剧院一看，在马林斯基看芭蕾果然是件隆重的事情，许多人都是盛装出席。我们的座位是在第一排，不过进去一看，实际上是第四排，前面还有A、B、C三排。

表演于19:30正式开始，包括中场休息时间，一直到接近晚上12点才结束。表演的情况我就不再赘述了，世界一流。话说回来，俄罗斯人的身材还真适合跳芭蕾。

黑心的司机

6月24日是博物馆的一天。我们先去参观了俄罗斯博物馆的附属馆：米哈伊洛夫城堡（Михайловский замок）。城堡位于一个独立的人工岛上，周围被运河包围。中午，我们来到了夏园，这里免费对游客开放，里面有修剪整齐的植被和许多漂亮的小喷泉。我们在喷泉边的长凳坐下，吃点干粮当午饭。天色阴暗下来，一个工作人员过来告诉我们，暴风雨可能要来了，他们要关园了，请我们准备离开。我至今还是挺纳闷的，为什么暴风雨来了就要关园呢？

其实后来只下了一点小雨而已，我们来到了俄罗斯博物馆的另一个附属馆——大理石宫，里面展出的是一些现代艺术品。

再走几步就是著名的冬宫了。由于已经事先买了票，我们来到了电子票的取票窗口，只有2—3个人在排队。取票之后向入口处走去，发现排着长长的队伍，我赶忙跑到队伍的前头去确认了一下，这个是排队买票的队伍而不是排队进冬宫的。看着这个队伍的长度，估计要排至少1个小时才能买得到票。我非常纳闷，在信息技术如此发达的今天，既然可能在网上买电子票，不用排队，为什么还有这么多人来现场排这么长的队买票呢？

冬宫是女皇叶卡捷琳娜二世于1764年建造的，共有1500个房间，超过300万件收藏品。如果要全部认真参观，估计1个星期都不够。馆藏丰

冬宫

富，游客也非常多，有时候真有点菜市场里人挤人的感觉。由于房间太多，像迷宫一样，如果能事先做点功课，制定一下参观的路线，少走点回头路，可以省下不少时间。我们正参观着，突然前面出现了两个熟悉的面孔，又是那对厄瓜多尔夫妇。他们看到我们也很兴奋，过来和我们拥抱。我心想，如果在俄罗斯有缘再碰到他们一次，一定要留下联系方式，可惜之后再也没有碰见他们。

儿子毕竟年纪太小，不懂得欣赏，而且人流又很大，他显得有点烦躁又疲倦。于是我抱着他一路参观，没想到他一会儿就睡着了。于是我们把他放在供游客休息的长凳上，留一个人守着，大家轮流去参观。

圣伊萨大教堂

不知不觉已经是傍晚时分，大家走了一天都累了，反正我们买的是两日票，明天再来。考虑到天色还早（别忘了这里几点天黑），我决定让大家先回公寓，我自己再去附近的几个教堂看看。出博物馆出来，看见冬宫广场上停着一辆出租车，于是我让爸妈、大姨小姨和儿子上了车，告诉司机地址。在圣彼得堡打出租车，一般不打表，而是事先和司机讲好价钱。于是我问出租司机多少钱？他说不知道，看计价器。担心他绕路宰客，我跟大家交代了，最多应该不超过600卢布，同时我也跟司机说，他们年纪大，也不懂英语，请多加照顾。司机听了眼睛一亮，脸上露出了诡异的笑容。

送走出租车，我迈开大步，向圣伊萨大教堂前进。圣伊萨大教堂远看有点美国国会大厦的样子，有一个圆圆的拱顶，据说它是世界上最大的东正教教堂，也是世界上所有有拱顶的教堂中第四大的。参观教堂内部和登上教堂顶上的门票是分开出售的，我决定只登顶教堂，从高处一览圣彼得堡的景色。

登上顶上之后，景色果然不出所望。冬宫、彼得罗夫要塞、滴血大教堂等历史建筑尽收眼底。

离开圣伊萨大教堂，沿涅瓦大街一路逛回去，途中经过了圣彼得堡的另一个地标式建筑——喀山大教堂（Казанский собор）。教堂免费对外开放，但是这个时间已经关闭了，只能在外面看看那些极具特色的 94 根巨大的花岗岩廊柱。圣彼得堡这几个著名的大教堂距离都很近，喀山大教堂对面不远处就是滴血大教堂。

回到公寓后才知道，爸妈他们遇上黑司机了。短短的 1 公里多的路程，计价器显示要 4000 卢布，也就是折合人民币 400 多块钱。由于语言不通，最后被司机拿走了 3000 卢布。

俄罗斯国歌

不能让黑司机影响了我们的旅游心情，我上网查了一下，沿涅瓦大街，有许多路公交车可以从我们公寓附近到达冬宫，第二天我们就坐公交车去。不过在我们大家一起出发之间，我又起了个大早，3 点多起来，步行来到冬宫，来看看旁边的冬宫大桥（Дворцовый мост, Palace Bridge）打开的情景。其实我挺享受这种一大早去来玩的感觉，虽然还是凌晨，但是天已经很亮，但是街上几乎没有什么人，偌大的冬宫广场俨然没有昨天白天那种熙熙攘攘的感觉。离开广场再往河边走，就看见冬宫大桥从中间分开，桥面接近垂直立在水面上。圣彼得堡的不同的桥有不同的打开和封闭时间，如果晚上要出去玩得比较晚，一定要弄清楚这些时间，否则有可能就在河的那边回不来了。

返回的路上，正赶上太阳升起，金灿灿的阳光照在喀山大教堂和滴血大教堂的顶上，别有一番不同的风味。

回公寓用过早餐，我们又出发了。我们先去参观了冬宫博物馆的附属馆——缅希科夫宫（Дворца Меншикова, The Menshikov Palace）。缅希科夫宫在冬宫隔着涅瓦河的斜对面，里面展品并不是很多。如果大家时间不是很多、对相关的历史文化的话，建议还是不用参观这些附属馆了。

中午吃完干粮之后，我们第二次进入了冬宫博物馆。儿子毕竟太小，对参观一点兴趣也没有，一直吵着要离开，于是我就先带他出去。刚走出博物馆的门，就听到一阵熟悉的雄伟的音乐。冬宫广场上应该是在举行着什么活动。于是我抱起儿子，加快脚步赶过去。

广场上站满了穿着标有警察字样的制服的年轻人，不知道是不是警察学校的毕业典礼的排练之类的。这会儿应该是奏国歌阶段，我很纳闷为什么俄罗斯的国歌听起来这么耳熟，后来回国上网查了之后才知道，原来现在俄罗斯的国歌是在普京的提议之下，沿用了苏联时代的国歌的旋律，但是重新填词而成。国歌之后就是阅兵式了，这些年轻的警察走得实在是不怎么样，特别是女警，队列行进过程中居然有一个人鞋掉了，还有一个摔倒了。儿子由于个子小，被围观的群众挡住看不见阅兵式，于是我把他抱起来看，没想到没一会儿他就在我的肩头睡着了。

阅兵式快结束时，爸爸妈妈大姨小姨他们也从冬宫里出来了，我们乘坐公交回到了公寓。虽然天色还早，但是参观了一整天的博物馆，大家都累坏了，于是我们决定就在公寓里休息，顺便研究一下明天的行程。

夏　宫

圣彼得堡附近有一些小镇值得去参观，游客常去的包括普希金镇（又称皇村），以及彼得格罗夫（Петергоф 又称夏宫）。我们研究了一阵，决定去彼得格罗夫。

前往彼得格罗夫一般来说有两个途径，一个就是乘坐水翼船前往，另一个就是坐地铁再转公交车，耗费的时间可能会比较长。之前在冬宫博物馆附近，就看到很多卖去彼得格罗夫的船票的小贩。第二天早上，我们再次来到冬宫，准备坐船前往彼得格罗夫。看来中国人也是一大游客来源，出售船票的海报上还有中文说明。售票员介绍说，在这里买票可以享受优惠，原价 700 卢布一张的船票只需 550 卢布。我问他可否直接买往返的船票，他说不行，回程票需要到彼得洛夫购买。于是我买了 5 张票，儿子免票，沿河走了一段路，登上了船。船行约 20 分钟，来到彼得洛夫。下了船没几步就是下花园的售票处，原来从这里码头出来就是下花园，要穿过下花园才能到小镇上。因此，如果不买这门票的话哪都去不了，只能被困在这码头上。

有下花园当然就有上花园，上花园是免费参观的，但是如果要参观上花园，就必须从下花园通往镇上的出口出去，而如果要想再次坐船回到冬宫那边，需要经过下花园才能到达码头，因此还需要再买一次下花园的门票，于是我们放弃了参观上花园的打算。如果的确想参观，建议大家以后通过地铁——公交车的方式来到彼得格罗夫小镇，参观完上花园后购票进入下花园，最后到达码头乘船回去。

我们在下花园里里看到的金碧辉煌的宫殿，其实大部分是后来修建的。二次大战时期，这里曾经被德国人占领，希特勒计划在这里举行新年胜利庆祝会。这个举动激怒了苏联人，斯大林下令将这里炸毁，阻止德国人的庆典活动。

夏宫是彼得大帝的避暑山庄，面向芬兰湾。宫殿前面有一个由 64 个喷泉和 250 多尊金铜像组成的梯级大瀑布。整个下花园面积非常大，到处都是喷泉、雕塑和修建整齐的植物，的确是个避暑的好地方。不过话又说回来，整个俄罗斯夏天也热不到哪里去，需要避暑吗？

下花园里的许多宫殿如果想参观的话，是需要另外购票的，据说如果每个宫殿都参观下来，门票也是一大笔钱。我们这几天已经看够了博物馆了，今天就打算在这个大植物园里逛逛，呼吸呼吸新鲜空气。虽然现在正是 6 月底也可以算是盛夏的时候，走在芬兰湾边上，吹着海风，还是觉得有点冷的。

离开下花园，我们回到码头，发现有好几个船舶公司出售回程的船票，

喀山大教堂

不但没有打折，票价还比较贵，最便宜的也要 700 卢布一张，怪不得之前那个人不卖我往返票。而且到这个份上只要不是贵得离谱都得买，因为想要离开码头，除了买船票离开之外，只有买门票进入下花园这一条路了。我正掏钱准备买 700 元的船票，眼睛突然一亮，看到售票窗口上写的优惠方案。全部都是用俄语写的，明显是不打算给外国人优惠，看来之前学点俄语还是有用的。上面写着：学生票 500 卢布、退休人员 450 卢布。于是我把爸妈、大姨小姨拉过来让售票员看，说他们都退休了。售票员也挺实在，并没有查看任何证明年龄的证件，同意出售退休人员票给他们，不过看样子她好像很不甘心被我发现了这些信息。这时候，她听到我儿子的声音，从售票窗口向外探头一看，才看到还有一个小孩，于是她指着窗口上的文字问我儿子多大了。上面写着：3 岁以下免费，3—7 岁 300 卢布。儿子快 4 岁了，被她扳回一局。

回到公寓之后，我独自一人再外出逛逛。去参观一下喀山大教堂和滴血大教堂的内部。

喀山大教堂内部光线略显昏暗，不允许照相，里面有不少信众正在祈祷。相比之下，滴血大教堂内部就金碧辉煌多了，特别是顶上的耶稣像，色彩非常的鲜艳亮丽。

6 月 27 日早上 6 点，我预定的出租车来接我们了，我们到莫斯科火车站乘坐 4 个多小时的快车回到了莫斯科。天下着雨，我一个人再次前往“一只蚂蚁”市场，买了些纪念品，返回火车站，准备打车前往机场。打车的时候又碰到一个小插曲，火车站门口的为数不多的大出租车司机都不愿意接我们这个 6 个人的活，宁愿等着一次拉更多人的机会，让我们 6 个人挤一辆小车，最后居然大家都挤进去了——我在前排抱着儿子，后排坐四个人。

回程的飞机晚了好几个小时，不过我们还是安全顺利地回到了上海。由于回程依旧是莫斯科——西安——上海，到达上海之后，我们从国内到达被领至国际到达处领取行李。

后　记

这次俄罗斯的游记拖了好长时间才写完。从俄罗斯回来，已经过了 6 个多月了，事实上，再过 5 天，我们就要出发前往纳米比亚了。这趟俄罗斯游，由于有老有小的，节奏比较缓慢轻松。其实俄罗斯挺适合带父母前往的，只要做好攻略，主要都是城市游，不会很辛苦；而且长辈这一代人对苏联的历史比较了解，参观起来也会比较有兴趣。下次如果有机会的话，我希望去俄罗斯的远东地区看看那里的自然风光。

2016 年 1 月 25 日

加拿大旅游

多年多次签证

2014 年 2 月，加拿大移民部宣布，所有的前往加拿大的签证自动升级为多次签证（期限一般为该本护照到期日前一天，也就是说，如果用新领的护照办理，可以获得最长 10 年多次往返加拿大的签证），而且签证费从 150 加元下调到 100 加元。既然在马年赶上了这等好事，我们决定今年国庆去加拿大玩玩。

申请加拿大签证，家庭可以作为为单位来进行（一般来说，家庭是指夫妇两人以及经济上尚未独立的子女），有通过纸质材料申请和通过网上申请两种形式，我们决定通过网上申请。5 月 30 日，我到加拿大签证的网站上注册了账号，开始研究如何进行网上申请。具体的流程是这样的：先在网上做一个问卷调查，根据你的答案（比如你是否结婚、是否有工作、是否一家人一起申请等），系统生成一个所需要的材料的清单，根据这个清单来准备材料，把所有的材料扫描好上传到网站上去，在线支付每人 100 加元的签证费，然后就等着。如果拒签，会收到拒签信；如果批准了，则把护照递交（可以邮寄也可以当面递交）到加拿大签证服务中心（不是使领馆，而是一个指定的服务中介），需要交每人 161 元人民币的服务费，如果需要快递还需要交每人 48.5 元的快递费。

我做完问卷调查之后，系统显示我需要提供的材料有这些：申请表、照片、护照首页以及由签证和盖章的页、工作证明、收入证明、财产证明、十年内出国的历史（也就是把护照、老护照的签证盖章页再提供一次）、去加拿大的目的、去加拿大行程计划、亲属表、教育和就业信息表、结婚证、家庭成员委托表（当一家人一起申请时，副申请人需要在这个表签字表示授权主申请人作为代表来提交申请）。由于我是主申请人，Ellen 和儿子需要提供的材料就简单多了，每人只需要提交申请表、照片、护照页以及亲属表。以上每个材料都需要做成一份不超过 4M 大小的文本或图片文件以供上传。

需要填这么多，感觉真像是查户口，特别是亲属表，需要把每个申请人的直系亲属：父母、子女、兄弟姐妹的姓名、出生日期、家庭住址和工作都填一遍。估计申请美国签证也是这样，通过这签证申请，他们不知道窃取了多少中国人的个人信息。

5 月 31 日—6 月 2 日，正赶上端午小长假，在家把一堆材料扫描了。同时看了一下去加拿大的机票，国庆期间的机票价格已经涨到 8000 多元了。如果稍微错开高峰，机票会不会便宜一些？一查，果然如此，10 月 3 日出发、10 月 18 日回来的机票含税价格只要 6022 元（儿童票只要 5032 元），于是我们赶快把机票买了。事后研究了一下才知道，加拿大落基山一带的旅游旺季是 7 月到 9 月，10 月开始天气开始转冷，已经算是淡季，前往有些景点的道路在 10 月中旬左右就关闭了。还好我们计划 10 月 14 日就离开落基山地区，基本不会受道路关闭的影响。

小长假之后，又去公司开了相关证明，去税务局拉了税单。6 月 5 日上午，我把申请在线提交了。6 月 12 日早上，收到了让我们寄护照的通知，也就是说，签证批准了。6 月 13 日早上 10 点，我亲自跑了一趟加拿大签证服务中心，里面坐满了人。我拿了个 EAPP（在线申请来贴签证）的号，没几分钟就叫到我了，看来在线申请来贴签的人不算多。看着中心里焦急等待的人们，我暗自高兴地走向了服务柜台。没想到高兴得太早了，这里只是先审核材料，之后还要付费，而付费这个环节在线申请和当面申请是合在一起排队的。审材料的工作人员问我，是自己来取还是快递，快递一个人 48.5 元（其实一家人一份快递就够了，但是他们非要按人头来寄，对于我们来说也就是分成 3 份来寄，收 3 份的钱）。我说，自己取吧。工作人员又说，自己取可能要排 2 个小时的队。我心想，这算是恐吓我吗？嘴上说，没事，自己取。

审核完材料，又等了一个多小时才轮到我缴费。这个签证服务中心的钱还真好赚，就帮忙把护照递送到领事馆再取回来，每人就收 161 元。当然，还有一点服务就是给了每个申请人一个查询号，可以在网上查询进度。当天进度显示护照已从服务中心寄往领事馆。

一个工作日以后，也就 6 月 16 日，早上上网查询进度，显示护照正在领事馆处理中，下午显示已从领事馆寄出前往服务中心，效率还不错。

6 月 18 日一早 8 点刚过，我就到了签证服务中心。看来早起的鸟儿的确有虫吃，一大早等候的人并不多。取护照是在单独的一个窗口排队，我等了 20 多分钟，就取到了护照。比之前那个工作人员说的 2 个小时短了不少。

在收到让我们寄护照的当天，我们就开始着手准备岳父岳母的签证了。由于已经退休，需要的材料要少一些。6 月 19 日，我帮他们把的申请在线提交了，6 月 26 日，收到了寄护照的通知。7 月 4 日，岳父去签证中心递交了护照，同样也是一个工作日之后，网上进度显示可以去取护照了。

高标准的儿童座椅

我们这趟加拿大之行打算主要在加拿大西部的温哥华和落基山一带玩玩，一家人在这样的地广人稀的地方旅游，租车自驾是一个很不错的选择。我们在国际租车公司 AVIS 的网站上租了一辆 SUV，价格挺便宜的，15 天的租金只要 3200 元人民币左右。加拿大对儿童的安全非常重视，像儿子这样的 3 岁多的小孩，在加拿大乘车一定要坐安全座椅。而且加拿大对儿童安全座椅的标准非常高，别的地方（包括美国）制造的安全座椅都不一定符合他们的标准。在租车公司的网上一查，租 15 天的安全座椅的价格和在加拿大买一个新的没什么差别，于是我们在加拿大的网店买了一个安全座椅，寄到现在正在温哥华居住的我的一个同学刘佳媚那里，到时候取了直接安在租来的车上，旅游完带回国还可以继续用。

同样的道理，我们还在国内买了一个可以在北美、欧洲、澳洲等地使用的 GPS 导航仪准备带过去用。

离出发的日子越来越近了，9 月 30 日，儿子咳得很厉害，还发起了近 40 度的高烧，去医院看了一下，是略微严重的支气管炎。经过 2 天的吃药，10 月 2 日，烧退了。10 月 3 日，儿子身体状况良好，我们按计划出发了。

飞机是北京时间 10 月 3 日 23:50 起飞的，到达温哥华是当地时间 10

月 3 日 19 点左右。下了飞机一看，机场到处都有中文的指示牌，看来移民到这里的中国人很多。即使一句英文也不懂，坐飞机来温哥华，再搭乘公共交通什么的去市中心，一点语言障碍也没有。出了机场，我们直接去 AVIS 租车公司在机场的门店取事先租好的车，是一辆黑色的现代的 SUV。之前在网上已付了租金，但是不包括保险。一看保险费，比租车还贵。租车 15 天只要 580 加元左右，最低的保险（保障车辆丢失和受损的）含税价要 630 加元左右。没办法，人生地不熟的，还是买个保险比较踏实。

热心的刘同学把我们网购的安全座椅送到了机场，研究了好一阵说明书之后，我们还是没能把座椅正确地装上，没办法了，先做个样子，到酒店再说吧。我把儿子放到了并没有固定好的安全座椅上，发动了汽车，从停车场开了出来，Ellen 也开启了导航仪，不知怎么回事不能在导航仪里定位到温哥华的地图。此时我已经把车开到了大路上，路旁好像没有可以停车的地方，没有导航仪的指导，我两眼一摸瞎，只能缓缓地往前开。我后面的车不断变道呼啸着超过我们，仿佛在抱怨我开得慢。前方出现了一个高架桥的入口匝道，到底上不上高架？没有办法，我只好临时靠着路边停下了车。终于，导航仪调试好了，我们又重新出发了。

我们预定的酒店离机场不远，没开几分钟车就到了。入住酒店之后，我们又研究了半个小时，终于把安全座椅正确地装上了。

艰难的倒时差

由于儿子在飞机上睡了很久，夜里只睡了不到 3 个小时（按照中国的时间，他这完全是睡午觉），半夜醒来和我们闹，一会儿说要喝水，一会儿说要撒尿，来来回回折腾好多次。第二天一早，我和 Ellen 都比较疲倦。按计划，我们今天要驱车 400 多公里到达 Kelowna 小镇。在国内我很少开车，平均 1—2 周才开一次，而且从来没开过高速，这次一下子要挑战长途高速了。这里所谓的高速公路，条件比中国的高速还是差了不少，估计只相当于国内省道的水平。不过路两旁的植被很好，毕竟是一个地广人稀的国家，到处都是一片片的森林。在加拿大大家开车还算比较文明，变道、超车什么的都比较守规矩，只是车速都比较快，我的车速大概在每小时100—120公里，一路上被无数的车超过。另外一个和国内不太相同的地方是，虽然是大白天，所有的车都开着车灯前行，不知道是交通法规这么规定的还是什么别的原因。

由于早上出发比较晚，我们到达离温哥华100多公里的一个名叫希望（Hope）的小镇的时候，已经是中午时分。下了高速路，来到一家小餐馆里吃了点意大利面。服务员得知我们的自驾路线后，说，也许等你们回来的时候还会来这里吃饭。

拜儿子半夜不睡觉所赐，我越来越困，眼睛都快睁不开、车也开得歪歪扭扭的。不能再开了，我靠边停下，换上岳母继续开。就这样我们轮换着开着，终于安全地到达了今天的目的地，Kelowna小镇。Kelowna这个字在当地土著语言里是灰熊的意思。中午的那一顿意大利面已经充分证明，我们这行人除了我以外，大家都吃不惯西餐。我们住的Ramada酒店对面就是一个很大的超市，于是我们在超市里买了一些来自亚洲的方便食品作为大家的晚饭。今天的天气非常好，蓝天白云的，酒店对面的黄色、红色的树叶在阳光下显得分外美丽。

夜里儿子又醒来不停地说话，搞得我和Ellen又没睡好。

第二天起床一看，阴天。用过早餐退房之后，我们先去加油。顺便说一下，加拿大这边的加油站都是自助的，可以刷卡付费，但是好像只接受当地的银行卡，如果要付现金的话，需要去加油站旁边的小商店，和收银员说一声几号油泵要加油。有的地方需要预付费，如果加不了那么多再退钱；有的地方是加完了再付钱。

Kelowna小镇位于奥卡诺根湖（Okanagan Lake）旁，加完油，我们来到湖边。如果不是阴天，这里的风景应该会更加美丽。湖畔许多人穿着统一的服装在走路，走近一看，原来这里正在举行关注乳腺癌的行走活动。

在湖边闲逛了一阵之后，我们又出发了。今天的目标是约300公里外的Golden小镇。经过昨天一天400多公里的练习，今天的驾车轻松了不少。一路上大家车速依然很快，公路上时常可以看到因为紧急刹车留下的长长的黑色轮胎印迹。

Golden 小镇上到处都是一幢幢漂亮的小房子和五颜六色的树，这里与温哥华有一个小时的时差，到达时已经是当地时间下午 5 点左右了，街道上几乎看不见什么人。我们住的是一个家庭旅馆，有设备齐全的厨房可以使用，于是我们去超市买了蔬菜、牛肉、鸡蛋、面条什么的自己做饭吃。还是自己做中餐比在外吃西餐便宜又好吃。旅馆的老板挺热情，和我闲聊了一阵，还推荐我们从落基山返回温哥华的路上去一个叫 Wells Gray 的省级公园，不过估计我们没时间去。

夜里，儿子的倒时差情况好了一些，终于可以好好休息一下，结果一觉睡到早上 8 点多。

初入国家公园

我们已经进入落基山山区了，时不时可以看到远处山顶上的积雪。我们今天的行车将穿过四个国家公园——勒维斯托克山国家公园（Mount Revelstoke National Park）、冰川国家公园（Glacier National Park）、幽鹤国家公园（Yoho National Park）和班芙国家公园（Banff National Park），到达晚上入住的班芙镇。顺便一提，从我们这两天走的是 1 号公路，又被称为横穿加拿大公路（TransCanada Highway），一路上都是风景，非常值得自驾走一遭。

勒维斯托克山国家公园和冰川国家公园不是我们这次旅游的主要游览地，只是想路上路过景点时顺便停下来看看，可是在高速路上，大家车速都很快，不能贸然停车，只能看准了指示路标，在景点处拐弯离开高速路。由于不熟悉情况，每次该拐弯的时候没有提前准备好，都错过了。后来我才明白，每当快要到一个景点的时候，路边会有指示牌提示下一个转弯可以到达什么什么景点，等实际上来到这个转弯口的时候，往往不会有任何指示标志。就这样，我们一路错过了勒维斯托克山和冰川国家公园的景点，径直来到了幽鹤国家公园的地盘。

翡翠湖

据说幽鹤国家公园的名字是来自印第安人的语言，估计来这里游玩的人比前两个国家公园多，路边有一个很小的小镇，镇上有游客信息中心，我们先拐到信息中心买了张家庭年票。家庭年票可以供同乘一辆车（不超过 7 个人）的一家人在一年中使用，通用于加拿大所有的国家公园和国家历史遗迹。当然，也可以买日票，但是如果计划在各个国家公园游玩超过 7 天的话，还是买年票比较合算，其实年票也不算贵，折合人民币约 700 多块钱。

我们这趟来加拿大玩，其实事先没什么准备，就大概了解了一下有哪几个国家公园，大概有什么比较著名的景色，定下来在每个地方玩几天，

翡翠湖

具体怎么玩，其实完全没有事先安排。因此在信息中心我详细咨询了一下工作人员，请她给我提了一些路线建议。

离开信息中心，我们沿1号公路往回开了1公里左右，右转离开公路。首先来到了踢马河山谷（Kicking Horse River Valley）。为什么叫踢马河这样一个名字呢？据说1858年的夏天，James Hector爵士来到这条河探险，被自己的马在胸口上踢了一脚，险些丧命，后来就把这条河命名为踢马河。踢马河上有一座天然形成的“桥”，其实就是石灰岩在水流的腐蚀和流沙沉淀作用下形成了像桥一样的形状，还算有点特色。可能就是因为这些石灰岩的缘故，踢马河的河水呈乳白色，就像石灰水一样。在“桥”边停留片刻，继续驱车沿小路向前，来到了一个大的停车场。刚下车，一旁翡翠湖（Emerald Lake）沁人心脾的蓝绿色就映入了眼帘。

据说翡翠湖是幽鹤国家公园里最大的湖，湖水呈绿松石般的颜色，湖里有些人在荡舟，非常惬意。湖边长满了郁郁葱葱的松树，在树林从中还有一幢幢的小房子供游人度假使用，估计价格不菲。如果想远离闹市，归隐山林，在这里住上一段时间应该会是不错的选择。这里的确空气清新，我们在湖边的山林小道里走了一段路，感觉非常舒服。

离开翡翠湖，返回1号公路向班芙方向开上一小段路，再次左转，我们前往加拿大第二高的瀑布——Takawaka瀑布（注意是第二高，不是第二大）。加拿大最大的瀑布大家一定知道，就是号称世界三大瀑布之一的位于加拿大和美国边境的尼亚加拉大瀑布，位于加拿大东部，这次我们的行程都在加拿大西部玩，尼亚加拉瀑布就留到下一次再去吧。

由于年初才去过世界三大瀑布的另一个——伊瓜苏瀑布，这个号称加拿大第二高的瀑布并没有给我们留下什么惊艳的感觉，只是一条细细的水流从高山的缝隙中留下。远处的高山上，可以看到一些冰川。

幽鹤国家公园还有一个非常有名的景点——奥哈拉湖（Lake O’Hara），但是我们这次去不了，有两个原因：第一，是为了保护这个湖的地区的生态环境，国家公园限制每天前往那里的人数，游客必须在指定地点乘坐统一的大巴车前往。如果想坐到这个大巴车，必须提前3个月通过电话预约（注意只能是电话预约，邮件什么的都不行，当然，预约的时候就要付钱）。

而且这个湖的开放时间仅仅是每年7月到10月初，举例来说，如果你打算9月1日去奥哈拉湖，必须6月1日开始预约，而且基本上是6月1日一大早就被人预约满了，因此，非常难预约上；第二，今天（10月6日）是奥哈拉湖今年开放的最后一天，我曾经想过要不要预约这个最后一天，后来还是放弃了，毕竟时间太赶了。以后有机会再来吧。

幽鹤国家公园和我们这次落基山游的主要目的地之一——班芙国家公园紧挨在一起。我们离开幽鹤，前往今晚落脚的班芙镇，途中会经过班芙国家公园两个著名的湖——路易斯湖（Lake Louise）和梦莲湖（Moraine Lake）。路程不远，到达路易斯湖的时候，已是下午4点多。路易斯湖旁有著名的路易斯湖费尔蒙酒店（Fairmont Chateau Lake Louise），许多人来这里喝下午茶，好像是每人近300块人民币的价格，还需要提前预约。我们对这种小资情调的赏湖方式兴趣不大，在停车场停好车之后，就直奔湖边。

路易斯湖的湖水的颜色和我们年初在阿根廷El Chalten时看到的湖水一样，呈乳蓝色。湖的另一头的高山上有大片雪白的冰川。可惜这个时间太阳逆光，拍不出好看的照片。据说早上11点之前或是下午5点之后在这里拍照比较好。我们第二天还要来这里徒步，所以现在就不多呆了。

离开路易斯湖，沿原路返回的途中沿小路右转，再开上个十几公里就到了梦莲湖。这十几公里的小路弯弯曲曲的，如果结冰，很容易出车祸，因此每年10月中左右开始会关闭。之前我写信咨询过，今年的关闭时间是10月13日起，不过如果天气不好，也有提前关闭的可能。

来加拿大之前在网站上就常常看到梦莲湖的照片，这次天气终于没有辜负我们，让我们见识到了美丽的蓝色。梦莲湖边上有一座十几米的小山包，登上去更能拍到的湖景更佳迷人。我跟随着其他游人，沿着满是乱石的陡坡爬了上去，到了顶上才发现，另外一边有石阶可以通往停车场。于是我又下山把岳父岳母带了上来。

小山上有个说明牌，介绍为什么梦莲湖的颜色是这种蓝绿色：岩石被冰川磨碎下来的一些细小的粉末进入到湖水里，在没有阳光而且水很浅的地方，水呈石灰水一样的颜色；在阳光照耀下的深水区，水吸收了阳光里的黄、橙和红光，而浮在水里的细小岩石粉末吸收了部分的蓝光，因而看上去整个湖水呈现出蓝绿色的颜色。

由于逆光，不好拍照。太阳就在远处的雪山的山顶旁边，是不是再过一会儿太阳就能被那山顶遮住，就好拍照了呢？我们等了半个多小时，太阳还是没有落到山背后，我们只好悻悻地下山开车离开了。

返回 93 号高速路，再开个 60 公里左右，我们就来到了班芙镇。班芙镇挺繁华的，道路两旁尽是酒店、餐馆和商店。我们找了家东南亚菜的餐馆用了晚餐，价格还算实惠。餐馆名字是 Bamboo Garden，一看就知道是亚洲餐厅。

负重徒步

10 月 7 日，早餐之后，我们又驱车前往路易斯湖了。湖边有一些徒步路线，我们要走一走。由于儿子起得晚，我们出发得也晚，到达路易斯湖时，已经快 11 点了。在进停车场的时候，有人过来检查我们是否有国家公园的票，我昨天还在想呢，怎么一路也没人查票。虽然号称国家公园，也没有一个实体的入口检票处，景点分散在到处，因此工作人员有时就在前往各个景点的必经之路上检查游客是否有票，不知道如果没票会怎么样，罚款吗？还是勒令原路返回？

下车在湖边拍了一些不逆光的照片之后，我们开始徒步之旅了。路易斯湖边上有几条徒步路线，我们先走一条比较短的。我们沿着湖右侧的小道向山上走去，没想到儿子走了几步就不肯走了，不知道是因为懒还是因为怕树叶：儿子有一个很奇怪的毛病，距离树叶很近的时候会害怕，而这山上到处都是郁郁葱葱的树，可能让他觉得紧张了。还好我事先准备好了背带，把儿子背上继续前进。可能是因为在我的背上离树叶更近了，儿子刚开始一路大哭大喊，不过后来估计发现也没什么作用，就顺从了。

我背着儿子先走，Ellen 和岳父岳母在后面慢慢跟着。我背后背着儿子，背包只好挎在前面，包里面有一个单反相机、一个短镜头、一个长镜头，

路易斯湖

还有一瓶水，估计全部负重有20公斤吧。从山脚出发，2.6公里之后来到了一个叫做镜湖（Mirror Lake）的地方。虽然号称湖，其实就是一个小水潭。从镜湖的右侧继续向上，800米之后，我们来到了一个山顶，顶上有一个湖，叫做Lake Agnes，湖边有个茶室，许多游客在这里喝茶休息。我给Ellen打了个电话，他们还没到镜湖，而且他们决定到镜湖就返回了。于是我背着儿子下山，去镜湖那里会合。

从Lake Agnes可以通过另一条路下山，不过我走了几分钟之后，发现后面的路太陡了，背着儿子走不太安全，于是我只好原路返回。

中午11:20，在镜湖胜利会师之后，我放下儿子，从镜湖的左侧继续走，前往六个冰川（Six Glaciers），其他人下山去湖边逛逛。一下子负重少了十几公斤，顿时感到无比的轻松。路途中往回看，可以看到远处的路易斯湖，就像一块翡翠落在了大山之间，非常的靓丽。在林间小道穿行了一段时间后，前方开阔了起来，四周的植被稀少了。从镜湖出发4.4公里之后，我来到了六个冰川。但是旁边的指示牌写着，观景点还有1.3公里。继续努力一把，下午 14:20，我来到了最终的观景点，就在冰川的下方。可惜冰川上方的天气不好，雾蒙蒙的，不适合拍照。冰川下方的山脚下都是细小的碎石，仔细一看，一层层的碎石下面，露出蓝色的冰，原来下面也是冰川，只不过被山上滑下来的碎石覆盖了。

从早上出发到现在，我都还没吃东西呢，包里只有一个小柚子和一块国内带来的猪肉脯，我在寒风中坐在乱石堆里吃了这顿简餐，就开始返回了。回去不必完全走回头路，路上有一个分叉，可以直接来到路易斯湖另一头的湖边，返回的路途一共 7.5 公里，最后 2 公里沿着路易斯湖边徒步，看着远处雄伟的费尔蒙酒店和一旁翡翠的湖水，累人的徒步行程顿时轻松了不少。下午 16:00 整，我回到了停车场，正好 Ellen 他们也刚刚在周边逛完回到车上，我上车赶紧拿出面包填饱肚子。算了一下，今天我一共走了 17.5 公里，虽然不算很长，但是前面 4 公里多的山路是背着儿子走的，因而一天徒步下来，还挺累的。

93A 公路

之前往返路易斯湖和班芙镇之间，我们走的是 93 号公路，这条路是新修的，以前的老 93 号公路，现在被称为 93A 公路，沿途有许多美丽的风景，强烈建议来班芙自驾的朋友，一定要走一次 93A 公路。

93A 公路没有 93 号宽，最高限速低一些，路上车也少一些。一路上有不少观景点，一路上路边都有指示牌，我们每到一个地方都停下来拍拍照。真是风景如画，随便一张照片都可以做电脑桌面，美中不足的是现在天色有点暗了，拍出来的照片远没有真实所见的美丽。

今天的最后一个景点是约翰斯顿峡谷（Johnston Canyon）。儿子在车上睡着了，岳母和 Ellen 也想休息一会儿，因此就岳父和我两个人下来徒步走一小段。从停车场到峡谷的第一个瀑布——下瀑布（Lower Falls）只有约 1.1 公里，一路几乎都是沿着修好的栈道前进，比较轻松。栈道是沿着险峻的峡谷峭壁的半山腰修葺的，一旁的谷底是清澈的溪流。四周郁郁

栈道旁的溪流

葱葱的树，这里应该是夏天避暑的好地方。

沿着栈道，我们来到了“下瀑布”，走进一个小山洞，可以近距离接触这个小瀑布。既然有“下瀑布”，就有“上瀑布（Upper Falls）”，离这里还有大概 2 公里，不过我们今天没时间继续往上走了。离开峡谷，我们就返回到车上。驱车前行，一路上到处可见金黄的树叶。

好多湖

10 月 8 日一早，我先去班芙镇的游客信息中心咨询了一下工作人员对接下来几天旅游路线的建议，然后就驱车出发前往约翰逊湖（Johnson Lake）。没想到开错了方向，来到了弓河（Bow River）上的瀑布边，这个弓河瀑布（Bow Falls）附近有班芙温泉酒店（Banff Springs Hotel）以及高尔夫球场，好几辆旅游大巴满载游客来到这里，看来我们误打误撞还看到

弓河瀑布

了不错的风景。

回归正途，来到约翰斯顿湖地区。这里有一个环形的行车路线，沿路可以看到好几个湖，我们先前往明尼万卡湖（Lake Minnewanka）。明尼万卡湖应该是这附近几个湖中最大的一个，我们也就驱车经过湖岸边的一小段路。今天天气非常好，阳光明媚、蓝天白云的，蓝绿色的湖水和周围黄色、绿色的树叶相映成趣。可能是因为淡季的缘故，一路上遇见的游人也很少，这样的旅游体验真是太棒了。

接下来是双杰克湖（Two Jack Lake），岸边有一大片草地，以及几张木头桌椅，很适合一家人在休闲玩耍。湖边三五个摄影爱好者架起了相机，正在捕捉湖面的美景。

离开双杰克湖，来到约翰逊湖，这个湖不大，如果想要环湖徒步一圈的话，只有大约 3 公里的路程。蓝天白云倒映在平静的湖面，时间就像静止了一般。和前面几个湖一样，这里的湖边长满了松树，有一颗树与众不同地斜着长了出来，仿佛马上就要倒下落入水中。我曾经在网上看到过一

些游客在约翰逊湖拍的照片，几年前的照片上就可以看见这个摇摇欲坠的树。看来这里随着时间变化的只是一拨拨的游客，美景依旧。

最后来到 Cascade Ponds，一个面积不大的小水潭，上面有一些人工建造的略有东方风格的小桥。小小的水面上映射着蓝天百云以及一旁高山的倒影，令人流连忘返。

离开这些美丽的湖，我们去乘坐缆车。在售票处，工作人员给我推荐了缆车和哥伦比亚冰原的套票，同时购买每人可以便宜 10 加元左右吧。不错，反正哥伦比亚冰原也是我们计划中要去的景点，于是我们就在这购买了套票。

坐在缆车上向外眺望，一望无际的森林。比中国还大的一个国家，人口只有 3000 多万，还不及北京加上海的人口，我开玩笑说，加拿大人啥都不用干，就光把树砍了卖，挣的钱应该都够几辈子花的了。

从缆车下来，我们吃了随身携带的干粮作为午餐，继续沿栈道前进。儿子今天很争气，一路自己走，一直登上了硫磺山（Sulphur Mountain）的山顶。环顾四周，群山峰峦叠嶂，各个山顶都是光秃秃的，山脚下点缀着一片片金黄的树林以及蜿蜒流淌着的蓝色的河。

山上风很大，怕儿子吹感冒，我们呆了一会就返回了。乘坐缆车下了山，开车回到了班芙镇上。我们去参观镇上的班芙公园博物馆（Banff Park Museum），门票属于我们年票包含的范围。里面展出的主要是落基山地区的各种动物标本，包括驯鹿、熊什么的。博物馆旁边是班芙镇的中央公园(Central Park),绿油油的草地、金黄的树叶、蔚蓝的天空、白色的云朵……今天接下来的时间我们也没什么安排了，就和儿子在公园的草地上跑来跑去嬉戏。

卡尔加里一日游

离班芙镇大概 100 公里左右，有一个叫做卡尔加里（Calgary）的城市，这是加拿大的第四大城市，许多中国人来落基山旅游，采取的路线都是从温哥华飞到卡尔加里，在卡尔加里租车，不过我觉得从温哥华直接开车过来挺好的，虽然路上时间长一些，但是一路的风景还是不虚此行的。10 月 9 日，我们计划一早先去洞穴与盆地国家历史古迹（Cave and Basin National Historical Site），再去卡尔加里逛逛。

洞穴与盆地国家历史遗迹号称是加拿大国家公园的诞生地，离班芙镇大概十几公里的距离。只要名字带有“National Park”（“国家公园”）、或是“National Historical Site”（“国家历史古迹”）字样的地方，都属于我们购买的年票包含范围。

还是那个 James Hector 爵士，就是之前介绍过被马踢伤的那个，在 1859 年发现了这里的温泉，之后在 1874 年，一个叫做 Joe Healey 的人发现了这个洞穴与盆地。1883年，几个铁路工人爬进了这个地下洞穴，第二年，他们在这里盖了个小屋，试图开始商业化运作。1885 年洞穴附近 26 平方公里的地被国家收去，开始了加拿大国家公园体系的建立，因此这里被称为国家公园的诞生地。从 1914 年起，游客可以在这里的温泉游泳池游泳，不过到 1994 年，这个游泳池不再对公众开放。

洞穴的地面上建着 3 层楼高的建筑，很奇怪的是，门口的旗杆上飘扬着英国国旗，于是我问工作人员这是为什么？答曰：这里是历史古迹，要保持原貌。

在大厅里看了关于这个历史古迹的一些历史照片和实物的展览之后，我们沿着走道向下，进入地下洞穴。其实也没多深，没走几步就闻到了浓浓的硫磺的气味，前面一个水池，满是热腾腾的温泉。离开洞穴，来到建筑物的顶上，可以看到不远处的一些小河。除了参观这个洞穴之外，附近也有一些徒步路线，我们不打算走了，准备前往卡尔加里。离开这里之前，我们发现了一只在树枝上睡觉的小松鼠，挺有意思。

沿 93 号公里一直开，路上的车渐渐多了起来，远方也出现了一些高楼大厦。在乡野小镇住了几天之后，来大城市逛逛也是不错的选择。进入城市之后，车流缓慢。中午时分，我们来到了卡尔加里的 Chinook Centre，据说是当地最大的一个购物中心。在加拿大，不同省份的税是不同的，卡尔加里、班芙什么的都属于阿尔伯特省，税率比较低；温哥华属于英属哥伦比亚省，税率比较高，因此很多人都来卡尔加里这里购物。不过我们暂时也没什么想买的，就在这里闲逛一阵，好几天没有吃到比较正宗的中餐了，午饭时间我们在这里吃了牛肉米粉，味道还挺正宗的。

老大远跑来，不能就逛个商场就回去，下午，我们来到爱德华王子公园（Prince Edward Park）。毕竟这里是大城市，不像之前在山野里，可以随便停车。这里停车需要去一旁的自助付款的机器上缴纳停车费。从来没用过这种机器，我也懒得慢慢研究，心想，就停一会儿应该没关系吧。

这个公园是免费对公众开放的，不少人在这里跑步或者骑自行车。一条蜿蜒的小河从公园边流过，河边满是黄色、绿色、红色的树叶，俨然一幅油画上的风景。以前见过的松鼠都是棕黄色的，这里不同，是全黑色的，而且公园里到处都可以看到。儿子追着松鼠跑了半天，企图抱住一只。公园里还有儿童游乐场，就是滑滑梯、秋千什么的，有许多当地人带着小孩前来玩耍。对于小孩来说，满眼的秋景哪里有滑滑梯有吸引力，看到这个游乐场，儿子兴高采烈地跑过去玩了很久，最后依依不舍地被我们拖走。

据说卡尔加里连续几年都被评为全球最宜居住的城市之一，可惜我们就在这里呆了小半天的时间，争取以后有机会再来这里，多花些时间体验一下这里的美。

哥伦比亚冰原

10月10日，我们要离开班芙镇，沿93号公路北上前往贾斯帕（Jasper）了。这可是第三次路过了路易斯湖，天气不错，我们再一次停车在这里拍照。

继续北上，今天一路两边都是迷人的风景，有雪山、冰川、湖泊河流……如果要深度游玩的话，两三天都不够，我们只能走马观花地欣赏几个重点景点了。

首先到弓湖（Bow Lake），这是一个冰川湖，湖边的山上可以看到冰川。我们沿着岸边走了一小段，今天的天气真是好，万里无云，天空非常的蓝，远处的冰川在太阳的照射下显得有点刺眼。

佩托湖

再往前就是佩托湖（Peyto Lake）了，号称是落基山地区最蓝的湖。在停车场停好车之后，我们沿栈道上山。不多久，就来到一个木制的平台，蓝色的佩托湖就在背后。今天天气很好，湖水看上去很蓝，没有愧对这个“最蓝的湖”的称号。湖的一头的形状像一个星星，整个湖看上去就像是天上的神仙在用蓝色水粉在地面画星星的时候，笔不小心抖了一下，拉出了一个长长的尾巴。

10 月中旬已经是淡季，来这里的人不多，而且大部分人走到这个平台就返回了。离开平台，我们继续向山上走，沿着修葺好的林间小道走了一段。右手边的树林里有一条前人踩出来的小路，沿小路在树枝间穿行几分钟，走出了树林，来到了一个悬崖边，眼前豁然开朗。悬崖脚下是郁郁葱葱的树林，林边就是佩托湖。这会儿万里晴空，天上没有一朵云彩，而且这里除了我们，没有其他人，这样的旅游感受真棒。

我们在悬崖边拍了许多照片之后，这里陆陆续续也来了三五个其他游客。感觉有点饿了，我们返回停车场，在车上吃了我们自带的干粮。顺便说一下，在落基山这里游玩，除了路易斯湖边上有个大酒店之外，其他几点都是在野外，周围什么餐厅也没有，只能自带干粮；除了吃干粮之外，有些地方提供烧烤的设备。

继续前进，又是一个蓝色的湖——水鸟湖（Waterfowl Lake），湖边黄灿灿的树叶，远处山上晶莹的冰川……说实话，一天到晚看这样的美景，有点审美疲劳了。

再往前，有一个徒步路线的入口，这个是通往冰河湖的徒步路线（Glacier Lake Trail），其他人懒得走了，在停车场等我，我一个人下去走一小段路。整条徒步路线很长，第一个观景点——North Saskatchewan River，距离停车场只有 1.1 公里远。在林间小路穿行了一段时间之后，我来到了河边。河岸是由形状有点怪异的石头构成的，岸面高出水面一大截，河面上一座小桥，指引向剩下的徒步路线的方向。当然，河水也是那种难忘的蓝绿色。

不继续前进了，我原路返回，继续驾车北上。经过个把小时的行驶，我们来到了另一个重要的景点——哥伦比亚冰原。今年哥伦比亚冰原开放

哥伦比亚冰原

到 10 月 19 日，今天下午 4 点半接待本日的最后一拨游客。我们在大约 4 点左右到达，也能算是搭了个末班车吧。所谓冰原，其实也就是冰川，老大远就看到，两座山峰之间白色的冰舌吐了出来，顺着山坡向下延伸。

以前我在新西兰和阿根廷游玩过的冰川时，都是穿着特殊的冰鞋上去走的，这里可不同，要先到游客中心搭乘一辆巨大的车。来这里玩，这个巨大的车也是一大看点，车轮子就有我大半个人高。上车之后，司机边开车边给大家介绍。司机先说，听着我这个滑稽的口音，大家就知道我是澳大利亚人了。果然他的口音很难懂，除了这句话我完全听懂了，他之后的每一句话我都只听懂了个大概。听着这销魂的口音，我想起了一个关于澳大利亚人说英语的笑话（其实一些英国人也是这个口音）：一个澳大利亚人到美国旅游，每天就问导游，我们今天去哪里死（其实他想说的是我们今天去哪里）。

车缓缓地向山上开去，一直开到了冰川上。这里的冰川比较平坦，像个小平原一样，怪不得称之为冰原。车停稳之后，大家下来自行体验在冰川上行走的感觉。冰原的后面是一座山坡，冰川在山坡顶上形成之后，沿着坡滑下来，这里地形比较平坦，因而形成了冰原。可能正是地势比较开阔的原因，冰原上风很大。不知道是因为冷还是因为大风的缘故，儿子看上去有点害怕的样子，在冰上走了几步后，就返回车上去了。虽然冰原面积不小，但是游客能走的地方也没多大，每辆冰车在冰原上停留的时间也就大约 20 分钟，时间到了，大家就上车原路返回游客中心。

除了坐这个冰车游玩哥伦比亚冰原，这里还有一个好像是今年刚刚开放的新的旅游项目——高空玻璃天桥（Glacier Skywalk）：从悬崖边上向外突出 30 米修建了一座天桥，桥的顶端部分从围栏到地板都是玻璃建成的，桥下是深约 280 米的峡谷，四周的山顶上就是附近几个著名的冰川，风景非常不错，不过据说胆小的人在这个透明的桥上走，腿都会发软。除了天桥之外，这附近也有一些徒步路线，估计沿着这些路线可以从不同角度欣赏这附近的几个冰川。我们这趟没时间走天桥和这些路线了，以后有机会再来吧。

Jasper 小镇

下一个目的地——Jasper小镇。小镇位于著名的贾斯帕国家公园(Jasper National Park)里。进入小镇时，我们突然发现路边的铁轨旁有两只驯鹿在行走，一公一母，公的那只头上顶着巨大的角，非常漂亮。要不是我们后面跟着好多车，真想停下来拍几张照片。不知道错过这两只鹿之后，之后的几天我们还有没有和驯鹿邂逅的机会。

与班芙镇相比，Jasper 小镇小而冷清。我们住的酒店的房间也很小，房间里也没有微波炉什么的，如果要自己加热食品，需要到服务台去自助使用那里的微波炉。

我们要在 Jasper 小镇住 4 个晚上，第二天一早，我先到市中心的游客信息中心资讯了一下工作人员，为接下来的几天的行程做了一个简单的计划。第一天，我们前往梅林湖（Maligne Lake）。这里纬度比班芙镇高，再加上今天天气多云，一路上四周俨然一副深秋的景象。路上车不多，通过车侧边的后视镜，可以看到背后雄伟的雪山。

梅林湖的后面有三座雪山，今天没有阳光的照射，湖水也呈现不出那种迷人的蓝色，再加上逆光，拍不出美丽的照片。整个梅林湖很大，有 22.5 公里长，我们现在只在最北边的岸边。湖的南端有一个比较著名的湖心小岛——精灵岛(Spirit Island),旺季的时候,可以乘坐游船前往湖心小岛，可惜现在淡季游船已经停止运行。

原路返回，途中经过梅林峡谷（Maligne Canyon）。梅林峡谷是典型的喀斯特地貌，沿着修建好的栈道下降到峡谷的深处，可以看到两边都是被流水腐蚀过的形状奇特的岩石。整个栈道就是沿着从山顶流向山脚的小河修建的，途中共有六座桥横跨小河，整个徒步路线大约只有 2 公里，不过走到第五座桥和第六座桥之间就不能继续了，有块牌子显示前面道路毁坏在施工，禁止前行，否则罚款。远远望去，果然有个工程车在施工，再看看牌子上写的日期，竟然是好几年前的，看来这里的工作效率也不高嘛。

回到停车场，在沿公路返回的路上，我们路过了之前没法徒步到达的第六座桥，下车看了看，也没什么特别的。接下来我们又驱车沿 Maligne Road 和 Lodge Road 向南进行，一路路过几个不同的湖：艾迪斯湖（Lake Edith）、阿尼特湖（Lake Annette）、米尔德里德湖（Mildred Lake），最后来到了一个名叫 The Fairmont Jasper Park Lodge 的酒店。这个应该是个豪华的度假村，占地面积非常大，停车场里停满了车，看了很多人来这里游玩。酒店的房子、草地都很漂亮，旁边还有一个湖，叫做波瓦特湖（Lac Beauvert）。湖的背面就是雪山，湖边的绿草地上摆放着许多躺椅，看来这里真是度假休闲的圣地。如果想活动活动，也可以租小船在湖上泛舟，不过今天这个天气就算了，有点阴冷。

天色有些晚了，我们开车回到小镇。在小镇边的铁轨旁，看到了一小群鹿，不过没有那种长着大鹿角的，不知道剩下的几天能不能遇到。顺便一提，这里的火车好像都是货车，每节车厢就是一个集装箱，不是很长，但是一列火车拉的车厢特别多，大概数了一下，有 100 多节。如果要穿越铁轨的时候碰到火车来了，要等上好长时间。

我们在镇上找了一家中餐厅用晚餐。不知道为什么，这里做生意的韩国人很多，很多纪念品商店的老板都是韩国人。

“最美”的徒步路线

Jasper 国家公园有一条著名的徒步路线，据说是被国家地理杂志评为全世界最美的十大徒步路线之一，那就是 Toquin Valley 徒步路线。整天路线走下来要 2—3 天时间，需要在途中指定的营地露营。我这趟一家老小的，没办法在野外露营，不过我还是决定要走一走这条号称“最美”的路线。走不了全程，可以走到一个叫做 Maccarib Pass 的山口，然后再返回，往返总共 26 公里。10 月 13 日，我们一家开车离开小镇，上了 93 公路，之后右拐上了 93A 公路，没开多远按照路标再拐进盘山小路。Tonquin Valley 的入口其实挺小的，完全不匹配其“最美”的头衔，我们一度开过了，后来往回开时仔细看了路边的指示牌才找到。

当然，这 26 公里只是我一个人走，到了入口处之后，岳父母、Ellen 和儿子就开车去其他地方玩，我们约定，如果徒步路上有手机信号，则到时候电话联系，如果没法电话联系，7 个小时之后再到这里来接我。

早上 10 点，我的 26 公里徒步开始了。徒步的前 4 公里左右的路程是林间小道，网上的攻略说，夏天在这里有可能有熊出没，因此，建议大家结伴通行，并且在林间小道前行时，最好大声喧哗，因为熊也不希望和人相遇，听到人的声音的话可以提前躲起来，最尴尬的就是人和熊不期而遇。可是我走进入口之后，一路上一个人也没有，只能我自己走了，现在天冷了，应该不会遇到熊吧。

大约 40 分钟后，我走出了树林，道路的右边是光秃秃的山坡，左边视野比较开阔，远处的山下方可以看到小溪和草地，据说这里经常有驯鹿出现，可是我走了很久一只都没有看到，可能还是季节不对的缘故吧。回头往我出发的地方远眺，漫山遍野的树林以及树林上方的雪山山峰映入眼帘。

继续前行，随着海拔的升高，天气开始冷了起来。可能是下过雪的缘故，地上非常的泥泞，到处都是坑坑洼洼的，一脚踩上去鞋子上全是泥，几乎找不到一块可以落脚的地方，因此影响了我前进的速度。还好因为天气冷，有些小泥坑上面已经结了一层薄冰，可以借力踩一脚，否则这一路走下来鞋子就全废了。走着走着，天上开始飘起了小雪，远处出现一男一女朝我走来。这走了大半天，终于看到人了，我激动地问他们，到 Maccarib Pass 还有多远？他们说，不知道，他们本来也打算走到 Maccarib Pass 再返回的，但是决定放弃了。估计是看到下雪了，周围一个人也没有的缘故吧。我决定不能放弃，继续前进。

其实雪山已经不远了，离开他们俩没多久，坡度就开始陡了起来，山坡上都是深深的积雪，我一步一个脚印地向上爬去，山上稀疏的长着一些矮小的松树，银装素裹。我爬到了一个小山坡顶上，这里的积雪深度至少可以没过脚踝。真为刚才那两个人惋惜，其实他们只要再努力向前走一个小时左右，就能像我现在一样站在雪山上了。而且如果他们在这，还能帮我拍个照，现在我一个人在这白茫茫的世界里，连个拍照的人都没有。天空中布满了云，只在一小块地方露出了点蓝天，天色有些阴暗，只能听到呼呼的风声以及我在雪地上走路发出的吱吱声。

根据这四周的景色判断，Maccarib Pass 应该就是这里，或者离这里不远。站在这个小山坡上远眺，估计再走个 2—3 个小时，周围的景色也不会有什么变化，还是在这茫茫的雪山中，因此，我决定差不多该往回走了。这一路手机也没有信号，我得在约定的时间赶回到出发处和家人会合。

下午 5 点之前，我回到了出发点，没等一会儿，Ellen 他们也开车到了。评价一下这个被称为世界上最美的徒步路线，雪山上白茫茫的风景还不错，其他景色一般般。也许是季节不对，或者是没有花 2 天时间完全走完的缘故，感觉并没有想象中的漂亮，而且一路上熊啊鹿啊什么的都没看到，路上唯一看到的动物除了几只鸟之外就是两个人。相比之下，我个人觉得还是阿根廷 El Chalten 的 Lago de los Tres 的徒步路线更加美丽。

我正在车上惋惜一路上没有看到驯鹿，Ellen 说，在开车过来接我的路上，有一只雄鹿就在公路边的草丛里，不知道它还在不在那，我们抓紧时间往回开。

开了十几分钟，老大远的，就看见远处好多辆车停在路边，看来那只鹿还在那。靠边停车后，我也兴奋地拿着相机向那只鹿靠近。看上去像是一只年纪比较大的雄鹿，头上的角很大，但是身上的毛没有什么光泽。它俯卧在草丛深处，除了偶尔转转头之外，几乎一动不动，任凭人们给它照像。

回到小镇，我们去超市里买了一些亚洲食品作为晚餐。超市里还停供小型的推车供儿童使用，儿子推着一车的食物在超市里逛来逛去，玩得很开心。

10 月 14 日，先去金字塔湖（Pyramid Lake），天空还是布满了乌云，还是前几天在班芙的时候天气好，天天都是艳阳高照的。每天都是湖光山色的，今天这样的景色不会再给我们很大的惊喜。接下来我们继续驱车北

上，到 Jasper 小镇的北面随便兜兜。

天空时不时地飘点小雨，一路上经过不少大大小小的湖，我们都懒得停下来了。突然，远处的路两边停着好几辆车，估计是又有什么动物出没了了吧。我们减速靠边停车，果然，有一只漂亮的雄鹿在路边吃草，路旁的植被有红有黄有绿，远处的山顶上白白的积雪，整幅画面色彩还挺好看的。毕竟不是正式的停车点，不宜久留，我们拍了些照片后就继续前行，前往梅耶特温泉（Miette Hot Springs）。

梅耶特温泉是一个泡温泉的度假地，这几天正好赶上加拿大的感恩节，停车场里停满了车。温泉我们就不泡了，就在这山里走走呼吸呼吸新鲜空气，看看温泉源头冒出的充满刺鼻硫磺味的热水。

返回的路上，我又发现了一只雄鹿在路边吃草，看来这次是我第一个发现，路边还没有其他的车停下来。我们下车拍照的一会儿时间内，许多车也跟风停在了路边。这只鹿看上去年轻一些，头上的角还比较小。它始终用屁股对着我们，好不容易才抓拍到它“回眸一笑”的照片。

在昨天我徒步的时候，Ellen、岳父岳母和儿子去了艾迪斯卡维尔山（Mount Edith Cavell）和阿萨巴斯卡瀑布（Athabasca Falls）。离开梅耶特温泉之后，也没什么地方特别想去了（而且有一些景点在 10 月 13 日复活节之后就关掉了），因此我们开车回到了酒店，岳父岳母和儿子回房间休息休息，Ellen 和我再去他们昨天去过的那两个景点走走。

先去艾迪斯卡维尔山，路程不远，但是最后一段山路弯弯曲曲得挺难开，好几个地方有近 180 度的上坡大转弯。到达停车场，可能是因为已经是下午 3 点多了，这里停的车并不多。来这里主要是看天使冰川（Angel Glacier），从停车场到冰川就一公里多的路程。Ellen 在车里等我，为了节约时间，我一路快走，不到十分钟，就来到了冰川的面前。给我的第一感觉就是，真像一个巧克力慕斯蛋糕啊：褐色的沙土洒落在白色的冰川上，仿佛铺满巧克力粉的奶油蛋糕。“蛋糕”旁边还有一个小湖，上面漂浮着一些碎冰。背后的山上，一条长长的冰舌从山间吐出。如果时间多的话，这附近还有一些其他的徒步路线供大家选择，而我只能匆匆地返回，前往阿萨巴斯卡瀑布。

阿萨巴斯卡瀑布

又一次经过九曲十八弯下山，返回大路向南开上一小段时间，就到了阿萨巴斯卡瀑布。瀑布不算大，但是瀑布的水和冰川湖水一样，呈现蓝绿色。这里的岩石应该是属于喀斯特地貌，奇形怪状，石头表面可以看到一道道水流腐蚀的痕迹。

三文鱼洄游

10 月 14 日，我们要离开 Jasper 了。今天天气很不好，下着大雨，而且雾气蒙蒙的，能见度不是很高。本来还打算一路上走走停停、欣赏沿途风景，这下全泡汤了，只能小心翼翼地专心开车。

中午时分，天空开始慢慢晴朗了起来，我们在一个加油站旁停车休息，吃点东西。金色的阳光洒在停车场背后绿油油的草地上，远处的群山在雾气中若隐若现。

蓝天白云下的景色果然不同，接下来的路程赏心悦目：湖泊、绿地、路边漂亮的房子、各种颜色的树……下午 3 点半左右，我们到达了今天的目的地——Kamloops 小镇。我们在酒店安顿下来之后，就外出走走。

小镇紧挨着汤谱森河（Thompson River），河边有一个先锋公园（Pioneer Park），从我们的酒店走到公园，也就十几分钟的路程。儿子在河边拿面包喂了会儿鸽子之后，开心地在公园里玩着滑滑梯和荡秋千。公园里有许多个头很大的鹅，天色开始渐渐暗起来，这群鹅竟然排成长队整齐地向河边走去。

回宾馆的路上，看到一个中餐馆，我们买了一些带回房间去吃。

出国之前，热心的刘同学（如果不知道她是谁，请翻到本游记中我们刚到加拿大那一页）就告诉我们，在 Kamloops 附近的亚当斯河（Adams River），可以看到三文鱼洄游。每年的 9 月底 10 月初，都是三文鱼洄游的季节，而且每四年是一个大周期，这时三文鱼的数量会非常的多。我们今年正好赶上四年的周期，运气不错。关于亚当斯和的三文鱼洄游，加拿大人民还专门成立了一个网站（www.salmonsociety.com）来介绍情况。10 月 15 日早上，我们退了房，就开始向亚当斯河方向前进。在 GPS 的指引下，我们来到了这里。这里的三文鱼品种主要是大马哈鱼（Sockeye），我们下车走到河边，看到河里密密麻麻到处都是红色的鱼。奇怪，虽然三文鱼的肉是红色的，但外表不应该是银灰色的吗？事后我上网查了一下资料，原来三文鱼的一生还挺悲壮的：

三文鱼在河溪里出生并生活 1—5 年后，再游到大海里生活 2—4 年，之后洄游至出生的地方产卵，然后死去。洄游过程中几乎不再吃任何东西，由于能量大量消耗，鱼的身体从原来的银灰色变为红色、鱼头变为墨绿色。

我们面前的这些三文鱼，就是从太平洋一路逆流上来的，途中海拔不断升高，有些地方这些鱼需要完成鲤鱼跳龙门一样的动作才能继续前进，而且一路上还有许多动物在河边等候着捕食它们，所以许多鱼在回到产卵地之前就会死去。而那些回到产卵地的那些鱼，产下卵之后，也会精疲力尽而死。眼前的有些三文鱼看似在水里不动，其实在逆流中能保持不动，已经是努力向前的结果。据说为什么这些三文鱼能够如此执着而且精确的定期洄游，还是一个未解之谜。

被贴罚单

欣赏完这个大自然的奇观之后，我们向温哥华出发了。天气依然是阴雨连绵，一直开到下午 2 点多，还没吃午饭，正好进入了希望小镇。于是我们从高速路下来，准备找个地方靠边停车吃点东西。下了高速路一拐弯，正准备停车，看到眼前那个熟悉的餐厅，这不正是 11 天前我们路过希望小镇时吃午餐的那个餐厅嘛。真是几乎验证了当时那个服务员的话：也许你们回来的时候还会来这里吃饭。不过我们不打算进去吃了，就在餐厅外靠边停车，吃点我们自带的干粮。

继续前进，下午 5 点多，我们到达了在温哥华下榻的酒店。酒店位于温哥华的 downtown 区，这里是商业中心，四周高楼大厦比较多。宾馆旁边没几步路就有一个中餐馆，进去一看，服务员全是说中文的华人。用过晚餐，我们四处走走，勘察一下地形，研究一下后两天的出行计划。

早上醒来，岳父母住的房间的阳台上停着一只大鸟，半天也不走，直到后来儿子扔了一些面包给它，吃完了才飞走，估计是经常来这里向住客“乞讨”食物吧。

早餐后，我们先驱车来到加拿大广场（Canada Place）附近。在落基山的时候，很容易找停车位而且免费，现在可是在大城市里，停车是要根据时间付费的。路上有一些停车位，可以自助在一旁的机器上付费，毕竟是第一次来，不知道这里需要玩多长时间，所以我想找一个大厦里的停车场，也许像国内的那样，出来的时候再根据停车时间缴费。没想到我想错了，大厦里的停车场（至少我停车的这个）也是自助在机器上付费的。这里的机器不接受加拿大以外的信用卡，而我手头的硬币只够付半小时的停车费，想找个换硬币的地方也找不着，于是我就只付了半小时的停车费。

加拿大广场是温哥华的象征性的建筑，是1986年温哥华万国博览会的加拿大馆。坐落在海岸边，整个建筑的形状像一艘巨大的邮轮。附近有几个比较有特色的雕塑，一个是像素化的鲸鱼，还有一个就是一个巨大的蓝色“水滴”雕塑。在这里可以远眺火红枫叶点缀着的斯坦利公园以及时不时起降的水上飞机。

不知不觉快一个小时过去了，我们回到停车场，不会超时被罚款吧。果然，车上贴了一张罚单。没想到我这辈子第一张罚单居然是在加拿大领的。仔细一看，罚单的金额是80加拿大元，如果可以在7天之内支付，只需60加元，开罚单的时间就在我们半小时停车费过期后的3分钟，真是运气不好。

大吊桥和大水坝

罚就罚吧，不能影响了我们游玩的好心情。接下来我们到了斯坦利公园（Stanley Park），还好这里可以刷信用卡付停车费。斯坦利公园号称是北美最大的市内公园，占地6070亩。与其他城市内的公园不同，斯坦利公园里大部分地区保持着原始森林的风貌，公园里有超过50万棵树，有些树甚至高达70多米。在一个现代化的大都市里，能有一个占地面积如此巨大的原始森林公园，确实很难得。我们也就蜻蜓点水般的在这个大公园里踏青闲逛了一阵子。

公园草地上野餐之后，我们继续北上，通过斯坦利大桥，来到著名的卡皮拉诺吊桥（Capilano Suspension Bridge）公园。从公园入口处一进去，可以看到一些色彩鲜艳的图腾柱。再往里走一点，就看到大吊桥了。卡皮拉诺吊桥全长137米，在网上看到的一些照片，由于拍摄角度的原因，显得特别长。虽然实际上现场看并没有那么长，但是还是很壮观的。吊桥悬挂在70多米的高空中，下面是河水湍急的卡皮拉诺河。四周都是高耸的参天大树，感觉像是一条通往世外桃源的路。桥的另一头是林木区，过桥的时候，有些调皮的年轻人故意左扭右摆，使吊桥大幅度地晃动起来，这

个时候，公园的管理员就会用高音喇叭提醒这些游客不要这样做。

来到桥对面的林区，我们沿着栈道在树林中悠闲地行走，呼吸呼吸新鲜的空气，看看四周原生态的森林植被。林区这边还有很多小吊桥，修建在半空中，每一段都和参天大树相连，连接处在树上建有一个小平台，供人休息，和马来西亚基纳巴鲁山上的树顶索道很相似。沿着这些吊桥行走，有些猿猴在大树之间跳跃穿梭的感觉。

返回大吊桥的这边，左转前行没几步，还有一个依靠悬崖修建的半圆形的斜拉桥，下面就是几十米深的峡谷。

热心的刘同学得知我们在这附近游玩，还发来短信，告知我们从这里继续向北没多远有一个三文鱼养殖场，那里也可以看到三文鱼洄游，养殖场一旁的克里夫兰大坝（Cleveland Dam）也值得一看。

来到三文鱼养殖场，这里一个工作人员也没有。养殖场旁边就是卡皮拉诺河，河水经过一个高度差大概有 1 米左右的不知是天然还是人工形成的“台阶”，水流被拦腰切断，形成了一小段瀑布。我们正在想三文鱼在哪呢，突然看见一条鱼蹭的一下从“台阶”的下面跳到“台阶”上去了。看来三文鱼洄游真的不容易，它们的确也挺执着的。我们在河边观察了一阵子，有好几条鱼跳上去了，这些鱼的颜色还是银灰色的，看来还没力竭到全身变红。这些三文鱼在这个养殖场出生、长大之后，就被放入卡皮拉诺河让它们游到大海里生长，到了产卵季节，它们又自己洄游回到这个养殖场——它们的出生地。

养殖场的右侧有条通往山上的小路，沿着小路走大概一公里左右来到山顶，就可以看到克利夫兰大坝以及卡皮拉诺湖了。卡皮拉诺湖也被称为卡皮拉诺水库，提供着温哥华地区的大部分用水。可能是为了保证用水安全，水库边上用铁丝网拦了起来，只能远观。我们并没有赶上大坝开闸放水的时间，否则可以看到湖水从几十米高的大坝倾泻的壮观景象了。据说正是因为这个大坝的修建，切断了三文鱼洄游的路线，因此加拿大政府在大坝下修了这个三文鱼养殖场，让三文鱼在这里出生、放生、再洄游至此。

天色渐暗，我们返回宾馆，今天才发现我们住的这条街两旁有不少火红的枫树，人行道上也飘落着不少红叶，挺美的。

为了表示对刘同学的感谢，我们今晚请她吃饭。岳父母和儿子有点累了，就在宾馆休息，晚饭就在楼下的中餐馆解决，我和 Ellen 开车来到刘同学预订的“九道”（“Nine Dishes”）川菜馆。为什么叫这个名字呢？原来这个餐厅刚开业的时候，只提供九道菜。与我以前在其他国家吃过的中餐不同，这里的中餐做得挺正宗的，估计是因为温哥华太多中国人居住的缘故，不需要迎合老外的口味吧。

餐厅里只有一个服务员，食客需要“自力更生”，点菜嘛，自己写，米饭嘛，自己盛，当然，米饭随便吃，管够，只有上菜和买单需要服务员。刘同学给我们简单介绍了一下温哥华的各种情况。经她介绍我们才知道，温哥华所属的哥伦比亚省是加拿大比较穷的省，而之前我们游玩过的班芙和 Jasper 则属于比较富有的阿尔伯特省。阿尔伯特省既产石油，又有丰富的旅游资源，因此政府财政充裕，给予本省居民很多福利，而相比之下哥伦比亚省的居民的福利就少多了。原来这里政府缺钱，怪不得我们今天停车刚超时 3 分钟就被贴罚单了，我想到这个事，顺便问了一下刘同学被贴罚单怎么办。她说，在温哥华被贴罚单很正常，当地居民都很注意停车是否超时这件事，如果停车超时来不及回到停车的地方付费，可以通过拨打一个号码，在电话里通过信用卡之类的付费。对于我们这些来这里玩个三五天的游客，哪能知道还有这样的付费方式啊。

不过刘同学又说，收到罚单之后可以打电话向他们解释，如果他们认可你的说法，有可能会免罚单。后来我们也的确尝试了给他们打电话解释我们是外国游客，第一次到温哥华，人生地不熟地返回停车场超了几分钟什么的，最后对方同意把我们的罚款额减少到 20 加拿大元，这些都是后话了。

科技馆里的“悲剧”

10 月 17 日是亲子游的一天。早上我们再次来到了斯坦利公园，这里有号称是北美第三大的水族馆。儿子在 1 岁半在吉隆坡去了次水族馆，不过那时候他还小，什么都不懂，现在3岁多了，懂得看一看各种各样的动物了。

水族馆里大部分游客都是带着小孩来玩的，据说里面有超过7000种的海洋动物，有各式各样的水母、五颜六色的珊瑚、色彩斑斓的热带鱼，还有一些我们叫不出名字的大型海洋动物……除了观赏在玻璃缸里的动物之外，还可以在露天场馆观看海豚表演以及观看4D电影。儿子3岁半，第一次看的电影居然是4D。

玩了差不多2个小时后，我们从水族馆出来，看来之前付了2小时停车费时间预估的刚刚好。在前往取车的路上，我们看到工作人员正在一辆辆地检查停车场里的车是否付费或者超时，还好我们准时出来，再晚个几分钟又要领一张罚单了。看来温哥华政府真是缺钱，查停车费查得这么紧。

离开了水族馆，我们又前往科技馆。在车上吃了自带的干粮后，我们走进了科技馆。刚一进来，儿子就说要尿尿，可是看到科技馆里各种稀奇古怪的好玩的东西之后，他马上说不尿了，兴致勃勃地东摸摸、西看看，一刻也不停下。玩了快一个小时，悲剧终于发生了，只见儿子突然不动了，脸上露出异样的表情，原来，他是在憋不住了，尿了裤子。我们没预料到这一出，随身没有带多余的裤子，只好带儿子回到了酒店。

本来还计划去煤气镇（Gas Town）什么的，现在计划全泡汤了，这来来回回折腾一趟，时间也不早了。于是我们打算去格兰维尔岛（Granville Island）随便逛逛。

虽然名字里带着个"岛"字，格兰维尔岛并不是真正意义上的岛屿，顶多算个半岛。这个区域离市中心不远，在格兰维尔桥下，沿着河岸边建成的。是一个艺术氛围比较浓厚的地方，有很多艺术家制作的手工艺品在这里出售。温哥华市原先的名字就是格兰维尔市，直到1886年改名为温哥华。

晚餐时间，我们回到酒店附近，在刘同学推荐的一家日本拉面店——山头火用餐。这家拉面店果然火爆，还好我们在刘同学的提醒下早早来用餐，我们坐下没多久，门外排起了长长的队。

温哥华值得游玩和餐馆的地方不少，可是我们这次时间不多，只能走马观花地象征性地玩了几个地方。这个城市也是个适合人类居住的好地方，如果以后有机会的话，过来住上几周，慢节奏地享受一下这里的生活。

10 月 18 日，我们开车回到了温哥华机场，把车还了，经过 10 小时左右的飞机，我们安全返回了上海。

后　记

这一次我花了很长时间写这篇游记，从 10 月份回来开始动笔，陆陆续续一直写到第二年的 6 月中才完稿，期间经历了 Ellen 和我的第二个儿子的出生（是的，之前没有提到，这次 Ellen 是怀着 3 个多月的身孕去的加拿大）。

加拿大地广人稀、风景优美，不过从写游记的角度来看，没什么特别的事可以记录的，无非是每天开车到一个地方，风景多么多么美丽。不过我的流水账也写了 2 万多字，详细记录了每天的具体行程路线和细节，对于想去加拿大自驾游的朋友来说，应该还是会有很大帮助的。

2015 年 6 月 15 日

美西游记

英镑贬值的福利

春节从纳米比亚回来不久，就开始筹划国庆节的出游目的地。3月初，上网一查，发现中国南方航空从上海出发经武汉转机往返旧金山的机票只要4800元，于是当即买下了机票，9月29日一早出发，10月15日返回。我和Ellen、岳父母、大儿子一张儿童票、小儿子一张婴儿票，6个人总共不到25000元。

机票买好了，得办签证了。网上关于美国签证的攻略信息已经够多了，我就不再赘述了，简单说一下，3月4日买了机票之后，开始着手美签，3月9日提交预约，3月11日面试，面试当天很顺利，从到达开始排队到出来一共一个多小时，一个白人签证官全程用汉语提问，问了3个问题，我一共回答了6个字：去过美国吗？没有。去过其他国家吗？去过。去美国干什么？旅游。

面试后3个工作日，我就去指定的中信银行网点取回了护照。十年美签就是这么简单快捷。

拿到签证以后，我们才开始着手计划具体的行程。我们此次出行的主要想去美国西部的各个国家公园，在网上搜索了各种信息和攻略之后，我制定了一个非常紧凑的行程，从旧金山自驾出发沿1号公路一直到洛杉矶、再到拉斯维加斯，之后一路游玩各个国家公园至黄石公园，再从黄石公园开车回旧金山。由于机票已经不能改了，想去的地方很多，因此这个行程非常的紧，有几天需要长时间的行车，几乎路过的所有的大城市我们都没安排时间游玩，住一晚上就走。即便这样，还有1—2个想玩的景点没有时间去，早知道这样，当时订机票时订晚一两天回来就好了。

在英国脱欧投票之后，英镑大跌的那两天，我成功地通过Avis租车公司的英国网站支付英镑租了此次美西旅游的自驾用车——一辆7座的商务车，因为英镑贬值，价格瞬间便宜了10%以上。

去国家公园游玩，如果晚上能住在公园内部的酒店当然最好，可以省下不少开车往返的时间，还可以欣赏公园内的日落和日出的景色。但是公园内部的住宿有限，因此非常地抢手，我打算去的这些公园内，只订到了黄石公园的一个晚上的住宿，其余酒店早就被订满了。没办法，只能找离这些酒店较近的小镇落脚了。

一切行程准备就绪，熬到了 9 月底，我们出发了。

华人的世界

9 月 29 日凌晨 3 点多，我们就起床了，赶到浦东机场搭乘 6:45 的飞机前往武汉转机。由于行李不能直接托运到旧金山，到了武汉之后我们还需要把行李取出来重新托运。武汉的国际机场和国内机场并不直接相连，需要从到达大厅出来，穿过一条马路，步行 200 米左右到达。国际机场好像还在装修中，里面显得有些混乱，而且餐饮什么的配套服务设施还没开始投入使用，因此，转机等待的 6 个多小时特别的漫长和无聊。但是对于小儿子来说，这些都不是事，机场的一切都是新奇的，他高兴地到处走来走去看个不停。

终于再次登机，经过漫长的飞行，当地时间中午时分，我们到达了旧金山。两个小孩在飞机上的表现还算不错，特别是小儿子，基本没有大哭大闹。入关也挺顺利，没排多长时间的队。取了行李，搭乘机场内的免费轻轨来到租车的地方，一切都一目了然，因为那一站的名字就叫“Car Rental（租车）”。

办好手续之后，我们取到的是一辆美国国产的道奇（Dodge）商务车。装上了我们自带的安全座椅之后，我们就出发了。我们这两天要住的是通过 Airbnb 预订的距离机场不远的一套公寓。

平时在国内习惯走路或是乘坐公交，1 个月开不了 2 次车，现在在人生地不熟、车速飞快的美国，而且是生平第一次开 7 座的商务车，还是有点紧张的。好在前几年在加拿大自驾积累了点国外自驾的经验，能够较快地适应新的环境。在导航仪的指引下，20 分钟左右，我们就到达了目的地。

这座公寓位于旧金山市区以南，附近一片片的到处都是小房子，我们住的是一幢两层洋房的一楼。不需要和房主见面，根据之前邮件沟通中房主给我们的密码，我们打开一楼房门的密码锁，进去一看，两间卧室、一个书房、一个带厨房的大厅、两间洗手间，非常适合家庭出游居住。

我们这趟有老有小，吃饭是个大问题，在外面餐馆吃老人小孩肯定不习惯，于是我们决定买个电饭煲，一路上在超市买点食材，自己做饭吃。因此，安顿下来之后，我就赶忙联系了在旧金山工作的陈江同学，咨询他附近哪里可以买到电饭煲。在他的推荐下，我们驱车来到附近的华人超市99 Ranch Market，中文名叫做大华超市。超市里中国人需要的东西应有尽有，而且这里不论工作人员还是顾客，都是华人，大部分商品的包装上面也印着中文，若不是时差带来的疲倦提醒我们此时身处大洋彼岸，我们都快忘了此时已经不是在上海。

返回到住所，碰到了我们的“邻居”，住在二楼的华人夫妇。和他们聊了一会儿，得知，他们是初中时代就移民到美国。他们告诉我们，这附近居住了很多华人。我们回屋做饭的时候，他们还下楼给我们送来了一盘毛豆，作为欢迎我们到来的礼物。到了美国大半天，就没看到几个白人，还不如在上海浦西逛一个下午看到的白人多。

旧金山这里早晚的温差非常大，太阳落山以后，还挺冷的，我们把房间里的暖气都开了起来。

斯坦福半日游

9月30日，大儿子一早就醒了，起来玩门口的密码锁。小儿子倒是一觉睡得非常的安稳。用过早饭之后，我们向今天的目的地——斯坦福大学前进。

斯坦福大学在旧金山的东南面，距离我们住的地方不到40公里，在导航仪的指示下，没多久我们就来到了校园里。在Palm Drive上找了一个停车点停下车之后，校园徒步之旅就开始了。

Palm Drive 是一条环形的道路，中间围着的一片绿油油的草坪就是 Memorial Court。今天的天气非常好，虽然气温不算高，但是阳光晒在身上暖暖的。校园内的建筑都不高，都是红色的顶、淡黄色的墙。沿着草坪向前走，穿过一道门，就来到了大学的 Main Quad，庭院里散落着一些罗丹的雕塑。

斯坦福大学是美国大学面积最大的之一，今年正值斯坦福大学建校 125 周年，校园里举办着一些庆祝活动，我们也就走马观花地在这个巨大的校园内随便逛逛。这里的房子都不高，大部分都只有一到两层，整个校园的至高点就是胡佛塔（Hoover Tower），塔高 87 米，是以美国历史上的胡佛总统命名的。登塔参观需要门票，成年人 3 美元，65 岁以上的老人和 2—12 岁的小孩 2 美元，2 岁以下的免费。搭乘电梯，我们来到了塔顶，晴空万里之下，斯坦福校园一览无余。

已经过了午饭时间了，我们返回停车点，开车回到了住所。饭后休息了一阵，我们重新出发，向旧金山市区前进。游人们常去的几个景点比如渔人码头、九曲花街什么的我们没时间去了，就开进市区看一看金门大桥。由于事先没有研究过在哪里拍照比较好，再加上今天是周五，接近下班时间，道路比较拥堵，我们随便找了一个可以看到大桥的地方停下车，市区里停车果然挺贵。这里并不是拍摄金门大桥的最佳地点，我们随便拍了几张照片，逗留了近一个小时之后，我们向 Airbnb 的总部开去，去见一下在那里工作的陈江同学，顺便参观一下 Airbnb 的办公大楼。

坐落在 Brannan Street 大街上的一幢白色建筑就是 Airbnb 的总部大楼了。在陈江同学的带领下，我们参观了这个近些年异军突起的互联网公司。和硅谷的很多互联网企业一样，Airbnb 也给员工创造出一个轻松的办公环境，以激发大家的创造力。这里的中国员工不少，在参观的过程中，不时可以听到中国员工两两在用中文交流。

从 Airbnb 返回的时候天已经黑了，正好练习一下夜间行车。美国的很多商店都早早歇业了，但是大超市一般都开得很晚或者甚至是 24 小时营业的。我们来到 Safeway 超市采购了后几天的补给，回屋简单地做了晚饭。

1 号公路

10月1日，我们离开了旧金山，沿着1号公路往南前进。位于旧金山和洛杉矶之间的1号公路是一条著名的景观公路，也是许多来美国西部自驾游必走之路。公路紧挨着太平洋的东海岸，在加州阳光的沐浴之下，吹着海风，沿途欣赏太平洋沿岸的美景，的确是一件惬意的事情。1号公路沿途有一些著名的海滩已经漂亮的小镇，不过我们事先没有做什么攻略，就定下了2天从旧金山开到洛杉矶，途中随意游玩。

沿1号公路自驾，最好是像我们这样从旧金山一路开往洛杉矶，也就是从北往南，这样景色就在行车的这一侧，可以一路欣赏，也方便停车。由于一路上大家车速都很快，担任司机的我也只能认真开车，偶尔瞟一眼一旁的风景，而且要时刻注意在风景优美的地方路旁是不是有适合停车的地方，要及时打转向灯、减速、停车。

早上的行程较慢，每当看到路过景色不错的海滩，我们都停下车来，到沙滩上走走，大儿子还脱了鞋子，站在沙滩上等待海水冲过来，兴奋地玩了很久。

在沙滩边上享用完自制的午餐之后，我们意识到，必须加紧赶路了。

下午4点多，我们来到了蒙特雷小镇（Monterey）。在西班牙统治下以及还属于墨西哥的一部分的时候，蒙特雷一直是加州首府，值得参观游玩的地方应该不少，可惜我们时间不多，于是直接来到蒙特雷湾（Monterey Bay），下车在海边走走，看看这里的蓝天白云、草地绿树、海面上的海鸥，以及四周悠闲的人们。

在蒙特雷和南边的卡梅尔（Carmel By The Sea）小镇之间，有一条著名的私人景观道路，叫做17英里（17 Miles Drive）。当年一些富豪看上了这片区域的风景，将这块地买下来，因此这条道路也变成了私有的，进入需要付费，一辆车10美元。

道路最北边的入口——Pacific Grove Entrance 就在蒙特雷湾附近，在入口处缴费后，会拿到一张标有景点的地图。整个 17 英里的道路，就是穿行在树林、豪宅、海滩之间。和之前的沙滩不同，这里的海滩主要是乱石滩，挺有特色，岸边常常有绿色和红色的藻类植被，多种的颜色令拍摄出来的照片更加好看。

从道路最南端的出口出来，就是卡梅尔小镇了，据说这里聚集了不少艺术家。整个小镇绿化非常好，到处绿树成荫，路两旁一幢幢漂亮的小房子……

天色开始暗了下来，我们抓紧赶路。黄昏时分，我们到达了 Bixby Creek Bridge。这座大桥由于造型优雅，称为了众多摄影爱好者的拍摄作品。桥的南面就是大瑟尔山区（Big Sur），据说在这座桥修建之前，由于冬季从山里出来的道路比较危险，住在山区里的人在寒冬里基本上就与外界隔绝开了。

大瑟尔山区号称世界上“最伟大的海水和陆地交汇处”，整个山区并未怎么被开发，也鲜有人居住。桑塔露西亚山（Santa Lucia Mountains）突

然隆起于太平洋沿岸，锯齿形的海岸线成了高山和海洋的分界线，风景独特。大瑟尔这个名字也很独特，是英语和西班牙语的结合体，字面上的意思就是“大南方”。

进入山区，太阳开始落山了，其实，用“落海”来形容更贴切。我们有幸及时停车，捕捉到了太阳落入太平洋的一幕。

由于时差还没有完全倒过来，长时间开车之后，感到十分疲倦，再加上天色已经完全黑了，我感觉快要支撑不住了，只想合上眼睛睡上一觉。不行了，只好靠边停车，换岳母开一阵。我坐在后排，闭上眼睛睡一会儿，刚睡着，由于下意识中好像自己还在开车，吓了一跳，以为自己开车过程中睡着了，惊醒了过来。之后虽然眼睛睁不开，但是再也睡不着了。

昂贵的地毯清洁费

接近晚上 10 点，我们终于到达了今天的目的地——坎布里亚（Cambria），我们入住的是 The Ridgon House 酒店。酒店非常的整洁，但是后来发生了一件不太愉快的事：离开坎布里亚几天之后，我突然发现这个酒店通过非刷卡交易另外扣了我 140 美元，我写邮件给酒店方面问是怎么回事，一直也没有收到回信，后来回国后一周内也没有得到他们的任何答复。由于酒店是通过 Booking.com 预订的，于是我联系了 Booking.com 的客服，在他们的帮助下酒店方面才给了回复，说是我们当时把他们的地毯弄脏了，他们需要雇佣专业的地毯清洁公司进行清理，他们说是入住的时候我们签署了一份协议，同意如果把房间弄得很脏时酒店可以最多收取我们 250 美元的清洁费用。说实话我根本不记得当时入住时签过这样一份东西，我也不知道那天怎么把他们的地毯弄脏到需要必须由专业公司来清洗的地步，而且我对这家酒店的态度很不满意：扣取 140 美元的时候至少给我个电话或是电子邮件说明一下原因；没有事先说明的话至少事后我写信去问也得给个答复啊，而不是一直对我的邮件置之不理。后来我向 Booking.com 对这个酒店进行了投诉，Booking 的客服倒是态度很好，积极地帮我和酒店沟通，但是结果还是可想而知，酒店方面对我的投诉不理不睬，钱当然也是要不回来的。我个人认为清洁地毯这种费用还要转嫁到住客身上是很不公平的，后来和许多去过美国旅游的朋友交流后得知，美国的酒店什么的一旦掌握了你的信用卡信息，就可以随意扣他们认为需要扣的钱，而且经常事先事后都不会有通知。更有甚者，我一个同事在美国租车，回国后被租车公司多扣了300美元，说是异地还车，但事实上他并没有异地还车。写信去要求退钱，3个月过去了还没有答复。

好了不愉快的事还是不多说了，离开了坎布里亚，我们继续向南，向洛杉矶前进。今天赶路为主，没怎么停下来游玩。中午时分经过圣巴巴拉小镇（Santa Barbara），停下来在靠近海边的一块草坪上吃午餐，草坪一旁长着许多高耸的芭蕉树。草坪上有个儿童游乐场，大儿子推着弟弟玩荡秋千，很是欢乐。

继续赶路，离洛杉矶越来越近，路上的车也越来越多了。不愧为美国西海岸的大城市，洛杉矶的高架桥上车流如梭，十车道的路面上密密麻麻都是车，由于大家开车都比较守规矩，虽然车多但是不拥堵，车速都飞快。由于美国人大部分人手一辆车，为了解决拥堵，洛杉矶市政府还采用了将高架桥上最内侧的一条道设置为“Car Pool”专用道的方式，也就是仅当车上人数超过1个人的车才可以走这条道，否则抓到了要罚巨额罚款，以此鼓励大家拼车出行。但是“Car Pool”专用道上的车还是寥寥无几，看来大部分人还是喜欢独自开车出行。

洛杉矶道路错综复杂，即使有导航仪的指引，我们还是几次开错了路。终于，下午4点左右，我们来到了位于城市西南角，离海边不远的酒店。入住之后，我们马上就去附近的超市采购食物。由于超市里酒店不远，返回的时候，我决定不使用导航仪，向前掉个头就可以回去了。没想到向前没开多远，道路就直接通上了高架桥，没办法，只好又开启了导航仪，绕了半天才开回去。看来在洛杉矶这种大城市，还是依靠导航比较靠谱。

洛杉矶可游玩的景点包括迪斯尼乐园、环球影城、好莱坞星光大道什么的，由于时间关系，我们都不去，只打算拍拍那个山上的好莱坞标记的照片。在网上查询了哪里拍摄比较好之后，第二天早上，我们退房出发了。

周一的早上，交通比较拥堵，在巨大的车流中穿行，终于，我们来到了Franklin Avenue，一旁就是座小山，我们沿着 N Gower Street 一路向山上开去。这里附近到处都是漂亮的小房子，应该是富人区吧，不过四周都是老旧的电线杆。网上的信息说这里可能会有很多游客，都是来拍摄好莱坞标志的，可是今天这里非常的安静，一个人也没有。我们找了个地方临时停下了车，下来四处走走，照照相。

假装在威尼斯

由于今天还要赶到约 500 公里以外的内华达州的拉斯维加斯，我们在这里不能逗留太久。拍了一些照片之后，我们就继续上路了。之后又是漫长的行车，终于，在天色渐黑的时候，我们到达了今天落脚的酒店——Alliante Casino + Hotel。酒店并不在拉斯维加斯的市中心，而是位于城市的北面。酒店的价格非常便宜，一间房间一晚上只要不到 500 人民币。事实上，这是我们这趟美国游住的最便宜的酒店。一般来说，赌城拉斯维加斯的酒店价格都非常的便宜，以吸引游客前来赌钱。

晚上市中心的一些酒店还会有一些盛大的表演，可是我已经非常的困了，不想再开车去市中心，于是在酒店一楼的赌场里逛了一圈之后就回屋早早休息了。

来了拉斯维加斯不能连市中心都不去吧，第二天早上退房之后，我们驱车来到了市中心。为了吸引赌客前来，这里除了酒店便宜之外，停车都是免费的。我们来到了著名的威尼斯人酒店（The Venetian），和酒店紧挨在一起的停车大楼里停满了车，好不容易我们在 5 楼找到了一个车位停了下来。从停车场直接进入酒店 5 楼，坐电梯下到一楼，来到了“威尼斯”。室内建筑被打造成水城威尼斯的一条街道，天花板上逼真的蓝天白云不知道是画上去的还是电子屏显示的，一条小河在身边流过，船夫在河里撑着Gondola。要不是这里光线略显昏暗，真有点时空穿梭到意大利的感觉。

我们想走出酒店大楼，看看建筑外景，但是怎么也找不到出口，后来问了保安人员才知道，要穿过赌场才能出去。赌场上老头老太不少，年轻人不太多，看来美国的年轻人大部分不是很富裕，没有闲钱来赌。

整个威尼斯人酒店是一个罗马风格的建筑，如果晚上来，配上五颜六色的灯光，应该会更加美丽。我们只能等以后有机会再来体验了。返回停车场取了车，我们赶紧赶路。一路上看到了纽约——纽约酒店前的自由女神像、卢克索酒店的金字塔……

出了拉斯维加斯之后，一路上的车辆明显比前几天少多了。有的时候前面没有车，车速一不小心就飙到每小时 150 公里以上，Ellen 赶紧提醒我减速。

两面钟

今天我们的首个目的地是距离拉斯维加斯约 52 公里的胡佛大坝（Hoover Dam）。沿着 93 号公路一直开，接近大坝时会有路标指示下公路，

再走一小段山路就到了。和斯坦福大学的胡佛塔一样，这个大坝又是以前总统胡佛命名的。大坝建于 20 世纪 30 年代美国大萧条时期，花了 6 年左右的时间建成，期间 112 名工人丧生，是当时美国的一项非常伟大的工程。大坝高 220 米，底部宽 200 米，顶部宽 140 米，堤长 377 米，拦截了科罗拉多河（River Colorado），形成了米德湖（Lake Mead）。正是因为胡佛大坝的供电，才使沙漠中的小破村庄发展为著名的赌城拉斯维加斯。因此，没有胡佛大坝，就没有拉斯维加斯。

胡佛大坝位于内华达州和亚利桑那州的交界处，这里有两面大钟，分别显示着内华达州和亚利桑那州的时间。仔细一看，会发现两个钟显示的时间是一样的，既然是一样的，为什么需要两面钟来显示呢？后文会有解释。

如今胡佛大坝已经成为了美国的一个知名的旅游景点，参观大坝外景不需要付费。我们到达这里的时候，免费的停车场里停满了车，直到开到大坝后面的小山坡上我们才找到了一个停车位。这里还有介绍大坝建造历史的一个博物馆可供参观，需要购买门票进入。我们决定不花那么多时间参观博物馆，就到此一游，看看大坝的外观之后就离开了。离开的时候，

有几辆车看到我们要走，赶紧开过来抢车位。资源紧张的时候，哪国人都一样。

差点撞车

离开大坝，继续沿 93 号公路前进，下个目的地是大峡谷。在国内，很多人称之为科罗拉多大峡谷，因此误认为大峡谷位于美国的科罗拉多州。其实在美国，大峡谷的正式名称里并没有科罗拉多的前缀，而且它是位于亚利桑那州而不是科罗拉多州。也许是大峡谷是位于科罗拉多高原，在科罗拉多河的侵蚀下形成的才有科罗拉多大峡谷这样的名称。顺便说一下，科罗拉多这个词来自西班牙语的 colorado，有点类似于英语的 colorful，但是通常是指红色的意思。美国西部很多地名一看就是西班牙语的名称，例如 San Jose、Los Angeles、Las Vegas 等，毕竟这些地方原先都是墨西哥的地盘，后来被美国吞并了。

大峡谷国家公园主要有三个参观点：西缘、南缘和北缘。南缘和北缘属于国家公园的范畴，西缘属于印第安自治区。据说西缘主要是一些人造景点，适合住在拉斯维加斯、当日往返的游客。北缘较为冷僻一些，南缘是大部分自驾游游客的首选。当然，最好是能够在公园内的宾馆过夜，可是南缘公园内的住宿真是非常难订到，我提前 4 个多月在网上查的时候都已经订满了，因此只能在距离南缘 90 多公里的小镇威廉姆斯（Williams）预订了一晚住宿。

下午 2 点多，我们到达了小镇威廉姆斯，先办理入住，随后去加油，这里的油价挺贵的。从威廉姆斯到大峡谷南缘，还有将近 100 公里的距离，而且基本是上坡的山路。到了公园门口，我们买了张国家公园年票，80 美元，购买时在票上写上 2 个名字，1 年之内只要这 2 个名字中的任意一个人凭此票以及自己的有效身份证件，乘坐 7 座以内的车，可以全车人免票进入任何一个美国的国家公园，还真是便宜。

停下车，我们先步行来到 Mather Point。初次目睹大峡谷的壮观景色，感觉到的震撼无法用文字来确切的形容。此时已接近傍晚时分，在阳光的斜射之下，峡谷阳面的红色与阴面的暗色形成了鲜明的对比。可能是因为不同年代河水侵蚀的缘故，峡谷里的石头从高到低可以看出层层的冲刷的痕迹。

在南缘参观大峡谷，其实主要就是在峡谷南边的悬崖的不同观景点向北眺望整个峡谷。当然，如果时间充裕的话，沿一些徒步路线可以下到峡谷底下去，我们这次是没时间下去了。整个峡谷很宽，因此公园内部有一些免费的班车按照不同的线路到达不同的观景点。有蓝线、橙线、绿线。这些颜色只是线路的名称，与班车的颜色没有任何关系。事实上，所有线路的班车都是同一种颜色。

时间不早了，我们来到游客中心的班车车站，搭乘橙线前往 Yaki Point 去看日落。上车前一定要看清楚，可别坐错方向了。到达 Yaki Point 的时候，已经有不少人等在那里了。虽然这里号称是看日落的一个好地方，其实也就那么回事。随着太阳渐渐落下去，天气也逐渐寒冷起来，一群人在瑟瑟的寒风里等待着返回班车的到来。等回到我们自己的车上的时候，天已经完全黑了。此时感受到，要是能住在公园内，将是多么幸福的事啊。没办法，只能开车下山，近 100 公里的路上，从后视镜看出去，后面跟着长长的一串车。下山途中还发生了点危险的插曲——不知道是不是长时间开车开昏头了，我突然间把双向车道当作是单向车道，准备超车，直到听到 Ellen 的大叫声以及看到对面迎面而来的车灯的时候才意识到错误，赶紧回到自己的车道。

我毫无倦意地开回了小镇。

大峡谷半日游

第二天一早，再次重复这近 100 公里的山路。来到游客中心，我们乘坐蓝线前往 Hermits Rest Route Transfer，在这里换乘红线。蓝线大巴的一路上经过公园内的各个住宿点，看来公园内部还挺大的，如果时间充裕的话，可以在这里住上个 2—3 天慢慢的玩，走走一些徒步路线。

红线从 Hermits Rest Route Transfer 出发一直向西到达 Hermits Rest，途中一共有 10 站，其中只有几站 Powell Point、Mojave Point、Pima Point 和 Hermits Rest 这几站可以乘坐返回的大巴。由于时间关系，我们不准备坐到终点了，在 Powell Point，我们下了车。这个景点是以发现大峡谷的独臂炮兵少校约翰·卫斯莱·鲍威尔命名的，观景平台从峡谷南缘伸出，是一个挺不错的观看大峡谷的视角。平台上还有一个纪念碑，简单描述了一下 19 世纪鲍威尔少校发现大峡谷的故事。事实上，早在 16 世纪，西班牙人就曾来到这里，鲍威尔只不过是第一个比较详细地考察了整个大峡谷的人。

一条沿着悬崖边上的小路从 Powell Point 一直通向 Hopi Point，路途不远，沿途风景不错，Hopi（霍皮）是美国印第安人一个部落的名称。Hopi Point 有一个很大的观景平台，视野也不错。

徒步走回 Powell Point，换乘红线转蓝线回到游客中心，随后我们驾车

向东，沿着 Desert View Drive，向公园的东门方向驶去。东边还有一些景点，而且从东门出去，正好顺路去我们下一个目的地。

前往东门的路上的观景点——Grand View Point、Moran Point 等，就在车道的边上，停车下来照相即可，不需要走多少路，很是方便。其中一个景点叫做岩石上的鸭子，石头的形状就像一只鸭子坐在岩石上。出东门之前，最后一个也是最重要的一个景点就是 Desert View。把车停在停车场，下车之后就可以看到不远处一个碉堡似的建筑。步行 5 分钟，来到了“碉堡”的边上，一边不远处就是峡谷的悬崖。从这里眺望大峡谷，还可以看到远处谷底的科罗拉多河，还可以看到远处一片绿色草原中突然隆起的顶部平平的山，不知道是不是火山。

那个“碉堡”其实是个石头砌成的瞭望塔，一共 4 层 21 米高，沿着内部的环形楼梯，游客可以登塔从高处俯瞰大峡谷。瞭望塔内部的墙壁还有屋顶上都画着印第安风格的壁画，不过这个塔可不是当年印第安人建造的，而是 1932 年美国人的作品。

从东门出去之后，一路上还有一些适合观看大峡谷壮观景色的观景点，可是被当地印第安人拦了起来，需要支付所谓的“捐款”作为门票，因此我们也没有进去。

马蹄湾

离大峡谷东门约 180 公里的车程，有一个小城市叫做佩奇（Page），人口只有几千人，是一个印第安人聚集地，看起来不起眼，但是却是一个旅游重镇。附近著名的景点有——羚羊谷（Antelope Canyon）、马蹄湾（Horseshoe Bend）、波浪谷（The Wave）、格兰峡谷大坝（Glen Canyon Dam）、鲍威尔湖（Lake Powell）等。其中羚羊谷是我非常想去的一个地方，在网上看过它的照片，山谷中一条条彩色的波浪纹，非常的美丽和奇特。可是去羚羊谷不能自驾去，由于那是印第安人的地盘，且不说价格贵，必须参加印第安人组织的旅游团，坐大巴前往，这样就要耽误一整天的时间，算算行程，只能忍痛割爱了。

在上述的这些景点中，我们最终选择了马蹄湾。从大峡谷国家公园东门出来，沿 64 号公路往东开，转入 89 号公路一路往北，即将进入佩奇市时 89 号公路的西侧（距离佩奇市 6—7 公里），就是马蹄湾的入口了。注意看路标的话，应该不会错过，而且路边的停车场里挺着许多车，非常的显眼。

参观马蹄湾，并不需要购买任何门票。停下车之后，旁边的一个指示牌提示，别忘了带上饮用水。从停车场到马蹄湾，还需要翻过一个红沙覆盖的小山坡，总共徒步 1 公里多的距离。距离虽然不长，但是在这沙漠地带，稍微活动一会儿就会感到口干舌燥，因此，水是必不可少的。

为什么叫做马蹄湾呢？科罗拉多河在峡谷里形成了一个 U 型的弯道，中间被河流包围着的巨大的岩石形状酷似一个马蹄，因此得名。这里没有人收门票，一切都是天然的，峡谷悬崖边也没有任何防护措施，游客们小心翼翼地接近悬崖边，观景、拍照。可惜没有一个广角镜头，只能借助手

机的全景功能将整个马蹄湾纳入一张照片内。由于富含矿物质的缘故，在阳光的照射下，“马蹄”略呈现出红色，约300米深的峡谷底部的河水则显现出翡翠般的碧绿色。河上还有一艘快艇，看样子是带着游客来观光的，不知道从峡谷底下向上看是一种什么样的感觉。

“逃票”记

离开马蹄湾，我们需要继续狂奔，赶去下一个目的地——纪念碑谷公园去看日落。那里位于亚利桑那州和犹他州交界，使用夏令时（Daylight Saving Time）时间，而我们之前在亚利桑那州呆的地方不使用夏令时，因此存在一小时时差。也就是说，我们今天的白天平白无故就少了一个

小时，得加紧赶路啊。顺便说一下，加州以及内华达州与亚利桑那州位处不同时区，本应有 1 小时的时差，但是加州和内华达州使用夏令时，时间调快一小时，因此与亚利桑那州的不使用夏令时的地区时间相同，正是这个原因，胡佛大坝的两面钟上显示的时间一致。每年什么时间使用夏令时呢？大致是 3 月至 11 月初。不知道美国为什么有些地方使用夏令时而有些地方不使用，即使在同一个州内也不尽相同，这样会给游客带来些麻烦。

太阳开始斜射的时候，远处的地平线上开始隆起了高高的石柱，看来纪念碑谷快到了。紧赶慢赶，还是没有赶上拍摄纪念碑谷的日落，等到达公园门口的时候，天色已经全黑了。

纪念碑谷公园的全称是纪念碑谷纳瓦霍部落公园（Monument Valley Navajo Tribal Park），属于印第安保留地，不属于国家公园的范畴。请记住，西班牙语里字母“j”发英语里“h”的音，因此，“Navajo”读音类似“纳瓦霍”“San Jose”音译为“圣何塞”。

我们今晚要入住的The View Hotel，位于公园内部，所以要入住酒店，首先要购买公园的门票。但是由于我们到达得比较晚，公园门口的工作人员已经下班了，没有人卖票，天色晚了看不太清，好像是一辆车30美元。我们在门口等了一会儿，不知道该向谁买票，后来另外一辆车开了过来，在门口徘徊了一会儿就径直开了进去，于是我们也就跟着“逃票”进入了公园。

安顿下来之后，来到房间的阳台上，正对面就是巨大的“纪念碑”，怪不得这里叫做“The View Hotel”，景观的确非常不错，而且应该是拥有这样的景色的唯一的酒店了。所谓纪念碑，其实就是在这一大片的平原上，突然隆起的高大两三百米的沙石堆，这些沙石堆的下半部分呈斜坡的形状，而上半部分却是直直耸立着的，远远看去像纪念碑一样。要是我们能早到几个小时，就可以坐在阳台上，喝着饮料，欣赏日落了。

阿甘停下脚步的地方

没看到日落，那就看日出吧。第二天一大早，我就起床了，坐在阳台上等着日出。不过太阳是从巨大的纪念碑后面缓缓升起，由于背光，拍摄不了什么色彩鲜艳的纪念碑照片。

纪念碑谷公园占地面积很大，如果有时间的话，可以在公园内开车兜一圈，从不同的角度欣赏这些纪念碑。公园内有一些地方还必须参加公园组织的旅游团才可以到达，不知道那些地方的景色有什么特别的。退房之后，我们沿着尘土飞扬的道路往公园内部开了一小段路，拍了一些照片之后，就掉头开出了公园。在沿着163号公路北上的途中，从后视镜里看到背后一幅“震撼”的画面，于是找了一个适合拍照的地方停车。

下车一看，一条笔直的黑色公路沿着山坡向上延伸，路的尽头就是高高耸立的各式纪念碑，仿佛有点置身于其他星球的感觉。电影《阿甘正传》

里阿甘停下脚步的地方好像就是在这条 163 号公路上。

随后，我们又经过了著名的“墨西哥帽子”石头，看上去就像一个带着墨西哥风格的大帽子的人坐在那里。附近的一个小镇的名字就是 Mexican Hat（墨西哥帽子）。

163 号公路沿途还有一个著名的景点那就是鹅颈谷（Gooseneck）州立公园，从 163 号公路拐出去大约 7—8 公里就可以到达，门票是每辆车 5 美元。有点类似马蹄湾，这里的看点也是河流在山谷中形成的弯道。不同的是，马蹄湾是一个 U 型弯道，而鹅颈谷是 3 个 180 度的大回转。圣胡安河（San Juan River）在短短的 1—2 公里的距离内疯狂地回转了 3 次，的确是一个奇特的景观。与马蹄湾碧绿的河水相比，这里的河水看来黄沙很多，河水比较浑浊。不知道广角镜能否把这 3 个回转一并纳入镜头，反正我只能每个回转拍一张，再用手机全景功能来个全景。

拱门日落

返回到 163 号公路，继续赶路。今天我们的目的地是莫崖（Moab）小镇。小镇附近还有几个国家公园和州立公园，我们决定去峡谷地国家公园（Canyonlands National Park）和拱门国家公园（Arches National Park）。

中午时分，我们来到了一个名叫蒙蒂塞洛（Monticello）的小镇。开了一早上车，我也觉得有点疲倦了，于是在小镇的游客中心附近停下车来休息休息，大家顺便吃吃自带的午餐。小镇的秋色挺漂亮。

峡谷地国家公园离蒙蒂塞洛小镇不远，公园峡谷地国家公园分为三个部分——北面的天空之岛（Island in the Sky）、东面的针峰（Needles），以及西面的迷宫（Maze），三个部分之间被格林河（Green River）分割开不能通车。我们沿 191 号公路从南向北开，看到了第一个峡谷地国家公园的指示牌就向左转了，首先去东南部的针峰。

离开 191 号公路，还要开 50 多公里才到公园的大门口。没进公园之前，路两边已经是怪石嶙峋。进入公园之后，沿着公路一直开到底，一路上有几个观景点，公路的末端是 Big Spring Canyon Overlook 的观景点，再往前就没有车道了，不少游客把车停在这里，下到峡谷里徒步走一段。

整个东南部分主要就是欣赏各式各样的“石林”，景色虽然奇特但不算特别惊艳，再加上路途相对遥远一些，来这里的游客也不多。这一进一出在加上拍照时间，我们花费了近 2 个小时的时间，又要加紧赶路了。

综合考虑了一下，我们决定先去拱门国家公园看日落，第二天再去峡谷地国家公园的北面。返回到 191 号公路，往北开 60 多公里就来到了莫崖小镇。我们径直穿过小镇，再开不到 10 公里，路的右侧就是拱门国家公园的入口了。

据说拱门国家公园里有上千个石头形成的拱门，其中最著名的就是“精致拱门（Delicate Arch）”。我们先来到游客中心，工作人员告诉我，从这里开车约半个小时，到达精致拱门的徒步出发点，然后再徒步约 1 小时可以到达，今天日落的时间大约是 18:45。

现在刚过 17:00，应该来得及。从游客中心出发，沿着山路一路爬山向上开去。刚开始一段坡度挺大的，再加上车多，大家都开得很慢。公园里有很多景点，我们决定我去徒步爬山看精致拱门，其他人开车去看其他的景点，约定 19:30 来徒步出发点接我。

带上一瓶水和相机，我出发了。路并不难走，但是由于天气干燥，需要不停地喝水。快要到达山顶时，有一小段路是紧挨着悬崖边的，有点刺激但是不危险。之前工作人员说需要徒步 1 个小时，但实际上我只花了 35 分钟就到了。到达顶上一看，四周已经密密麻麻地坐满了人，占据着拍照的有利地形，等待着日落时的美景。

所谓拱门，其实就是天然形成的类似拱门形状的石头，高约 20 米，后面就是悬崖，在夕阳的斜射下石头呈现出红色。由于这个拱门形状特别漂亮，得名“精致拱门”，也算是犹他州甚至美国的一个地标，在许多关于美国犹他州旅游的介绍里可以看到这个拱门的照片。不停有游客走到拱门的下面和拱门合影，人站在拱门下显得挺渺小，而远处架好了长枪短炮的摄影爱好者则在不停地起哄，希望阻止下一位游客靠近，好拍摄没有人时的拱门的照片，但是来自世界各地的游客还是络绎不绝地走到拱门下。不停地有人喊“停下”“最后一位啦”，也算是给单调无趣的等待日落的时光增添了一份欢乐。

终于，太阳开始下山了，也不再有人继续向拱门下走去，大家都在安静地欣赏日落、拍照。天色渐渐黑了下来，于是我起身开始下山。虽然太阳已经落下山去了，但是不需要借助手电，下山的路还是看得很清楚的。一路上还有不少人在往山上走，他们是要去干什么呢，欣赏月光下的拱门吗?

回到停车场，等了一会儿，接我的车来了。驱车下山，来到了莫崖小镇入住酒店。

死而复生的苍蝇

10 月 7 日，今天我们要赶到约 800 公里外的小镇杰克逊（Jackson），北上之前，我们先来到莫崖小镇西南侧的峡谷地公园的北园——天空之岛。从莫崖出发，行车大约 50 公里，就来到了北园的入口处。进入大门后，沿着 Grand View Point Road 再开上约 60 公里，就来到了梅萨拱门（Mesa Arch）的徒步出发点。下车之后徒步约 500 米，就来到了梅萨拱门。和精致拱门不同，梅萨拱门并不高大，透过拱门的下方，可以看见远处开阔的峡谷地。如果日出时分来到这里，还可以看到太阳从拱门背后远处的峡谷深处升起，金色的阳光从底部照射拱门的美景。

从梅萨拱门再往南 10 公里，就到了 Grand View Point Road 尽头的悬崖。悬崖的南面就是巨大的峡谷凹地，看上去有点像一个巨大的脚在地面上踩出的脚印。

沿着悬崖边有一条徒步的路线，大约长 1.5 公里，其实也就是沿着悬崖边走走，从不同的角度欣赏对面的峡谷底。路线的尽头就是 Grand View Point Overlook 观景点。为了赶时间，我们走了一小段路，拍了一些坐在悬

崖边上的照片，然后就返回了，现在想想，有点可惜，应该走到底看看，反正也没多远。

离开峡谷地之后，今天剩下的时间都在赶路了，途中路过了几个小镇，感觉都挺漂亮的，不过没有停留。杰克逊小镇位于怀俄明州，海拔约 1900 米。傍晚时分，随着海拔的不断增加，远处开始出现雪山。到达小镇的时候，天已经完全黑了。我们入住的是 Elk Country Inn 酒店，是一个复式的房间，两个儿子非常的开心，沿着房间里的楼梯爬上爬下。

这里是内陆地区，加上纬度和海拔都相对较高，天气比较寒冷。第二天早上起来，发现汽车挡风玻璃上结了一层冰，我们花了好一阵子才把冰除掉。刚启动汽车，发现一只苍蝇冻死在仪表盘上。没想到车开动一阵子之后，苍蝇居然活过来飞走了，看来之前只是冻僵了而已。

雪山和湖

作为北上前往大提顿国家公园和黄石国家公园的门户，杰克逊是一个旅游重镇。小镇挺漂亮，镇上有一些纪念品商店也值得逛逛，不过据说价格不便宜。大提顿国家公园位于小镇北面约 20 公里处。沿着 191 号公路行驶，不一会儿就看到远处连绵的雪山——大提顿山脉，半山腰的位置还神奇地飘着一片长长的云。没几分钟，我们来到了公园大门外的游客中心，一旁就是蛇河（Snake River）。跨越河流的小桥上是一个很好的观景点，连续看了好多天光秃秃的峡谷、石头之后，眼前这幅雪山河流黄叶的美景格外让人心情舒畅。

在大提顿国家公园游玩，其实主要就是从各个角度欣赏山峰。之前看过一些人的游记，说是来这里的时候要么下雨，要么多云，并不是很容易一睹最高的提顿峰的真容。看来我们的运气还不错，今天的天气真是太好了，万里晴空，整个长长的山脉一览无余。

除了路边的一些雪山的观景点之外，大提顿国家公园内还有好几个湖，沿着湖边有一些环湖的汽车单行车道以及一些徒步路线。我们来到 Jenny Lake 湖边，停下车，沿湖边走了一小段路。湖边长着许多松树，湖对面就是雪山，白色的山影倒映在清澈的湖面上。不知是含有一些矿物质还是一

些什么别的原因，岸边的湖水呈现出包括蓝色和红色在内的多种颜色，十分的养眼。

公园内最大的湖是杰克逊湖（Jackson Lake），湖边主要有两处可供游客居住的小木屋：Signal Mountain Lodge 和 Jackson Lake Lodge，价格都非常的不菲，当然，也必须提前好几个月预订才可能订上。我们驱车来到 Signal Mountain Lodge，停车来到湖边，享用湖边野餐。两个儿子则高兴地在湖边戏水……

杰克逊湖上有一个大坝，杰克逊湖是一个天然的冰川湖，湖水通过蛇河，流向怀俄明州、爱达荷州、俄勒冈州以及华盛顿州。通过修建这个大坝，可以达到蓄水以及调节河水灌溉流量的功能。大坝离 Signal Mountain Lodge 不远，附近的风景挺漂亮。

继续驱车向北，来到 Colter Bay。十月份在这里应该已经算是深秋时节，湖边的地上满是金黄的树叶。

仙境一般的美景

天色渐晚，我们从公园的东门出去，前往今晚的住宿地——Hatchet Resort。这个酒店隶属于莫兰（Moran）小镇，但是并不位于镇中心，而是在公路边上。酒店附近没有什么其他的建筑，因此沿着公路开车过来不容易错过。我们到达的时候，这里好像正在举办婚礼什么的，停了不少车。酒店的小木屋外有一片草坪，上面有一个不知道谁堆起来的雪人。

第二天早上起来，挡风玻璃上又结了厚厚的冰。除冰之后，我们沿着昨天来的路向大提顿国家公园东门方向前进。路过 Oxbow Bend 的时候，被眼前的一幅美景震惊了。我们赶忙下车，加入到路边的摄影大军中去。

蛇河从杰克逊湖流出来之后，在这里的弯道形成了一块湿地。这里植被比较茂盛，水面上有许多的野鸭，远处的莫兰山峰倒映在水面上，山脚的位置还腾空漂浮着一片云雾，真的是有如仙境一般。相机记录下的照片还是无法展示出肉眼看到的魅力。一旁驾着长枪短炮的摄影爱好者和摄影

大师们，其中应该很多人是日出之前就守候在这里，为的就是等候拍摄一张绝美照片的机会。

其实从杰克逊小镇出发，不进入大提顿国家公园，而是沿着 191 号公路走的话，到达大提顿东门外的莫兰小镇的一路上也有不少风景优美的观景点，包括刚刚看到的 Oxbow Bend。有不少游客是公园内玩一遍，公园外的 191 号公路再走一遭，我们这次是没有这个时间了。

大提顿国家公园距离黄石国家公园不远。从莫兰小镇到黄石公园的南门，只有大约 44 公里的距离。沿着 191 号公路北上，没多久我们就进入了黄石公园的南门，一路上车道两旁高耸的松树上覆盖着白雪。

五颜六色的黄石

黄石国家公园成立于 1872 年，据说是美国、甚至是全世界第一个国家公园。整个公园的游览路线就像一个“8”字形，从南门进去，继续向北大约35公里，我们来到了“8字”的底部。黄石公园的景点大致可以分为五个区域：西南边的间歇泉区，北边的猛犸区、罗斯福区，以及东边的峡谷区、黄石湖区。我们首先来到“8”字的底部的西大拇指（West Thumb）。

整个黄石公园其实就是一个超级火山，地下有巨大的岩浆库。如果喷发的话，会对美国乃至全球带来灾难。虽然这个超级火山已经60多万年没有喷发了，但是地下的岩浆活动还是非常的活跃的。我们在西大拇指下了车，沿着木头栈道，欣赏这里随处可见的热泉。所谓热泉，就是温度高于45度的温泉。地下的温泉沿地表渗出，形成一滩泉水。可能是由于泉水中富含矿物质常年累月沉淀下来的缘故，泉水底部往往呈现出多种颜色的各种形状的图案，非常的好看。有些泉眼还在咕嘟咕嘟冒着气泡，空气中一片硫磺的味道。围绕着各个泉眼的栈道一直修到黄石湖的边上，湖的面积非常的大，犹如大海一般，湖水湛蓝，湖的另一侧可以看到雪山。

我们之前查了一下天气预报，今天是晴天，后面两天可能会下雨夹雪，由于间歇泉里都是热泉，炙热的泉水碰到冰冷的雨雪会产生很大的雾气，导致看不清，因此我们决定今天游览间歇泉区，把其他几个区域留到明后天。因此，离开“8”字的底部，我们沿“8”字的西边一路向北开去。

间歇泉区比较著名的一个景点就是老忠实间歇泉（Old Faithful Geyser），位于上间歇泉盆地（Upper Geyser Basin）。所谓间歇泉，就是由于地热运动，导致热泉在间隔一段时间，聚集了能量之后会将泉水喷发出来。为什么叫做老忠实呢？因为这个间歇泉喷发非常有规律，喷发时间可以通过一些数学公式比较准确地预测出来，因此得名。

中午时分，我们到达了老忠实。离下一次喷发还有一个小时多一点的时间，正好大家可以吃自带的午饭，而我则胡乱吃了几片面包，利用这段时间，沿着老忠实附近的栈道，把上间歇泉盆地的各个热泉大都走了一遍。附近还有一个很漂亮的泉眼叫做牵牛花泉，由于水中的微生物，泉眼呈黄色和绿色，看上去就像一朵盛开的牵牛花，可是距离这里需要徒步4—5公里，为了赶时间，我就没有去。

返回到老忠实，和家人汇合，喷发的时间也快到了。老忠实周围一圈

的长凳上已经坐满了人，大家都很兴奋，热泉上的任何一点风吹草动都会引起大家举起相机。倒是一只看上去像是乌鸦的鸟，在泉眼一旁不紧不慢地闲庭信步。终于，13:50左右，老忠实开始喷发了，整个区域快门声不断。喷发持续了好几分钟，泉水最高大概喷到了40—50米的高度。

喷泉渐渐平息下来，四周的人群也逐渐散去。老忠实附近是黄石公园的一个住宿区，有一些小木屋供游客居住，可惜我们想预订时发现早就订满了。离开老忠实，没开多久，路边的草坪上出现了许多野牛。第一次看到美洲野牛，我们也很兴奋，赶忙停车拍照。美洲的野牛和其他地方见到的野牛不同，美洲野牛头部和身体的前半部巨大，特别是肩膀高耸，身上长满长而蓬松的毛，特别是头上、脸上的毛也很多。据说美国总统奥巴马已经签署了法案，将美洲野牛认定为美国的国兽。

一路向北还有好几个间歇泉盆地，如黑沙盆地（Black Sand Geyser）、饼干盆地（Biscuit Basin）、中间歇泉盆地（Midway Geyser Basin）、下间歇泉盆地（Lower Geyser Basin）等，各有特色，都值得去看，其中比较著名的就是中间歇泉盆地的大棱镜（Grand Prismatic Spring）。大棱镜据说是

美国最大、世界第三大的热泉，因为这个热泉的色彩就像光线通过棱镜后折射出来的彩虹般的颜色，因而得名大棱镜。大棱镜直径约 110 米，深 50 米。泉水呈蓝色，周围一圈在矿物质和微生物的共同作用下，呈现绿、黄、橙等多种颜色。由于现在天气较为寒冷，这么大的一个热水池子，和冷空气接触后冒出许多雾气，导致无法清晰地看清它的全景。同样，在大棱镜一旁的高贵间歇泉（Excelsior Geyser）也因为雾气太大无法看清。看来黄石公园还是 7、8 月份的时候来比较合适。

猛犸热泉

参观完这几个间歇泉盆地，天色已经不早了，我们向“8”字左上方的猛犸泉区赶去，一路经过的景点就留给明后天了，今晚我们要住在猛犸区的宾馆，这也是这趟美国游我们唯一订到的一次住在国家公园内的住宿。

猛犸热泉分为上台地（Upper Terrace）和下台地（Lower Terrace）两个部分。到达酒店之前，我们先路过上台地，于是拐进去看看。沿着一条环形的单行车道，我们来到了上台地的徒步栈道前。徒步没几分钟，白色的“台阶”就出现在眼前了。猛犸热泉的看点主要是这些白色的台阶，热泉从小山顶上冒出、沿着山坡流下，随着泉水的冷却，水里的碳酸钙也逐步凝结。就这样经过长年累月的沉淀，形成了一级一级的白色石灰岩台阶，再加上一些藻类的活动，增添了橙色、绿色、红色等色彩。不过我描述的是十几年以前的景观，据说是因为 21 世纪初的一次地震，泉水的出口位置发生了改变，不再有泉水沿着这些台阶流下，藻类也相继死亡，如今这里只剩下白色的台阶和周围枯死的树木。

离开上台地，再开一小段路就是下台地了。距离下台地几百米的地方就是我们要入住的酒店，天色已经开始黑了，我们决定先入住酒店。酒店附近有不少驯鹿在路边吃草，有些还大摇大摆地在马路上走来走去，一点儿也不怕人。今天是这个酒店今年营业的最后一天，由于马上就要入冬了，明天开始，酒店的工作人员就将全部撤离了，看来我们预订得还真是时候。

虽然是最后一天工作日，酒店还是爆满的。我们并没有订到正式的酒店房间。酒店主楼旁边，有许多一幢幢的小平房，通过一扇门连在一起的两间房间为一幢，每间房间有自己独立的出口，房间里面没有洗手间。我们订到的就是这样一幢房子，我们 4 大 2 小，两间房正好。公用的洗手间、洗澡间就在我们这幢房子旁，因而很方便。夜色降临，从灯光来判断，这里二十几幢的小房子，一共只有 2—3 幢有人入住。难道大家都不愿意住不带洗手间的房子？不得而知。

清晨，我带着儿子出门看驯鹿们在路边吃草。虽说今天的天气预报说有雨雪，但是目前天气还算晴朗。可惜好景不长，等到我们做完早饭，吃完退房之后，天气已经由晴朗转为多云了。

开车来到下台地，这里的台阶除了白色，还有暗黄色的，同样，没有藻类的点缀，缺乏生气。

猛犸泉区除了有酒店之外，这里好像还是整个黄石国家公园的大本营，公园的管理机构大部分设在这里。据说这些管理人员和酒店工作人员一样，今天要全部撤出。不知道入冬以后这附近会是一幅什么景象。至少现在这里到处还是绿色的草坪、开始变黄的树叶、红色的小房子屋顶、漂亮的小教堂。

从这里往北不多远就到了黄石公园的北门了，北门外有一个拱门，名叫罗斯福拱门（Roosevelt Arch）。拱门建于 1903 年，由当时的总统罗斯福奠基。对于历史短暂的美国来说，这也算是一个历史古迹了。

好牛不挡道

离开拱门，我们沿着“8”字顶部，向东边行进。“8”字顶部的一些景点，比如一些瀑布什么的，需要停车下来走几步才能到达。走到以后会觉得比较失望，就是一条细小的水流而已，权当作野外散步吧。

“8”字右上角，我们来到了石化树（Petrified Tree）——由铁栏杆围起来的一个高约 2 米多的“石头柱子”。虽然没什么好看的，但是代表了这里的一个地质现象：火山喷发出来的火山灰覆盖住了附近的森林，树木死亡，在腐烂之前，火山灰以及一些矿物质渗入了树木的细胞内，导致树木石化，形成了石头森林。

离开石化树，车行不多久，路边出现了一大群野牛，许多人都停下车来拍照，一位白人老哥索性下了车，拿着长焦距镜头的相机，捕捉远处野牛的身影。其实他根本不需要那么长的焦距，正在他专心致志地瞄准远方的时候，几只野牛从另外一个方向过来，穿越马路。最近的时候其中一只野牛几乎是贴着他的身边过去的，可是他还是在聚精会神地调着焦距。

再往前开一段，又是一群野牛，这次它们索性就直接站在马路上不走，将整条道路堵死，双向行驶的小汽车们也因此被迫停下来，等它们离开。可是这些野牛就是不走，霸占着道路一动不动。我们的车排在最前头，倒是可以近距离地观察野牛，排在后面的车可就倒霉了，什么也看不清，只能眼巴巴地等。作为游客，大家都不知道这种情况该怎么处理，直到过了很久，一辆估计是当地人的小皮卡从我们后面借对面车道逆向开了上来，低速向牛群逼进，活生生地把牛群逼下了马路，长长的车流才再一次动了起来。顺便说一下，在黄石公园，看见野牛是非常容易的一件事，因此，如果你刚到黄石公园，发现远处的草地上有野牛，就不必下车徒步靠近去拍照了，因为你肯定有机会坐在车上就和野牛近距离“接触”的。

黄石公园名字的来历

接下来到达的是高塔瀑布（Tower Fall），为什么叫这个名字呢？因为瀑布后方的高耸的一个个岩石像高塔一般。瀑布不算大，不过这周围的景色还不错，瀑布的水落入塔溪（Tower Creek）内，最后汇合进入黄石河（Yellowstone River）。

继续往南，经过 Dunraven Pass，这里应该是“8”字车道经过的海拔最高点，约 2700 米。海拔高，风也大。我们下车观景的过程中，感觉人都要被吹跑了。翻过最高点，来到一个停车场，一旁有一条长约 5 公里多徒步路线，据说一直通往海拔 3122 米的沃什本山（Mt. Washburn）。我们沿这条路线走了一小段，可以看到四周的山坡上一簇簇的松树以及点缀在上面的一团团的白雪。

“8”字中部右侧就是黄石公园的大峡谷区，峡谷区域被黄石河分为北缘（North Rim）和南缘（South Rim）两部分。我们从北向南，先来到北缘。从主路拐出去，有一条环形的单行线车道，我们沿“8”字右边从北向南开车，先经过环形车道的出口，再往南约 2 公里才是入口。

黄石河在峡谷中流淌，由于落差，形成了两条瀑布，上游的叫上瀑布“Upper Falls”，下游的就是下瀑布“Lower Falls”。沿着北缘的车道，有好几个观景点可以远眺下瀑布：峡谷两边都是裸露的黄色岩石，远处两侧岩石的交汇处，挂着一条约 100 米高的瀑布，落入峡谷中间蜿蜒流淌着的黄石河中。应该就是因为这些黄颜色的岩石，整个公园才得名黄石公园吧。北缘还有一些徒步路线，可以下到山谷底，近距离地观看下瀑布，我们就不尝试了。

返回主路，到达南缘之前，我们先拐进一条小路，来到 Brink of Upper

Falls。顾名思义，这里位处上瀑布的边缘，可以站在栏杆边俯视黄石河的河水经过落差点，形成的上瀑布。从这里沿着岸边向上游再走一小段路，有一小座桥，在桥上可以看见河水里竖立着的几块巨大的石头。

进入南缘的小路，同样，一些较长的徒步路线我们就不走了，先来到上瀑布的观景点，在这里可以看到上瀑布的全貌——上瀑布比下瀑布小多了！随后我们就驱车来到南缘车道的最末端，著名的 Artist Point 观景点。这是一个欣赏下瀑布的绝佳的观景点，之所以叫做这个名字，就是因为站在这里向下瀑布望去，眼前的一切就像一幅油画一样：瀑布、黄石、松树、河流……可惜今天天气偏阴，缺乏阳光的照射，黄色的岩石色彩缺乏生气，同样，没有蓝天的衬托，整幅油画暗淡了许多。

无处不在的地热

黄石大峡谷位于“8”字中部的最右边，再往南不多远，就是了海顿山谷（Hayden Valley）。这一大片草甸所在的山谷在远古时代也是黄石湖的一部分，现在是黄石公园内观察野生动物的好地方。

地热活动在黄石公园无处不在，海顿山谷附近就有一处叫做泥火山的景点。和公园西边的间歇泉不同，这里的一些泉眼里翻腾的不是清澈的泉水，而是不断冒泡的泥浆。沿着栈道走一圈，可以看到龙嘴泉（Dragon Mouth Spring）、黑龙锅（Black Dragon’s Caldron）等热泉，到处都是刺鼻的硫磺味。泥火山景区的马路斜对面不远，就是一个叫做硫磺锅（Sulphur Caldron）的热泉。其实很多热泉也是有自己的生命周期的，随着地壳运动的变化，一些老的泉眼消亡，新的泉眼从地面上冒出来。在泥火山附近，我们在车道上就看到用栅栏围起来的一块塌陷下去的一个洞，应该就是热泉从那里冒出来了。而且，随着泉眼附近的藻类的生长或是死亡，以及各种矿物质的沉淀，热泉的颜色也是在不断变化的。因此，隔几年再来黄石公园旅游，应该能够看到一些新的景色。

再往南没多远就是黄石湖了，我们来到钓鱼桥（Fishing River），黄石河流过这座桥底下，进入黄石湖中。沿着桥一直往东就是公园的东门，一路上也有一些景点，我们这次就不去了，就在桥附近徒步走走，之后离开桥面，来到河边。突然间，我发现远处的草丛中有一只漂亮的小动物，不知道是狼还是狐狸，于是我赶忙拿起相机拍了几张照片，然后慢慢向它靠近，继续拍照。起初它一动不动地看着我，发现我在不断接近后，它终于转身跑进了树丛中。把照片放大看了看，应该是只狼。这一趟旅行我们也看到了不少动物，可惜没有看到熊。

继续开车来到黄石湖边，这里像是一个度假村，有许多漂亮的小房子，可能是已经快要入冬了，四周一个人也没有。昨天在西大拇指看黄石湖的时候，感觉湖水特别的蓝，但是今天缺乏阳光的照射，感觉一切都是灰蒙蒙的。景色和心情一样，需要点阳光才能灿烂。

时间不早了，我们掉头返回，经过“8”字中间的部分，横穿到西边，一路开出西门，来到西黄石小镇。黄石国家公园位于怀俄明州，而公园西门外的黄石小镇已经算是蒙大拿州的地界。

再访间歇泉

由于没有看到大棱镜的全景，我有点不死心。有一条叫做 Fairy Falls Trail 的徒步路线，一直通往大棱镜背后的小山上，在那里可以俯视大棱镜的全景，我想去试试。10 月 10 日早上，我们再次进入黄石公园。之后就径直来到大棱镜区域，大棱镜上方依然烟雾缥缈。远眺大棱镜后面的小山，发现上面有 2 个人，看来他们是就是通过 Fairy Falls Trail 徒步到那的，但是现在雾气这么大，估计他们在那里也看不清什么。不过我还是想徒步过去看看，于是开车来到徒步的出发点。从大棱镜出发沿主路向南开上 2 公里多，路的西边有一条很小的岔路，就是 Fairy Falls Trail 的徒步出发点了。可是小路上放着一个路障，上面写着因为危险此路关闭。要是大棱镜上方没那么多雾，我肯定会“闯过”这个路障徒步过去，可是现在这个情况，“冒险”走过去，有可能还是看不清大棱镜，而且来回可能要花半个多小时的

时间，有点不值得。正在犹豫时，一旁沿主路徒步的2个老外走过，看我正在路障前踌躇不决，于是高声提醒我，小心罚款哦。权衡利弊，我还是放弃了这段徒步，节约时间去看其他的景点。

我们来到诺里斯间歇泉盆地（Norris Geyser Basin），这里主要分为2个盆地——瓷器盆地（Porcelain Basin）和后盆地（Back Basin）。先游览瓷器盆地，由于酸性热泉的涌出，这附近的土壤也呈酸性，导致上面无法生长植物，因此在这里出现了一大片被松树林包围着的开阔地。地面上四处可见各种热泉，以及不知是因为富含矿物质还是微生物而形成的彩色的小溪。沿着木质栈道，我们绕着这片开阔地走了一圈。这里景色虽不算艳丽，但是比较壮观。

后盆地徒步栈道是沿着山坡修建的，下坡上坡略微辛苦一些，沿途也有不少热泉，但是壮观程度比起陶器盆地差远了，而且这两天看了太多的热泉，已经感觉有点审美疲劳了。

天气越来越阴，于是我们慢慢地向西门开去，一路上看看路边的风景。回到西黄石小镇，确实艳阳高照，看来山里的天气的确与众不同。今天余下的时间，我们就在小镇逛逛，买买纪念品以及后面几天的补给。

赶路的一天

10月12日，是赶路的一天。我们一大早就出发了，今天要赶往约1100公里外的Fallon小镇。出发没多久，就进入了爱达荷州。这已经是我们这次美国游到达的第7个州了。爱达荷州看上去农业比较发达，一路上都可以看到两旁广袤的农田。

中午时分，在我们行驶了约430公里之后，我们来到了一个叫做双瀑布城（Twin Falls City）的地方。翻过横跨一个大峡谷的铁桥之后，我们来到这里的游客中心，在一旁的草坪上吃午餐。游客中心就在峡谷悬崖的边上，之前没有听说过双瀑布城这个地方，但是感觉这里的风景一点也不逊色于一些知名景点，算是今天一天长途奔波路上的一大惊喜了。

从早上8点出发一路飞奔，傍晚时分还看见了一群牛排队回家，终于，晚上8点多，我们到达了今天入住的酒店。

赛车练习

从Fallon小镇往南300多公里，就是优胜美地（Yosemite）国家公园的东门了。第二天一早，我们便向公园东门奔去。不知道什么原因，期间一大段路上，居然一辆其他的车都没有，只有我们孤零零的一辆车，我甚至怀疑是不是走错路了。终于，接近莫诺湖（Mono Lake）的时候，道路上的车开始多了起来。

在湖边的莫诺湖公园停留片刻之后，我们来到了优胜美地国家公园的地界。不得不提的是这里的油价。通常来说，大城市的油价相对便宜一些，人烟稀少的小镇里的油价会贵一些。我们这趟旅行，大部分是以每加仑2美元多的价格加的油，之前最贵的也就碰到每加仑3.759美元，没想到优胜美地这里油价居然超过了每加仑4.5美元，还好早上在Fallon小镇提前以 2.519 的价格加满了油。

东门进入公园后的车道大都是沿着悬崖边的，而且很多时候悬崖边上并没有任何防护栏杆，在这样的道路上开车还是非常刺激的。优胜美地国家公园名气挺大，在我看来的确山水秀丽，但是并不独特，这样的景色在世界上的许多地方都可以看到，但是这里的基础设施比较好，公园内有许多小木屋以及露营营地供游客过夜，而且有不少开发好的徒步路线。因此，这里挺适合居住在美国西部的人们在周末举家前来亲近大自然的。

在 Tenaya Lake 湖边享用了午餐后，我们继续盘山绕、穿隧道，逐渐下到了山谷里。感觉山谷里热闹很多，车多、徒步的人也不少。优胜美地公园主要以它的瀑布闻名于世，春季的时候，瀑布的水量比较大，而现在这个时节，完全断水了，只能看到瀑布在悬崖壁上留下的痕迹。

今晚我们将落脚公园南门外的奥克荷斯特（Oakhurst）小镇。从公园内通往小镇的路叫做 Wawona Road，这条路简直是，太折腾了！道路非常的蜿蜒，几十公里的盘山路，不断地左转弯、右转弯。这些转弯是紧挨在一起的：正左转弯呢，发现前面没几米马上又要右转弯了，而且车道往往是贴着悬崖边的，因此，开这段山路精神必须非常的集中，丝毫马虎不得。后面又有长长的车流跟着，也不能开得太慢，真是练习赛车的好地方。一趟下来，司机没啥事，估计乘客不是晕了就是被吓坏了。

本来我们计划第二天再次游玩优胜美地，去冰川点（Glacier Point）从高处欣赏四处的奇峰怪石。但是经过今天一天的体验，感觉优胜美地景色并没有那么大的吸引力，而且想想还要花那么长时间再次走一遍“赛车道”，感觉有点不值，于是我在酒店里开始研究有没有其他地方可以去。打开地图，红杉树国家公园（Sequoia National Park）赫然映入眼帘。红杉树国家公园以巨大的红杉树出名，最初制定路线时看到网上一些人站在巨大树木前的照片就很想去，但是最后还是没安排进行程中。我赶忙查了一些公园离这的距离，以及从公园回到旧金山（第二天晚上我们要赶回旧金山）需要多长时间等，发现可行，于是我决定第二天改道前往红杉树国家公园。

巨树底下好乘凉

红杉树国家公园、国王谷国家公园（King's Canyon National Park）和优胜美地国家公园其实是连在一起的，在地理上应该也属于同一个山脉的吧。从奥克荷斯特小镇从发，到红杉树国家公园的西大门，车行距离大概200公里。上山的盘山路和优胜美地的类似，也是蜿蜒曲折众多转弯。一路上的风景不逊色于优胜美地，但是我们没多少时间停车拍照，径直向巨大的红杉树聚集的区域开去。

沿着悬崖边开了很久，一直没见着巨树的踪影，这么高的树到底藏在哪呢？道路逐渐离开了悬崖边，终于，巨大的树出现在了路边。只见远处两棵大树站在道路两旁，俨然形成了一个大门，仿佛告诉大家，现在就要进入红杉树区域了。我们在路边停下车来，和大树合影。估计这两棵树有好几十米高，由于四周都是大树，拍照时如果没有个参照物，比如说人或是汽车什么的，拍出的照片是显示不出树的巨大。

随后我们来到了巨树林博物馆（Giant Forest Museum）。在停车场停

下车之后，我们就四处走走，这附近全部都是几十米高的大树，人类在这些大树底下显得无比的渺小。

红杉树国家公园里有一棵“世界上最大的树”，名叫雪曼将军树（General Sherman Tree）。从巨树林博物馆出发开车 3—4 公里，在停车场停下车后，沿栈道下坡走上一小段路，就可以看到这棵大树了。雪曼将军树高 83.3 米，直径 7.7 米，大概有 2000 多年的岁数了。事实上，虽然号称“世界上最大的树”，但它并不是世界上最高或者最宽的树，而是世界上体积最大的单体树。

沿着主路继续向西北方向前进，就进入了国王谷国家公园。国王谷国家公园里也有一个红杉树树林，名字很简单直接，就叫巨树林（Giant Grove）。来到这里，停车场一旁就是 4 棵并排高耸的巨树。沿着另一侧的栈道走一小段，就可以看到“世界上第二大的树”——The General Giant Tree。栈道边上还有一棵已经枯死倒地的树，树干中间已被掏空，形成了一条长长的走廊。

手动雨刮器

今天一天的临时行程变动进行得非常的成功，全天不走回头路。巨树林离国王谷国家公园的西门不远，从这里出发返回旧金山，还有近 400 公里的车程。路上还出了个小插曲，快到旧金山时，瞬间下起了倾盆大雨，就像一桶桶的水直接浇下来一样，霎时间就完全看不清路了。由于之前一路晴天，还没有使用过这辆车的雨刮。我按照以前的习惯把雨刮开到最大的速度，没想到它还是慢慢地刮，看来这辆车的雨刮控制有好几个不同的“档位”，但是在高速路上眼前一片模糊，不可能停下来或者减速摸索雨刮器怎么换档，我只能手动打开雨刮器，再关上，再打开，以实现雨刮器快速地清理挡风玻璃上的水，并适当地放慢车速，保持车能够继续正常行驶……终于，控制雨刮器的“档位”也找到了，紧张高悬的心也可以放下了。

回到旧金山，我们就住在离机场不远处的酒店。第二天去机场还车，非常顺利，因为一路上都有明确的指示牌指示还车该走哪条道，哪个公司租的车应该走哪里。唯一值得抱怨的是，还车之后，我们需要一个手推车将行李运送到机场里，这里的手推车不是免费的，使用一次价格 5 美元，还挺贵的。

感　受

这次美国自驾行，总共行车 6700 多公里，途经 7 个州，游玩了 8 个国家公园、1 个州立公园、1 个印第安保留地公园。在美国开车，虽然大家车速都比较快，但是整体比较守规矩，即使车多也不怎么堵。经过这么长距离的磨练，我也总结出经验来了：美国道路的指示牌还是设置得很合理的而且内容很详尽，一路上仔细看指示牌，即使不怎么用导航仪，也能够解决大部分的问题。

2017 年 1 月 26 日除夕前夜

南美三国行

漫长的准备

2013 年，我们带着儿子和岳父岳母在亚洲出国游了 2 次，我和 Ellen 决定 2014 年春节期间自己出去玩一次，这一次去远一点的地方。我们再次把目光投向了拉美。2010 年我们结婚的时候去了墨西哥、古巴和秘鲁，这次我们决定去阿根廷、巴西和玻利维亚。

既然决定了，就赶紧订票，毕竟这么远的距离，早点订票便宜。在搜索了众多航空公司网站之后，我们决定订汉莎航空的飞机前往南美。计划 2014 年春节去，现在才 2013 年 7 月份，会不会太早？正在我们犹豫的几天中，机票又涨了几百块，于是我们决定先订票了。上海出发，经法兰克福到阿根廷的布宜诺斯艾利斯（Buenos Aires），从巴西的里约热内卢（Rio Janeiro）经法兰克福（Frankfurt）返回上海的机票每人 1 万 3000 多元人民币。至于在南美几个国家之间的飞行，我们在智利的 LAN 航空公司订票时发现了一件奇特的事情：如果只订布宜诺斯艾利斯到 El Calafate 的机票，需要 1400 美元左右，但是如果再加上伊瓜苏（Iguacu）- 利马（Lima）- 拉巴斯（La Paz），以及拉巴斯 - 圣地亚哥（Santiago de Chile）- 里约热内卢 2 段，机票只要不到 900 美元，怎么飞得越多总价越便宜？不知道是不是订票系统出错了。管他呢，先订了再说。

票都订了，破釜沉舟，该办签证了。2010 年办秘鲁签证的时候就见识到南美办签证的复杂（不过现在好像秘鲁签证已经简单了很多，不再需要无犯罪记录公证认证了，也不再需要通过旅行社递送签证了），上网一查，果然如此。除了巴西签证很简单之外，阿根廷、玻利维亚都比较麻烦：阿根廷签证需要办理在职证明的公证和认证，然后由阿根廷使馆指定的有资格的旅行社递送签证申请；玻利维亚在上海没有领事馆，签证必须去北京办理（可以委托他人代送），而且需要无犯罪记录的公证以及双认证。

根据我们的旅行时间、办理签证以及相关文件需要的时间以及有效期限，我们制定了办签证的计划并开始实施。由于我是北京户口，无犯罪记录公证认证需要在北京办理。8 月 28 日，我借着出差到北京的机会办理了无犯罪记录公证，办了加急，8 月 30 日就拿到公证书并送去办双认证（所谓双认证就是先由中国外交部认证，再送入对方的大使馆认证）。双认证由外交部指定的中介机构之一——茂发旅行社办理，需要 1 个多月的时间。9 月初，Ellen 也在上海办出了无犯罪记录公证并送去做双认证。

9 月 30 日，我正在香港机场准备出发前往斯里兰卡时，收到中介机构的电话，告诉我双认证办好了，可以去取了。10 月中旬，Ellen 的双认证也办好了。10 月 22 日，我到北京取了我的认证材料，随即把我们两个人的材料送到了玻利维亚大使馆。使馆签证处门大开着，里面一个人都没有，按门铃也没有反应。我只好走进去，敲了敲接受材料的窗口的玻璃，出来一个玻利维亚男子，用带着奇怪口音的中文和我交流。检查了我们的所有材料之后，他说："请在一个月之后上网查签证结果，麻烦了。"说完还对我报以微笑。

对于中国护照，玻利维亚签证需要返签，也就是说驻北京大使馆没有权力给我们发放签证，所有的材料必须寄回本国由他们的外交部审核，批准之后再通知驻北京大使馆给我们签证。因为返签时间可能比较长，所以不需要把护照留在这里，只需要护照首页复印件就可以了。因此在等玻利维亚签证的过程中，我们可以办理其他签证。

顺便说一下，玻利维亚虽然不富裕，但比较有个性，承认只有一个中国，香港、台湾的居民也得来其驻北京大使馆办理签证，也需要无犯罪记录证明。同时，由于玻利维亚近来和美国关系不太好（前一段时间由于斯诺登事件，玻利维亚总统的飞机还被强行迫降检查，更加激起了他们对美国的反感），美国人去玻利维亚也必须提前办理签证，需要无犯罪记录证明，也需要返签。

10 月 29 日，我们将材料送入东方公正处办理在职证明公证。

11 月 5 日，我们前往巴西驻上海领馆办理巴西签证。巴西签证是南美各国签证中最简单的一个，不需要什么公证认证，也不需要旅行社代办。只需要护照、照片、在职证明、财产证明、机票酒店预订这些常规的材料。巴西也是一个有个性的国家，包括美国、日本在内的大多数国家公民前往巴西都需要签证，仅一些欧盟国家和南美国家可以免签。签证费采取对等策略，也就是对方国家签证费多少，巴西签证就收多少。对于中国公民，只需 150 元人民币，对于美国公民，就要上千元人民币的签证费了。

巴西签证的结果也是通过网上查询，11 月 5 日（周二）送入签证后，网上的状态显示为 Received（收到），11 月 6 日显示为 Processing（处理中），11 月 7 日（周四）显示为 Authorized（批准）。同日，我们的在职证明公证办好了。11 月 9 日，我们将公证书送入上海外事办办理认证。11 月 11 日，巴西签证网上状态显示为 Ready for collection（可以去取了）。11 月 12 日，我们取回了护照。上面的巴西签证是 11 月 11 日签发的，必须在签发日起 90 天内入境，入境当日签证激活，从激活日起 90 天内可以多次往返。

11 月 18 日，我们的在职证明认证办好了。11 月 19 日，我们把阿根廷签证所需材料递交给了东方明珠旅行社，旅行社就在离我公司 200 米的地方，很方便。11 月 20 日，旅行社将材料送入阿根廷领事馆。11 月 21 日，旅行社通知我们签证面试时间安排在 12 月 4 日早上 10 点 15 分。

面试当天，我们提前 10 分钟到达了领事馆，一直等到 11 点才叫我们进去面试。面试官是个年纪不算大的阿根廷女士，她用西班牙语提问，旁边的中国助手翻译成中文，我们用中文回答，助手不再翻译成西班牙语。看样子面试官听得懂中文。面试时间很短，就 3—5 分钟。她就问了我们为什么要去阿根廷、在哪工作、以前去墨西哥的时候去过哪里，然后就通过了。下午，我去旅行社取回了护照，签证是 90 天内有效，1 次入境，入境后可逗留 20 天的。签证费 310 元，旅行社向每个人收取 2000 元。不能免签就算了，这种只接受旅行社递送签证材料的制度大大加重了旅游者的签证成本。

就剩下玻利维亚签证了，我们 10 月 22 日向使馆送的材料，11 月底开始，我每天都到玻利维亚驻北京大使馆的网页查看签证批准消息，一直没有我们的信息。后来查得烦了，干脆做了一个计算机程序，每半小时自动上网查一次，如果有信息就自动发邮件和短信给我自己。

12 月 12 日，玻利维亚驻北京大使馆网站上终于公布了我们的签证获批的信息，签证是 12 月 11 日批准的。接下来我们需要把护照送去大使馆，让他们贴上签证。根据大使馆网站的信息显示，贴签证必须本人亲自前往北京办理。不过在和使馆人员电话沟通过之后，他们说，同一批送到使馆的签证申请只要来一个人办理就行了，像我和 Ellen 这种情况，只要去一个人，再带上结婚证以及每人一张红底照片就行。

2014 年 1 月 7 日，我借着到北京出差的机会去玻利维亚使馆贴签证。进入使馆，前面有 2 个人在交材料，等了 5 分钟就轮到我了。领事（玻利维亚人）对我说，去使馆附近的三里屯路上的中国银行付签证费，一个人 30 美元，一张单子，两个人 60 美元，两张单子。是他中文不好比较啰嗦还是需要 2 份单子？到了银行，我问工作人员是不是要填两个单子，工作人员说不用，一份就行，于是我付了 60 美元以及 20 元人民币手续费（银行针对这种服务每人要收 10 元手续费），拿了一份收据回到使馆，被告知不行，要两份 30 美元的收据。

于是我只好又回银行，银行重新开了两份收据但是没有流水号（其实还只是存了一笔 60 美元，只不过开两份收据），回到使馆被告知不行，必须有两个流水号，表明是存两笔才行。

于是三回银行，银行同意采用冲正操作，取消之前存的 60 美元，重新存 2 次 30，总算可以了，来来回回折腾了 2 个多小时。我问银行工作人员玻利维亚使馆为啥非得要 2 份单子，银行的人说，可能领事是根据单子数量进行收入提成的。

来之前我就想，这刚进入 2014 年，玻利维亚这种手写的签证，签证上的日期不会给我写错吧，拿到签证仔细一看，果不其然，签发日期写成 2013 年 1 月 7 日，让他们改，也没再贴新签证，只是在这个写错的签证的备注栏里写上：签发日是 2014 年 1 月 7 日，领事说没问题，希望如此。签证是从签发日起 90 天有效，单次入境，入境后可停留 30 天。

从 8 月底开始准备材料，直到 1 月初，我终于拿到玻利维亚签证了。回到宾馆，打开电视，居然正在播一个关于玻利维亚的电影《黑荆棘》，真是巧合。

传说中的黑市

1月17日，我们终于出发了。经过12个小时的飞机，来到法兰克福，等待3个小时之后，再次坐上飞机，14个小时之后，我们来到了布宜诺斯艾利斯。出了海关，领了行李之后，还要把行李过一次安检，耗时近一个小时。之前就在网上看到：阿根廷货币币值被高估，如果在阿根廷黑市上换汇，汇率比官方的能高出50%左右，但是对于初来乍到的游客来说，还是不要在黑市上换汇，避免收到假钞。因此，我们还是决定乖乖地在机场换汇点换汇。换汇的队伍很长，但是换汇点只开了一个窗口工作，效率低下。又排了一个小时队，才轮到我们。凭护照每个人最多只能换500美元，于是我们换了1000美元，汇率1美元=6.76阿根廷比索，共6760比索。

布宜诺斯艾利斯机场的出租车管理比较规范，在统一的预订点谈好价格（250比索或者40美元）之后，我们就上了车。即使按照官方的汇率，支付250比索也比40美元合算，到了酒店之后，我掏出250比索，司机看样子不太愿意，用西班牙语叽里呱啦说了一通，想要40美元，看我们不同意，只好悻悻作罢。

我们的酒店在市中心区域，Peru大街和Moreno大街的交界处。放下行李，休息片刻，我们就出门了。布宜诺斯艾利斯这个名字的西班牙文的意思就是好空气，空气是挺好，就是气温太高，今天最高的温度达到39度，而且烈日当空，万里无云。同样是之前的西班牙殖民地，相比墨西哥城的老城区来说，布宜诺斯艾利斯老城区的欧式建筑并不那么宏伟，可供参观的景点也比较集中。

来到一个餐馆、商店比较集中的地方，一路上听到到处有人在喊“Cambio”（读音类似“刚比欧”），也就是换汇的意思，一些人还直接和我们搭讪，问我们有没有美元想换成比索，不知道这里假钞多不多，不敢换。

我们找了家类似麦当劳的快餐店吃了午饭，一路闲逛到五月广场（Plaza

de Mayo），广场旁就是大教堂和政府办公楼。这个政府办公楼因为其粉红的外表颜色又称粉红房子（Casa Rosada），当年贝隆总统以及贝隆夫人就经常在粉红房子的阳台上向广场上的民众发表演说；电影《贝隆夫人》里麦当娜演唱《阿根廷别为我哭泣》也是在这里拍摄的。

贝隆夫人对阿根廷的影响很大，我们这次前来也不能不去她的墓地瞻仰一下。离开粉红房子，我们先来到耸立着方尖碑的共和广场（Plaza de Republica），随后便前往贵族公墓（Cemeterio de Recoleta）。墓地在一座教堂旁边，和我们想象的墓地的形象不太一样，这个墓地非常的宏伟，整个墓地就像是一个"小区"，从大门进去，里面道路纵横复杂，每条道路两旁都是欧式风格的2—3米高的小房子，每个房子就是一个人的墓地。这里葬的应该都是名人或是富豪，每个人的墓都很豪华。根据Lonely Planet书上的介绍，我们七拐八拐，终于来到了贝隆夫人的墓。相比其他的墓，贝隆夫人的墓算是比较简朴的，墓前有不少人参观，还有游客献上的鲜花。

今天是星期六，在墓地旁边有一个手工艺品的小集市，我们逛了一会儿，什么也没买。再往北走，过了一个布满彩色涂鸦的桥，左手边就是布宜诺斯艾利斯大学的一幢建筑，建筑旁的国家统一广场（Plaza de Naciones Unidas）的草坪上有一个8吨重、23米高的巨大的金属做的花朵（Floralis Generica）。

坐了近30个小时飞机，我们也没怎么休息，一直逛到傍晚时分，走不动了，于是坐地铁返回。在地铁站买了票，正要进站，售票员又把我们叫了回去，什么情况？原来售票员示意我把背包背在前面。看来这里治安也不怎么样，不过这个售票员倒是挺热心的。

回到酒店，感觉好困，我们休息了一会儿，强打起精神，出门吃完饭。我们来到酒店南边不太远的地方有个叫做Gran Parrilla del Plata的餐厅。进门一看，柜台上贴着张纸，上面写着1美元=10比索，这难道就是传说中的黑市？我们点了牛排和色拉，以及咖啡和茶。之前就听说阿根廷牛肉很不错，果然味道很好，只是没有用中国的烹饪方法可惜了。牛排太大了，我们吃不完只好打包。一顿饭270比索，用美元支付加上小费一共就

30 美元，不到 190 元人民币，比国内吃牛排便宜。吃完饭我到柜台问，可以换汇 300 美元吗？由于他们剩余的现金不多，我们最后用 100 美元换了 1000 比索。

回到酒店，我问酒店服务员，这里可以换汇吗？答案是可以，而且汇率也是 1 美元换 10 比索，于是我又换了 2000 比索。看来找黑市换汇还是很容易的。而且在这些地方换汇，应该不会有假钞。

地铁、公交和出租车

一觉醒来，用过早餐，我们步行前往博卡区（La Boca），阿根廷著名球星马拉多纳曾经效力的球队——博卡青年队的主场就在这里。球场没有开门，从外面看感觉挺破的。据说博卡区的治安不是很好，这里比较著名的就是 Caminito 街。Caminito 在西班牙语里就是小路的意思，这条“小路”上的房子五颜六色，吸引了很多摄影爱好者来这里拍照，也算是布宜诺斯艾利斯的一个著名景点了。快到这条小路的时候，我站在路边查看地图，远处一个老太太看到我们，朝我们喊了一声，然后用手指了指方向。看来一看就知道我们是要去“小路”拍照的。

到了 Caminito 街，一下子热闹了许多，除了游客、商贩之外，还有在街上跳探戈的帅哥美女，游客可以出点钱和他们跳个舞，顺便照张相。

离开 Caminito 返回酒店，途中经过位于多利戈广场附近（Plaza de Dorrego）的周日集市。集市上一个一个摊位，销售一些阿根廷特色的手工艺品和 T 恤什么的，集市中央还有人在弹吉他、跳探戈舞。阳光、蓝天、白云、音乐、舞蹈、熙熙攘攘的人流……

我们在集市上买了点东西，返回酒店，路上碰到了昨天在华人超市里买东西时认识的一个福建老乡，从福清来。她抱着儿子和我们走了一段路。她说来这里 8 年了，一次都没有回国，在阿根廷的生活也挺无聊，就是吃饭、工作和睡觉。海外华人的生活也不容易，不知道 1 个月前阿根廷发生的大范围哄抢华人超市的事件有没有波及到她。不过这里华人超市可真多，常常可以看到。

回到酒店，我们烧了点水泡了从国内带来的2包方便面，和昨晚打包的牛肉一起吃了，味道不错。下午我们决定前往巴勒莫（Palermo）区，那里号称是布宜诺斯艾利斯中产阶级居住的地方。巴勒莫区离我们酒店不算近，有一条地铁线路可以到达。来到地铁站，大门紧闭。一看告示牌，原来由于新建地铁线路的缘故，单单我们要坐的这条线路在每周的周日也就是今天关闭。运气不好，找找公交车吧，于是我问了地铁站旁超市的工作人员。他飞快地西班牙语说了一通，我听得不太明白，大概是关于什么买票的事吧，不管了，先到他告诉我的车站等车再说。

一会儿车来了，在门口问司机是否到我要去的地方，得到肯定的答案后我们上车了。我掏出一张10元的纸币买票，司机看了一眼，叽里呱啦说了一通，没听懂。于是他挥挥手让我们到里面就坐了。不知道啥意思，后来我看了看之后上车买票的人，或是使用交通卡、或是使用硬币在司机身后的一个投币机器买票，看来这里是不接受纸币买票，可是我手头没有硬币怎么办。车行驶至我们的目的地，要下车了，我再次拿着纸币走到司机跟前，司机摆摆手，示意我们下车，就这样我们坐了趟免费的公交。

巴勒莫区其实也没什么好玩的，我们就在植物园逛了一圈。虽然号称植物园，其实里面植物种类不算多，面积就一点点大，十几分钟就走完了。植物园附近就是一些没有什么特色的商店，我们打算返回酒店，手头还是没有硬币，怎么坐车呢？我们决定拿纸币再试试，可是在车站左等右等，过了半个多小时，还是没有我们要坐的那路公交车来，只好选择打车了。没想到出租车还挺贵，就几公里的路程，居然要60比索。

1月20日，我们一早出发，来到国会大厦。看上去和美国、古巴等地的国会大厦像是一个模子里印出来的，看来殖民时期美洲建造的国会大厦长得几乎都一模一样。逛了2天的老城区，我们决定去新区看看。坐地铁来到五月广场站，步行一段时间，跨过河，来到了玛德罗港区（Puerto Madero）。这里相当于布宜诺斯艾利斯的浦东新区，不过面积没多大，里面都是一些现代化的高楼大厦。有一座高楼，上面还有巨大的中国工商银行的标识。回想一下，这2天多的时间已经在布宜诺斯艾利斯看到3次工

国会大厦

商银行的标识了，看来工行在这里的业务应该发展得不错。

布宜诺斯艾利斯的 2 天半游结束了，我们打车来到机场，乘飞机前往 El Calafate。从布宜诺斯艾利斯出发的大部分国内航班是从 Aeroparque 机场出发的，和我们之前到达的国际机场不同，这个机场位于离市中心不远的地方，紧挨着海。不知道为什么，机场旁的海水呈黄色，不知道是不是有污染。

El Calafate 的纬度较高，气温较低。下飞机之后，我们取行李、换衣服耽误了点时间，出来一看，居然从机场前往小镇中心的大巴已经坐满发车了，而且这是今天最后一班大巴了，只好坐出租车。来到出租车售票点一问，出租车也都走了，要等至少 20 分钟才有车。这时 2 个德国人凑过来，表示愿意和我们一起坐一辆出租车，平分车费。

终于坐上出租车，一路前行。道路两边是长着矮小灌木的荒漠。司机说，一般来说，从植物是否飘动可以看出风大不大，但是这里不一样。从车窗看出去，路边的灌木一动不动，司机打开车窗，超强的大风迎面灌入，当时要是戴着帽子一定被吹得无影无踪。

莫雷诺大冰川

我们在 El Calafate 住的酒店名叫 Puente Apartments，其实就是一个家庭旅店。店主是位名叫 Paola 的女士，她非常热情地给我们介绍了一下从旅店到小镇中心的路怎么走、长途车站在哪里、以及附近有什么餐厅等。

El Calafate 小镇不大，主街道两旁都是漂亮的餐厅、纪念品商店、旅馆什么的，看来旅游业是这里的主要产业。我们来到 Paola 给我们推荐的一个餐厅，名叫 Pura Vida，字面意思就是纯净的生命。餐厅离镇中心不算近，但是还是很多人慕名而来，一会儿就坐满了。从餐厅的阳台上，可以眺望到远处的湖水。点菜的时候，我们还闹了点笑话，服务员不怎么会英语，用西班牙语问我们要红啤、白啤还是黄啤，我用英语回答要黄的，由于“黄”这个字的英文（yellow）读音和西班牙语的“冰”（hielo）的读音是一样的，服务员一开始还以为我要冰块，非常纳闷。最后，我们点了羊肉、色拉以及红啤。食物的味道还可以，不过还是觉得中国的烹饪方法更好一些。羊肉太多了，我们吃不完，只好打包。El Calafate 纬度较高，目前正值当地夏季，晚上 10 点半以后天才会黑下来。吃完晚饭，小镇依然艳阳高照。

我们在网上订了 Chalten Travel 的莫雷诺大冰川（Perito Moreno Glacier）一日游，1 月 21 日一早，Chalten Travel 的大巴来接我们了。车行 1 个多小时，来到了大冰川。

初次看到莫雷诺冰川，会感觉到挺神奇的。这里的气温在 10 度左右，并未到零下，冰川从雪山上蔓延下来，与阿根廷湖（Lago de Argentina）的湖水相接，在零上的温度中冰与水共存。可惜今天阴天，拍出来的照片效果一般。估计如果在蓝天白云之下，这里的景色将更吸引眼球。

莫雷诺冰川

网上资料显示，冰川与水面相接的冰舌宽约 5 公里，平均高出水面 74 米，甚是壮观。好像以前游客是可以登上莫雷诺冰川徒步行走的，现在为了保护冰川，这里只能“远观而不可亵玩焉”。如果想近距离欣赏冰川，可以乘船。不过我们没坐船，只是在冰川对面的岸上的栈道上远距离观看。莫雷诺冰川是为数不多的没有消亡而且甚至还略有扩张的冰川。也就是说，每年雪山上新生成的冰略大于每年融化在湖水里的冰。在这里时不时就能听到雷鸣般的声音，那是冰断裂以及落入水中发出的声响。我们在栈道上等了半天，试图拍摄到冰断裂落水的瞬间，但是没有成功。

从冰川返回小镇，我们在街上逛了一会儿，去超市买了点意大利面、鸡蛋、蔬菜什么的。因为是家庭旅馆，我们住的房间里有厨具，我们就用这些材料做了顿晚饭，加上昨晚没吃完的羊肉，挺丰盛的。

别德马冰川

El Calafate 北部 1 个多小时车程距离的地方，有一个小镇叫做 El Chalten，这里是南美 Patagonia 地区徒步者的天堂，1 月 22 日一早，我们坐大巴来到了这里。顺便说一下，离开 El Calafate 每人需要付 5 比索的离境税。大巴进入 El Chalten 小镇之前，先来到了小镇入口处的游客中心，中心的工作人员招呼大家下车，给我们介绍了这里登山徒步的路线，以及一些注意事项。这里登山徒步主要有 3 条线路，比较著名的是 Lago de Los Tres 线，单程需要 4 个半小时。

听完工作人员的介绍，我们返回大巴，驶入小镇的大巴车站，下车时，有人向我们分发一个名叫 Como Vaca Parrilla 的餐厅的 9 折优惠券，是吃烤肉的。看着不错，正值中午 12 点时分，我们决定去试一试。来到餐厅，里面一个食客也没有，一个工作人员正在拖地板，她说需要等 10 分钟。拉美人和西班牙人一样，吃饭时间都比中国要晚，一般下午 1—2 点才吃午饭。我看一旁吧台里的烤肉架都还没开动，估计厨房里也没人开始干活，等 10 分钟肯定是不够的，于是换了家餐厅，吃了顿难吃又不管饱的意大利面。而且可气的是看菜单时觉得这里意大利面挺便宜的，点菜时才发现，原来面的价格就仅仅是光面，不包括番茄酱浇头，浇头需要付费另点，结果吃个意大利面比烤肉还贵。

我们定的酒店——Pudu Lodge 在小镇的最北边，就在徒步登山的入口处的边上。小镇里没有手机信号，酒店里的无线网络也时有时无，看来我们要过 3 天与世隔绝的生活了。

下午 2 点左右，我们出发走一走这里最短的徒步路线，单程只有 3 公里，目的地是一个小瀑布。最开始一段沙土路，不时有汽车经过，扬起阵阵的沙尘，弄得我们灰头土脸的。整条路线路途比较平缓，途中可以看到远处的雪山和蜿蜒的 Vueltas 河。只不过 Chorrillo del Salto 瀑布多少有点令人失望，就是一条没什么特色的小瀑布。

返回小镇，时间还早，我们又沿去往 Lago Torre 的路线走了一小段。这条线路单程需要 3 个半小时，我们只走到第一个可以看到雪山的观景点就返回了。顺便说一下，El Chalten 这里的徒步路线上大部分并没有真正的人工修好的路，由于走的人多了，大家只要沿着被踩出来的道路前进就行，在一些关键的地点也有路标，或者一些有分歧的路口前人用一些树枝或是石头堵住错误的方向，因此不需要向导也不会迷路。如果雇一个向导就贵了，一天可能要近 1000 元人民币。

不知不觉到了晚上 7 点半了，那家烤肉餐厅应该开门了吧。我们再次来到 Como Vaca Parrilla，看样子刚开门，里面人不多。我们点了 1 斤的烤牛排、一大份色拉，还有一瓶啤酒，价格不贵，170 比索。这里也可以用按 1 比 10 的汇率用美元直接支付，我付了美元，并给了 20 比索的小费，总共折合人民币 120 多元，牛肉质量很好，这个价格算是挺便宜的。

1 月 23 日一早，我们来到小镇上 Chalten Travel 公司的乘车点，参加事先在网上预定的冰川徒步一日游。乘坐大巴先来到别德马（Viedma）湖边，再改乘轮船，不一会儿别德马冰川就出现在眼前。和莫雷诺冰川一样，别德马冰川也是和湖水相连结的，乘船的一路上还可以看到不少湖面上的大块浮冰。别德马湖的湖水颜色比较有特色，像是蓝色的湖水中加入了牛奶一般，湖边的小山光秃秃的都是岩石，没有任何植被。岩石可能是因为

别德马湖

别德马冰川

别德马冰川

含有一些矿物质的缘故，略呈红色，今天的天气又特别好，蓝天白云的，各种颜色组合在一起，这里的风景就像油画一般。

弃船登岸，翻过小山坡，我们准备要上冰川行走了。上冰之前，我们要在鞋底上装上鞋钉（crampon），这样就可以在冰上自由行走而不打滑了。领队给了我们讲了一些在冰上行走的注意事项之后，我们就上冰了。也许是因为经常有人在这徒步的原因，这里的冰比较脏。领队给我们讲讲这里冰川形成的历史，带领我们到处走走，看看不同形状的冰以及由于冰融化在冰川里形成的蓝色小溪，还把冰凿借给我们让我们拍各种造型的照片。时间过得挺快，一晃几个小时过去了，临走之前领队拿出一瓶百利酒，给每人倒了一杯，挑了一块干净的冰，凿成碎冰加在酒里，味道不错。回到湖岸边，大家坐在岩石上吃了自己带来的午餐，不一会儿，船载着下一拨游客来了，我们也登船返回。

晚上，我们又去那家烤肉店大吃了一顿烤羊排，含小费总共 174 比索。

12 小时徒步

1 月 24 日，我们徒步登山的时光开始了。有 2 条路线，1 条是到 Lago

de Los Tres（西班牙语三个湖的意思），单程需要 4 个半小时；另一条是去 Piedras Blancas（西班牙语白色的石头的意思）看冰川，单程需要 3 个半小时。据说 Lago de Los Tres 线路的最后一段非常陡，Ellen 很担心自己爬不上去，因此想走 Piedras Blancas 路线。我们问了宾馆的服务员，她觉得还是 Lago de Los Tres 更美一些。其实这两条路线前面 3 个小时的部分是重叠的，于是我们决定先走再说，到时候看 Ellen 体力情况如何再决定。

最开始半小时的路略微有些陡，之后就比较平缓了。天气不是很好，多云天气，没有明媚的阳光，原本美丽的山山水水也逊色了许多。看到许多徒步者都带了登山杖，我们也在路边拣了两条树枝，还挺好用的，有个“登山杖”的确轻松不少。一路上经过几个小湖，其中 Capri 湖边是露营的营地，徒步者可以自带帐篷在这里安营扎寨，这样可以一大早出发去 Lago de Los Tres 看日出。

从出发来到 Lago de Los Tres 和 Pierdras Blancas 路线的分叉点，我们决定先去 Lago de Los Tres，之后如果体力还行，再去 Piedras Blancas。前

往 Lago de Tres 的最后一段路果然非常陡峭，2.5 公里的距离，我们走了 1 个多小时。当然，虽然陡，没什么危险。想象一下沿着楼梯登顶金茂大厦的感觉，只不过这里没有楼梯，只有山路。好容易爬到了山顶，以为到了，发现还要翻一座小山才到……

一路上攀登的人不少，有老有少，特别是一些老年人，速度丝毫不输给年轻人，大家来自五湖四海，聚集在一起，努力向上，只为了同一个目标。终于，我们来到了终点，白色的 Fitz Roy 雪山山峰以及碧绿色的湖水跃入眼帘。天公作美，这时候天气也晴朗了许多，可以看到蔚蓝的天空。美景当前，之前的辛苦早已抛到脑后，大家都纷纷拿出相机，贪婪地到处拍照。

我们下山坡来到湖边，来个近距离接触。在湖边的石头上坐下，拿出带来的干粮，惬意地吃了个午餐。带来的一大瓶 2 升矿水喝完了，我们就在湖水里灌了一瓶，作为返回路上的饮用水。湖里的水就是山上冰雪融化的雪水，是这个地区水源的最上游，很干净，可以直接饮用。沿着湖的左边走到山的另一头，可以看见一个深深的峡谷，峡谷中有另外一个湖，湖面上还漂着浮冰。

在山顶逗留了近一个小时，我们开始下山。回到分叉点，感觉体力还行，于是我们决定走一下 Piedras Blancas 路线。走了半个小时左右，来到了观看冰川的观景点。远远的，一大片乱石滩后面，可以看到夹在两座山之间的湖的狭窄入口，湖背后的山上就是 Piedras Blancas 冰川。如果能够翻过那些大石头来到湖边，可能风景非常不错，而且可能以前是可以这么走过去的。但是现在下山去往石头滩的路被一堆树枝拦了起来，看来现在不让过去了，只能遥遥相望。

离开冰川，开始漫漫的“返乡路”，从早上8:40出发，直到晚上20:27，我们才回到了El Chalten小镇，还好这里晚上10点多天才黑，否则我们在一片漆黑的山里可能就回不来了。经过近12个小时、约30公里的徒步，我们都累坏了，在离旅馆不远的一家烤肉店大吃了一顿，就上床休息去了。

278等于309！

早上起床，觉得脚底板还有点疼。用过早饭，我们要退房了，之前通过booking.com在网上预订，价格是255美元，还需要付21%的税，也就是总共308.55美元，预订时显示付款时按照付款当日的汇率计算，支付当地货币。服务员拿了纸和笔，以及计算器，算给我们看：308.55乘以美元兑换比索使用的汇率7.65等于2360.41，需要支付2360比索。她用的汇率是7.65，比我们当时在机场换汇的官方汇率6.76高出不少（事后我们才知道，就在我们换汇后的第三天开始，阿根廷货币持续大跌，跌幅超过20%）。我觉得不合算，于是问，可以支付美元吗？边说边掏钱包，准备找出309美元。没想到服务员说，可以可以，但是需要除以用比索兑换美元使用的汇率，也就是2360除以8.5等于278。我看得目瞪口呆，本来准备付309美元，瞬间变成278了，于是爽快地掏出278美元，服务员点了点钱，说：Perfect（完美）。

其实他们也没亏，278美元拿到黑市上，至少能换2780比索，只不过这个计算过程让我觉得很神奇，等于是把我当作银行换了次汇，被我赚到了手续费。

离开旅馆，我们来到大巴车站，乘车前往Perito Moreno小镇。这个小镇的名字和莫雷诺冰川的名字是一样的，但是距离可不近，从El Chalten坐大巴要10个小时左右。大巴沿着阿根廷著名的40号公路（Ruta 40）前行，据说这条公路是阿根廷最长的公路，从 Patagonia 地区的最南端一直延伸的阿根廷北部与玻利维亚交界处，全长 4900 公里，中途经过许多湖泊、山口和自然保护区什么的。网上说走 40 号公路本身就是一个很好的体验，因此我们就预定了 2 天沿 40 号公路的大巴行程，从 El Chalten 到 Perito Moreno 镇，然后再到 Bariloche。

不过坐大巴之前我们想象得太好了，以为像是在新西兰坐大巴那样，一路上到处都是湖光山色，40 号公路经过的大部分是戈壁一般的荒漠，感觉上是无人区，路边长着矮小灌木，除此之外什么也没有。有些路段是修建过的，路况很好；有些地方就是简单的沙石路。从车前方的窗户望出去，细长的寂寞的公路一直通向天边……车窗外的景色一直没什么太大的变化，偶尔可以看到远处的湖水。偶尔有其他车辆迎面驶过，扬起的沙尘顿时使我们陷入一片黄色的雾霾之中，什么也看不到。也许这些就是来这条公路需要体验的东西吧。

周日晚起没商量

经过 10 小时的颠簸，我们来到了 Perito Moreno 镇，之前在网上通过邮件联系，预定了这里的一家旅馆，叫做 Hotel Americano。其实就是一家家庭旅馆，前面是餐厅，后面的房间作为宾馆。里面的工作人员有老有少，应该是一家人。房间里的酒店说明写着早餐时间周一至周六 7 点开始，周日 8 点开始。我们第二天一早 7 点多就要去坐大巴，正好是周日。于是我问这里的工作人员，明天可否早一点开饭，或是提前准备点干粮给我们也行。回答很坚决，不行，因为是周日。看来他们周日雷打不动要好好休息，于是我说，那我提前把房费结了吧，估计明天一早也没人结账。住这里既不用信用卡担保，也不用押金，要是碰到个人品差的，第二天一早就跑了，他们去哪收钱去？之前邮件联系时，说好这里的房费是 420 比索外加 21% 的税，没想到付钱时只收了我 420 比索。也许这种地方也偷税漏税的，他们不说，政府也不知道。

Perito Moreno 镇东南 50 公里左右有一个被列入世界遗产名录的著名的景点，那就是手洞（Cueva de las Manos）。洞里的墙上有据说是 8000 年前的人类绘制的许多手的图案，大部分是左手的。为啥画这么多手，至今还是未解之谜。

我们这次时间不够，不能去看这些“手”了，1 月 26 日一早，我们又坐上大巴，前往 Bariloche。又是一天的荒漠和无穷无尽的公路，晚上 10 点，我们才到达 Bariloche 市中心。饿坏了，入住酒店之后，我们赶忙去吃晚饭。酒店边上正好有一家中餐馆，名叫“黄记中餐馆”，看来还是本家开的。不知道是谁翻译的，这个餐厅在 Lonely Planet 书上的名字是“Huang Ji Zhong Restaurant”。吃饭时，老板娘问我们是从首都（布宜诺斯艾利斯）来的还是从北美过来的，我们说，从中国来的。老板娘也是福建老乡，从漳州来，在这里也 6—7 年了。福建老乡真是遍天下啊。

7 小时骑行

Bariloche 是阿根廷第二大的城市，全名为 San Carlos de Bariloche。这里是阿根廷著名的湖区，城市边上就是蓝色的 Nahuei Huapi 湖，附近还有几个雪山。这里常见的一个旅游方式就是租辆自行车骑行。如果直接在市区租车出发，骑一圈的距离大约 65 公里，要是平地上 65 公里一天还可能骑完，这里的路可是上坡下坡的，所以大部分人都采用以下路径：先坐公交车到 17.5 公里站，在那里有个租车点，从那出发骑一圈的距离 30 多公里。顺便解释一下什么叫“17.5 公里站”：这里公交车站的站名很简单和直观，就是距离市中心有多少公里。

1 月 27 日早上，我们来到市中心的公交车站，在一旁的售票大厅事先买好 2 张去程、2 张返程共 4 张票，就上车出发了。汽车一路沿着 Nahuei Huapi 湖前进，一路上风景怡人。上午 10 点多，到了租车点，工作人员给我们介绍了一下骑行的路线，以及需要注意的一些事项，我们试了试车，就上路了。

骑行的路线主要是绕着 3 个小一点的湖进行的：Lago Moreno Este、Lago Moreno Oeste 以及 Lago Morenito，按字面意思就是东黑湖、西黑湖和小黑湖。也有很多人选择在这里徒步，这里有海拔 2000 米出头的 Lopez 山。估计如果从山上俯视整个湖区，风景应该异常美丽。我们从租车店出发，没多久，就来到了湖边。虽然叫做黑湖，这里的湖水一点也不黑，非常的蓝，如果时间充裕的话，还可以租个船在湖里划。

在这里骑车心情非常舒畅，只不过爬坡的时候比较辛苦。我们按照路线图，一路来到几个观景点欣赏湖景。偏离主干道 3 公里左右的地方有一个瑞士小镇（Colonia Suiza），是当年瑞士殖民者居住的地方，现在还保留着瑞士风格的木屋建筑，我们骑车到那吃了顿烧烤午餐。顺便一提，去瑞士小镇的路是坑坑洼洼的碎石路，不是很好骑，不知道为啥没人修一修路。

由于天气炎热，再加上上坡下坡的，长时间骑下来还挺累的，不知不觉也到了下午 5 点多，骑了 7 个小时，总共 30 公里左右了，我们到达了 Llao Llao 宾馆附近。宾馆在一个小山坡山，附近的湖边有一个漂亮的高尔

夫球场。在这里有一个提前还车点，但是每辆车需要交 25 比索。估计租车店早就想好了要赚这笔钱，因为从这里开始到租车点还有 7 公里的公路，基本上没有什么特别的景色，而且一路上汽车很多，路又不宽，比较危险，因此大部分人会考虑在这里提前还车。还车点旁就是一站公交车站，我们把车还了，直接上车回到了市中心。

市中心有一个小广场，广场上很热闹，一些孩子在嬉戏、小商贩们在兜售精美的工艺品、游客们在购物和照相，漂亮的欧式建筑和蓝色的湖面，令人心旷神怡。

除了美丽的风景，Bariloche 还以美味的巧克力闻名于世，相比于欧洲的巧克力价格，这里的巧克力算是很便宜的，我们也买了一些，准备带回去送给朋友。不过由于此次旅游时间较长，后面还要去气温在 39—40 度的伊瓜苏瀑布和里约热内卢，回国之后，发现由于经历过高温，巧克力化了又重新凝结起来，完全不是原来的形状了，这些都是后话。

一天的骑行的结果就是屁股疼。第二天早上，我们退房要去机场了。房费是 168.58 美元加上 21% 的税，也就是大约 204 美元。按照预订时的说明，需要按照付款日的汇率换算成阿根廷比索来支付。由于阿根廷比索近期暴跌，汇率接近 8，预计账单是 1600 比索左右。没想到拿到账单一看，只要 1183.2 比索，宾馆是按照我们预订当天的汇率换算的，由于我们订得早，那时候汇率才 5.8 左右，一下子比预计的便宜了许多。付完钱、拿到找零、上了出租车，我才发现，他们少找了我 10 比索，估计是数学水平不行吧。

误机了

我们搭乘阿根廷的 Aerolineas Argentina 航空公司的飞机从 Bariloche 前往阿根廷的伊瓜苏市（Puerto de Iguazu），没有直达飞机，需要在布宜诺斯艾利斯转机，中间转机时间只有 45 分钟，我们很担心从 Bariloche 出发的这班飞机会不会晚点，如果晚了就赶不上去伊瓜苏的了。怕什么来什么，果然飞机晚点了，晚了一个多小时才出发，我们问工作人员是否能接上下一班，得到的答复是，试试看，可能可以。快到布宜诺斯艾利斯时，空姐还告诉我们飞机是停在远机坪，下飞机时不要上摆渡车，有人会来接我们，带我们去转机，应该能赶得上。

飞机降落了，我们被安排最先出了机舱，可是没有人来接我们，空姐让我们还是坐摆渡车回到机场大厅。下了摆渡车，一路上也没有任何工作人员来招呼我们，我们只好自己找到了 Aerolineas Argentina 航空公司的办公室。一位名叫 Camila Garga 的年轻的女工作人员接待了我们，她查了一下，说去伊瓜苏的飞机已经起飞了，而且今天也没有其他飞机去伊瓜苏了（包括其他航空公司），只能安排我们在布宜诺斯艾利斯住下，明天搭早上第一班 5:40 的飞机过去。可是我们已经预订了今天伊瓜苏的宾馆，已经过了免费取消的时间，也就是说，如果我们不住的话，宾馆仍会从我们信用卡里扣取一天的房费。得知了这个情况后，这个工作人员帮我们给那个宾馆打个电话说明情况，希望不要扣我们的款，对方说要请示一下经理再给我们写邮件。

作为误机补偿，航空公司安排出租车送我们到指定的宾馆免费入住。宾馆位于市中心的商业区，包晚饭和第二天早饭（其实第二天早饭我们也来不及吃），第二天一早会派车来接我们去机场。没办法，也只能这样了，没想到又要在布宜诺斯艾利斯住一晚。到了宾馆，我们给伊瓜苏的宾馆写了封电子邮件，再次说明了一下今天的情况，之后收到了他们的回复，估计是先写了西班牙语的邮件再用软件翻译成英语的，不怎么通顺，但是大概意思应该是不会扣我们的款了。看来服务还是比较人性化的。不想去远的地方了，我们就在宾馆周围逛逛。大夏天的，刚到晚上 8 点，商店纷纷关门，做生意这么不勤快，怪不得阿根廷的经济越来越不好。

伊瓜苏的小浣熊

1 月 29 日早上 4 点，司机来接我们去机场了，飞机准点起飞。伊瓜苏的机场离伊瓜苏国家公园，也就是伊瓜苏瀑布所在地很近，只有几公里，但是没有公交车可以到达（机场询问台的工作人员说的，应该没有错），只好打车过去，司机要价 160 比索，真黑。

伊瓜苏国家公园门票是 170 比索，公园门口可以寄存行李，50 比索一个大柜子，我们把大包小包、旅游鞋什么的都寄存了，换上凉鞋，把相机什么的装进事先准备好的一个防水包，就进园了。和前几天的旅游完全不同，这里的游客非常多，有点在国内旅游景点的感觉。进园之后要坐小火车，来到 Estacion Garganta del Diablo 站，下车之后，沿着修好的桥在伊瓜苏河面上行走，一路上可以看到浣熊和一些不知名的鸟类。走了大约 1 公里，前方不远处的河面上出现一个凹陷的大坑，传来雷鸣般的声音，空气中飘满了水汽，这里就是瀑布的最上方。稍微靠近一些，身上便被淋湿了，拿出相机赶快拍几张照，一会儿镜头也都是水，什么都看不见。

返回 Estacion Garganta del Diablo 站，坐小火车回到 Estacion Cataratas 站。车站这里有一只小浣熊，一点也不怕人，看到有人把包放在地上，就趁人不注意飞快地把包扑到，拖了一个塑料袋跑走了，包的主人赶忙过来驱赶，已经来不及了，小浣熊跑到一边把塑料袋里的食物翻出来吃。顺便一提，这里有很多小浣熊，之前看书上就提示千万不要喂东西给它们吃，

伊瓜苏瀑布　阿根廷一侧

因为一旦喂食，它们就会过来抢，小浣熊长长、尖尖的爪子会把人抓得皮开肉绽。公园里也随处可见提示不要给浣熊喂食的警示牌，以及一些被浣熊抓伤的伤口的恐怖照片。

其实伊瓜苏瀑布是由好多条源头是同一条河的大小不同的瀑布群组成的：宽阔的伊瓜苏河行进到一个形状不规则的小悬崖，由于地形的缘故，被分割成多条瀑布，汇总来说，整个瀑布宽度很大。从 Estacion Cataratas 站这里出发，有 2 条徒步线路：Superior 线和 Inferior 线，分别长 650 米和 1700 米，其实就是在丛林中修建的栈道。我们都走了一遍，一路上从不同的角度观赏伊瓜苏瀑布。

本来可以坐船到圣马丁岛（Isla de San Martin）上，但是现在这个季节由于水量太大，不能过去。此外，可以坐船到靠近瀑布的地方近距离感受一下，每个人都会被淋得浑身湿透，估计没有一些专门的设备保护相机的话，根本不能在船上照相；而且价格也不便宜，我们决定还是在陆地上走走看看就行了。

从伊瓜苏到伊瓜苏

伊瓜苏瀑布位于巴西和阿根廷的边界，边界两边都叫伊瓜苏市，两边都有国家公园，据说巴西那边的国家公园更适合看瀑布的全景。虽然巴西的国家公园就在对岸，要去到那边必须先回阿根廷的伊瓜苏市，从市中心过境。

我们坐公交车回到市中心，换乘另一辆公交车过境去巴西。当来到阿根廷海关的时候，所有人必须下车过关，公交车司机就在一旁等着。工作人员在护照上盖上出境章；入境巴西时，如果不主动提出下车过海关，司机是不停车的。怪不得书上说，如果没有巴西签证，想在巴西境内看伊瓜苏瀑布的话，也可以在这里过境，当天返回就行，一般来说不会碰到麻烦的。由于巴西对美国、日本、澳大利亚等发达国家的公民不免签也不能落地签，因此一些这些国家的游客就采取这种“偷渡”的办法去巴西的伊瓜苏玩一天。不过我们需要过海关在护照上盖上入境巴西的章，否则到时候坐飞机出境时发现没有入境章就麻烦了。

到了巴西海关，我们下车，这次司机和车就不等我们了，司机拿给我们 2 张票，说过完海关再等下一辆公交车过来，不需要另外买票。

入境巴西后，我们也不知道应该在哪下车，就一路开着手机上的谷歌地图实时跟踪我们的卫星定位，直到公交车开到离我们要入住的酒店比较近的时候，我们就跟司机说要下车。顺便说一下，谷歌地图还是很管用的，在有网络的地方事先下载目的地的地图，到当地的时候就可以离线使用 GPS 卫星定位，看看自己在哪，到一些目的地怎么走，查路线什么的很方便。

损失惨重

由于阿根廷对外汇管制比较严格，没花完的阿根廷比索也不能换回美元，到巴西后，我们身上还剩了2000多比索，由于这里是边境城市，据说比索在这里也可以通用。入住酒店之后，我去超市买了点东西，付钱时，商店给出的换算的汇率是1比索=0.17巴西雷亚尔，而官方公布的汇率是1比索=0.35雷亚尔，差50%，这么不合算。我赶忙找到了一个换汇点，汇率是1比索=0.2雷亚尔，也很低。我于是决定暂不换汇，看看情况再说。

傍晚，我们找到了一家中餐馆，点了一碗面和一碗盖浇饭。服务员端上来一看，吓了我一跳，巨大的一碗面，高度大概有平时我们用的碗的2倍，不过居然最后我也基本吃完了。现在是巴西时间1月29日傍晚，中国时间1月30日也就是中国的除夕日的早上，我们在中餐馆这顿饭也就算是年夜饭了吧。旁边的一大桌中国人聚餐，像是当地华人聚会在庆祝新年。

饭后，我咨询了一下老板娘换汇的事，她说这里汇率都是1比索=0.2雷亚尔（我们这顿饭也是以这个汇率用比索支付的），看来这里的汇率反应的是比索的真实价值，否则为什么阿根廷黑市上美元兑阿根廷的汇率比官方高50%呢？看来剩下的2000多比索只能大幅折价使用了，早知道这样，当时应该多在阿根廷买点纪念品。

第二天早上退房，由于汇率的关系，一天的房费要1230比索（246雷亚尔），都快赶上在Bariloche住2晚的价格了。我打算把行李存在酒店，去瀑布玩完以后回来取。没想到服务员热心地告诉我，瀑布离机场很近，没必要把行李存在这，可以存在公园门口，省得再老大远跑回来。

去瀑布之前，我先来到换汇点，没想到阿根廷币又跌了，1比索=0.19雷亚尔了，于是我用200美元换了些雷亚尔，汇率是1美元=2.46雷亚尔。身上总得有点当地货币，放心一些。

真实的巨嘴鸟

到了国家公园，存了包，进去之后感觉这里的人比阿根廷那边少了很多，可能是由于巴西对美国日本等国家不免签的原因吧。国家公园的面积

伊瓜苏瀑布
巴西一侧

不小，除了看瀑布之外，还有一些徒步、骑自行车等项目，可以到森林深处看各种野生动物。如果要看瀑布的话，就在进入公园入口后坐大巴，下车后沿修好的栈道一路前行，观赏瀑布。感觉巴西这边的管理好一些，在一些观景点都有工作人员维持秩序，让大家一个个排队依次照相。

水量大、阳光好，彩虹随处可见。我们沿着栈道，可以一直走到离瀑布很近的地方，当然，代价就是浑身湿透。在瀑布前的下方仰头观望瀑布，看着大量的水从天倾泄下来，时间长了会有点眩晕感。栈道的尽头是一个离瀑布最近的观景点，在瀑布的侧面，离瀑布最近的地方估计也就 2—3 米，由于位于侧面，而且此处没有风，可以近距离观看而不会湿身。从这里乘电梯上行，就来到了适合拍照的最佳观景点。在这里一大片的伊瓜苏瀑布尽收眼底。看看表，差不多是中国时间除夕夜里新年钟声要敲响的时间了，想打几个电话回国拜年，可惜这里手机信号很差，只好作罢。

在公园里的餐厅吃了午饭，坐大巴回到大门口，出园之后，我们直奔一旁的鸟园。鸟园里伊瓜苏国家公园的大门口也就几百米的距离，门票每人 28 雷亚尔（大约 70 元人民币）。园内有各种色彩艳丽的鸟类，特别有

意思的是巨嘴鸟，由于色彩太鲜艳了，怎么看怎么像是人造的玩具而不像是个真实的动物。有一只巨嘴鸟就停在路边的栏杆上，不知道是不是被训练过了，每个游客从一旁过去都可以摸摸它，和它合影，它也不飞走，要不是时不时转转头、偶尔跳动两下，真以为是只假鸟。

除了巨嘴鸟之外，鸟园里还有各式各样的鸟类，包括金刚鹦鹉、鸵鸟、火烈鸟、老鹰什么的，里面还有一个蝴蝶园，各色的蝴蝶飞来飞去……

机长的护照

离开鸟园，返回伊瓜苏国家公园门口，取了寄存的行李，我们乘公交车前往机场。我们要乘坐 LAN（智利航空）的飞机前往玻利维亚首都拉巴斯（La Paz）；第二天按计划是早上 5 点多到拉巴斯，下午 1 点多再乘坐 Amaszonas 航空的飞机前往乌尤尼（Uyuni）。从伊瓜苏前往拉巴斯也挺麻烦的，先要到秘鲁首都利马转机，中间转机时间只有 1 个小时 45 分钟；之后飞往玻利维亚的桑塔克鲁兹（Santa Cruz）经停，最后到达拉巴斯。由于中间转机时间短，我们祈祷着从伊瓜苏到利马这段千万不要晚点，不像之前从布宜诺斯艾利斯到伊瓜苏的飞机，没赶上还有第二天一早 5 点多的可以乘坐，基本没耽误行程；要是没有搭上第二天下午 1 点多的那班飞机去乌尤尼的话，可能所有的行程都会被耽误一天。

到了机场一看，完了，果真晚点了，原本 20:55 的飞机，屏幕上显示晚点到 23:00。来得早了点，还没到办票时间，办票窗口只有几个人排队，看上去像是中国人。一问，果然是。他们是从云南昆明过来的，通过旅行社安排了南美旅游的行程，17 天游玩巴西、秘鲁、智利和阿根廷这 4 个国家，主要是一些城市游，每到一个地方有当地的地陪来接送和陪伴。这样一圈下来一个人的价格是 6 万多，回国以后我算了一下，我们这趟 24 天旅游，包括办签证以及旅游中所有的开销，每个人只有 3 万 7 千左右，还是自助旅行便宜。

开始办票了，我们赶忙和航空公司的工作人员沟通，把我们的情况和他们说了一下，他们说要和总部联系，一会儿告诉我。我们忐忑地等了半个小时，终于得到了总部的回复，说是应该可以，因为所有来往利马的飞机都晚点了。话是这么说，我们还是很担心，时间一分一秒地过去，突然来了好消息，显示屏上显示起飞时间从预计的 23:00 提早到了 22:40。

我们要乘坐的飞机降落了，乘务人员登机了，我也迫不及待地等着登机的通知。没想到等了半天也没动静，只看到机场的工作人员在候机室里到处找着什么东西，翻来覆去的。什么东西这么重要，不能让飞机起飞了以后再找吗？我实在等不下去了，过去问了一下，原来是机长的护照不见了，机长声称在候机厅里喝了杯咖啡，把护照放在桌子上，后来就不见了。所有乘客都开始帮忙找这本护照，可是会有谁会拿他的护照呢？这里是个小机场，一共就 2 个候机厅，而且这一晚上就我们这班飞机要起飞，大家都希望能早点登机，谁有空把他的护照藏起来，估计是他自己忘了带护照瞎编的理由吧。

就这样折腾到了 23:00，最后大家开始登机了。我问工作人员，机长的护照找到了吗？她说没有。应该是航空公司临时帮机长准备了证明身份的文件了吧。

上了飞机，我又急忙问空姐，下一班飞机可以赶上吗？得到了肯定的答案，但是我们心里还是没底。煎熬的几个小时过去了，飞机降落在利马机场，刚出机舱，就有工作人员来接我们，带我们去转机，看来真的可以赶上下一班飞机，我顿时觉得轻松了许多。事实上，下一班飞机晚点了很多，我们等了 1 个多小时才登机，上飞机后又等了 1 个多小时才起飞。

飞机在 Santa Cruz 经停，不用下飞机，最后终于到达了拉巴斯（La Paz）。拉巴斯的西班牙语的意思就是宁静、和平的意思，其实拉巴斯的西班牙语全名是 Nuestra Senora de La Paz，也就是我们的和平女神的意思。拉巴斯国际机场海拔 4095 米，曾经是世界上最高的商用机场，但是现在已经被中国的稻城亚丁机场和西藏昌都邦达机场超过了，不过想要当第一，总能找到相应的排名方式：拉巴斯国际机场目前是世界上最高的首都机场，也是最高的国际机场。

初至乌尤尼

我们是从海拔基本为零的伊瓜苏直接来到这里，下了飞机，的确感觉不太一样，感觉人轻飘飘的。在机场换了汇之后，我们哪也不去了，就在机场里等四五个小时，坐飞机去乌尤尼。其实最早我们是计划到了拉巴斯玩一个白天，晚上坐隔夜大巴去乌尤尼（因为现在是雨季，担心飞机因为暴雨被取消什么的，还是坐大巴靠谱些），但是没想到几乎每天都运营大巴偏偏在 1 月 31 日也就是我们计划的这天放假，只好坐飞机。不过坐飞机的好处就是，时间短，只需要 45 分钟，而大巴需要十小时左右。

虽然空中密布乌云，但一直没下雨，我们的飞机准时起飞，准点降落在乌尤尼。乌尤尼就是一个小镇，机场离小镇也就 1—2 公里的距离。出了机场，我们吃惊地发现居然有人举着写着我们名字的牌子来接我们。原来是 Red Planet 旅行社派来的出租车司机，我们在网上预订了 Red Planet 的 3 日游，告诉过他们我们什么时候到，于是他们就派出租车来接我们了，不过不是免费的，要 20 玻利维亚诺（当地货币名称）。

司机把我们带到 Red Planet 公司，其实也就是街边的一间小平房。“小门”紧锁，敲门也没有人。等了半天也不见人来，我们只好借助手机上的卫星导航，步行走到了预定的酒店——Hotel Jardine de Uyuni，装修得还不错，很有当地的印加风格。预订时网上显示房费不含早餐，没想到入住时被告知含早餐。

简单收拾了一下，我们出门了。经过了一个小广场，我们又来到了 Red Planet 公司，这会儿大门敞开着了。进去之后和他们确认了我们的预订，并付了款，每人 1200 玻利维亚诺，第二天早上 10 点在这里集合出发，3 天后的下午 4 点多返回到乌尤尼。

离开 Red Planet，我们又找到了 Todo Turismo 公司，之前我们在网上订了 3 天后从乌尤尼返回拉巴斯的大巴车票，需要提前来付钱确认。发车时间原定是晚上 8 点，行车时间 8—9 个小时，但是由于雨季的缘故，一些道路被雨水冲跨，需要绕道，所以提前到6点多出发，行车时间预计14个小时。车票不算便宜，一人250玻利维亚诺。

由于海拔高，而且当地人大部分是印加人的后代，长相和亚洲人相似，整个乌尤尼小镇看上去有点西藏的感觉。小镇上没太多地方可逛，比较热闹的地方是镇中心的Arce广场，附近有很多餐馆和纪念品商店。我们四处走走，买了点东西，吃了玻利维亚风格的晚餐，就回酒店早早休息了。

天空之镜

2月1日早上10点，我们来到了Red Planet，今天一共有3辆越野吉普出发，其中一辆完成3日游后直接带游客去玻利维亚和智利的边境，除此之外的2辆吉普车共有包含我们俩在内的10名游客。其实每辆车可以坐6名游客，今天可能人不多，可以坐得宽敞些。我们这辆车上还有一对来自丹麦夫妇和一个来自德国的女木匠；另一辆车上都是来自美国和加拿大的年轻人。2辆车共用一个英语导游，是一个头顶牛仔帽，脸上戴着墨镜的年轻人。由于丹麦男和德国女都会说西班牙语，这3天旅游导游基本都坐在另外一辆车上，我们这辆车就靠司机做些简单的讲解，丹麦男翻译成英语给我们听。离开乌尤尼小镇之后，基本上就没有手机信号了，据说2辆车共配了一个卫星电话以备不时之需。

这对丹麦夫妇可能比较有钱，一路上聊天时说起他们俩在纽约吃了一顿饭，总共花了990多美元，听得德国木匠目瞪口呆。德国女木匠也很酷，鼻孔上打了个洞穿了一个环，不知道痛不痛。

离开乌尤尼小镇，我们先来到“火车墓地”。所谓火车墓地，也就是这里摆放着一些以前废弃的火车。由于玻利维亚矿产资源丰富，这些火车原来都是用来运输矿产什么的，现在就荒废在这里供人免费参观，大家都纷纷爬到火车废墟上和这些生锈的铁皮合影。

随后我们来到了一个小村庄，这里的房子大部分使用盐块砌成的，导游给我们讲解了一下如何在盐湖里采盐以及制造房子等。他说，由于下雨

火车墓地

会腐蚀盐块，这些盐做的房子每 5 年需要翻修重建一次。

已经到了中午时间，我们就在这个村里吃饭了。和以往经历的旅游不一样，我们不是在餐馆里吃饭，而是就在当地居民房子里，吃的也不是当地的农家乐，而是我们的司机做的饭：越野车带了这几天所有人的食物，到了吃饭时间，就租用当地的一个地方做饭、吃饭。

和这里的房子一样，我们吃饭用的桌椅也是盐做成的。附近有些房屋里还有一些盐做的雕塑。

午饭完毕，激动人心的时刻就要到来了，我们就要去著名的天空之镜——乌尤尼盐湖。先简单做个说明，所谓的盐湖，和湖一点关系也没有，实际上盐湖就是一大片硬邦邦的盐地。大家可以想象一下把大海里的海水都晒干了，海水里的盐凝结成固体的样子。乌尤尼盐湖是世界上最大的盐湖，面积有 10582 平方公里。旱季的时候，这里就是一片一望无际的白花花的平地；雨季的时候，由于下的雨不会被盐全部吸收，雨水就积在这大片平地上，根据雨量的不同，积水大概在几厘米到几十厘米，一般来说人和汽车都可以在上面行走，水面形成了一个天然的巨大的镜子，将蓝天、白云、游人、汽车、远处的山丘等等以倒影呈现出来，有仙境一般的感觉。特别是在乌尤尼这种高原的地方，天高云低，空气清新，景色经过镜面反射显得格外美丽。

乌尤尼的雨季时间不长，通常就在1到3月，所以我们选择2月份过来。雨季来的风险就是如果正好碰到下雨，可能景色就大打折扣了；如果雨量太大，积水太深，会淹没汽车排气管的话就不能来。雨季的缺点就是盐湖中间的一个鱼岛不能去，因为鱼岛周边地势偏低，积水太深。旱季来就没有这些风险和缺点，但是看不到“镜子”。

我们还算比较幸运，今天天气不错。我们的越野车来到了盐湖的中央，找了一片空地停了下来。地上有几厘米的积水，丹麦男首当其冲，脱了鞋光脚下去。他说，盐地有点硬，但是还好，不算很疼，建议大家都光脚下来。于是大家纷纷脱鞋，踩到了水里。盐地的表面并没有想象中的那么光滑平整，表面很粗糙，刚踩上去感觉还行，走了几步以后就有点疼了。

导游没有脱鞋，先给我们讲了一下盐湖生成的历史之类的背景知识，说是这里的盐湖的厚度仍然以每年3厘米的速度在增长。接下来就是拍照时间了，我觉得光脚走还是挺疼的，于是问导游，可否把车顶的行李拿下来（大件的行李都放在越野车的顶上），我想拿双拖鞋换上。这一问不要紧，大家纷纷表示也要换鞋，丹麦女还对我说：“你怎么不早点说。”看来这伙人之前只是装模做样表示自己“皮厚”不怕疼而已。

一两分钟之后，盐湖上又多了一群穿着拖鞋的游客。大家在“镜面”上拍了各种各样的照片，有跳跃的、利用镜面反射排出字样的——“OHIO”和“UYUNI”字样、距离镜头远近不同而产生的大小视觉误差的照片等。整个过程中，来自美国的女孩芭芭拉尤其活跃，指挥着大家排队摆造型拍各种集体照。拍照过程中溅起了一些水在裤子上，等到干了以后，裤管变得硬邦邦的，上面白花花的一大片都是盐。

时间过得真快，不知不觉两个小时过去了，我们差不多也要离开了。可是我们还有很多想摆的造型还没有拍，可惜来之前没有事先想好要怎么拍，如果有机会再来的话，一定提前做好准备。

离开了盐湖，我们向圣胡安（San Juan）小镇赶去，一路上乌云密布，天边不时有长长的闪电，我们刚到要入住的地方，大雨倾盆而下，我们赶忙下车跑进屋里。还算幸运，基本上没有淋到。不一会儿，雨过天晴，天上出现了一整条跨度 180 度的美丽的彩虹，这也是我第一次看到这么完整的彩虹。

晚餐时间，大家热热闹闹地聊着天，芭芭拉是个话匣子，一个人说个不停。我和 Ellen 比较少插嘴，只是安静地吃饭。饭后回到房间，我把满是盐巴的牛仔裤的裤腿洗了一下，再洗了个温水澡（水基本上不热）。今天的住宿条件算是好的了，2 人一间。我们住的这间自带厕所和洗澡间，有水洗澡，据说明天住的地方想洗澡连水都没有。

千岁植物和石头树

2 月 2 日早上 7 点多，我们起床吃了早饭便出发了。首先我们来到了岩石谷（Rock Valley），据另外那辆车上的一个美国人说，这里的地形地貌和美国犹他州的一个国家公园非常的相似。周围到处都是奇形怪状的巨大的红色岩石，和远处的雪山、头顶的蓝天相映成趣。大家在这里照相，一些人开始攀爬岩石。有一个人爬上了一个细高细高的岩石顶上，结果不知道怎么下来。尝试了不同的方位向下爬，花了好长时间终于回到了地面。不过话说回来，这里到处都是硬邦邦的石头，要是失足摔下来可真的要摔个半死。

离开岩石谷，一路上的植被以矮小的灌木为主，不时可以看到一些驼羊，有一次还看到兔子。在经过的几个小湖的湖上还有一些美丽的火烈鸟，还有一些不知名的水鸟。海拔越来越高，植被越来越少，眼前的视野宽阔了起来，原来我们来到了 Siloli 沙漠。这个位于海拔 4000 多米的地方的沙漠四周都是光秃秃的山，有一些是火山。虽然称作是沙漠，Siloli 沙漠不是那种到处是沙丘的沙漠，这里的沙漠地面平整，像一个大平原，地面上主要是小碎石。

不知道司机是怎么认路的，一路上也没有路标，路上的车轮印也不是都指向一个方向。司机说，每个司机都有自己的路线、自己的走法。导游带我们参观了一下沙漠里的一种长寿植物，有 1000 多岁了。他说这种植物叫 Yareta。Yareta 看上去就像一块绿色的长满苔藓的石头，硬邦邦的，据说如果用来点火，一小块这种植物可以燃烧很久，以前当地居民就把这个当柴烧，不过现在不这么做了，开始保护它了。我在网上查了一下，这种植物成长的速度时每年 15 厘米左右，开的花是粉红色或是薰衣草的颜色的，3000 多岁的 Yareta 在南美高原地区也比较常见。

除了这种千年植物，Siloli 沙漠里还有一个著名的“树”——石头树（Arbol de Piedra）。其实不是真的树，只是长的像树的巨大的石头而已。据说是在常年累月的大风侵蚀之下，这块巨石被刮成了树的样子。石头树附近还有一些巨石，大家纷纷爬上去在这荒漠中的巨石上照相。

继续前行，中午时分，我们来到一个湖边的房子旁，该吃午饭了。这里的条件很简陋，没有水洗手，如果要冲厕所，也需要用水瓢在一旁的桶里舀水来用。而且这里就这么一个孤零零的房子，不知道这些人平时住在这里无不无聊。

地球上最像火星的地方

饭后，我们继续向高海拔挺进，要进入 Reserva Nacional de Fauna Andina 国家公园了。公园的门票每人 150 玻利维亚诺，需要另外支付。来这个国家公园，主要是看红湖，西班牙语称作 Laguna Colorada，也就是彩色的湖的意思。湖的颜色真是非常的红，湖面上有许多粉色的火烈鸟，背后有一座大山。估计如果冬天来，山顶上有雪的话，这里的颜色会更好看一些。为什么湖是红色的呢？导游给我们讲解了一下，原来这里的湖很浅，就几十厘米深，湖底生长着一种微生物，呈红色。这种微生物喜欢热，白天的时候，太阳照在湖面，微生物便从湖底浮到水面，于是整个湖面便呈红色；到了晚上，微生物又沉到水底，于是晚上的湖的颜色和一般的湖是一样的。湖边的风非常大，丹麦女的帽子差点被吹飞到湖里去。

今天的最后一个景点是 Fumaroles，字面意思是火山的喷气孔，不知道怎么翻译比较合适。不过这里的名字倒是很诗情画意，叫做 Sol de Mañana，也就是明天的太阳。这里也是这几天行程中海拔最高点，约 4800 米。离开红湖，我们一路来到了这里。老大远就看到地上冒出的热气，这里的风也非常的大，吹在身上感觉凉嗖嗖的。据说冬天这里没有风，但是温度在零下 20 度左右。走进那个冒着热气的洞，一股刺鼻的硫磺的气息扑面而来。导游给我们讲解了一下这里的地理知识，然后就带我们去看温泉，或者说叫“岩浆”更合适一些：这附近到处都是一个一个的大坑，坑里都是水泥般颜色的泥浆，还不时冒着热泡。导游说，下面的温度很高，一般都有 250 度，掉下去可就完蛋了。

离开“岩浆”，天色渐晚，我们来到了今晚的住宿地。这里条件也很简陋，同样上没有水洗手，就更别提洗澡了，住的是好几个人一间的大房间。距离住宿地一百米左右的地方就有一个天然的温泉，晚上天黑后的一个活

红湖

动就是泡温泉。由于温泉附近没有灯，需要大家自备手电。我们也带了手电，出国前刚配的电池，可是不知道为什么不亮了，不知道是灯泡坏了还是电池放电了。手电不能用，想想一群脏兮兮的游客泡在一个小池子里的情景，再考虑到我们已不年轻，这么冷的天，万一着凉了影响后面的行程可不好，于是我们决定不泡温泉了。晚饭后，我们就在门口看看，满天的繁星，很是漂亮，温泉方向真是漆黑一片，不带手电还真无法过去。话多的芭芭拉看我们不过去泡温泉，对我们说，如果你们去泡温泉的话，我保证安静一些。看来她自己也知道她话多。

大部分人都去泡温泉了，剩下的就在房间里聊聊天，没一会儿，丹麦男回来了，原来他的手被石头划破出血了，看来黑灯瞎火的泡温泉的确有风险。剩下的年轻人们玩得挺晚才回来，他们买了很多啤酒，边泡温泉边喝，看看满天星星，挺惬意的。

2 月 3 日，我们一早起来，先去温泉看看，果然是很小的一个小池子，不过水温倒是挺高的。一大早的，又有许多辆越野车开过来，拉游客来泡温泉。一会儿时间池子里又插满了人。看来我们这个团队住在这里，晚上泡温泉倒是不错的一个安排。

用过早饭，我们准备返回乌尤尼小镇了。首先来到了一个叫做 Salvador Daly 的沙漠。和昨天见到的 Siloli 沙漠一样，这里地面非常平整，四周光秃秃的山。由于富含矿物质，一些山上的石头呈现出五颜六色的色彩。据导游说，这里是地球是地形地貌最像火星的地方，当年玻利维亚政府和美国关系亲密的时候，美国航天局（NASA）曾以这里作为基地，训练他们的火星登陆车。

回程的路上还有一个主要的景点就是绿湖。到了这里一看，怎么湖水一点也不绿。导游介绍说，绿湖和红湖一样，水不深，只有几十厘米。呈绿色的原因是因为水底有一些有毒的矿物质，当刮大风的时候这些物质漂浮到水面，湖水看上去就是绿色的了。今天一点风也没有，所以湖水的颜色和一般的湖没什么两样。绿湖后面有一座火山，山的背后就是智利了。据说有一年玻利维亚灾荒，一些人从这里翻过火山，进入智利境内。后来智利政府为了防止这样的偷渡，在山那面埋了很多地雷，当然，立了个牌子提示有地雷。结果就是炸死了很多不识字的驼羊。玻利维亚和智利多年来关系一直不好，其实以前玻利维亚拥有出海口，后来和智利的战争中失利，丢失了这些土地，成为内陆国。所以现在玻利维亚的矿产都不卖给智利，结果阿根廷买了，再卖给智利。

芭芭拉一直抱怨一路上看到驼羊的时候都不停车，没拍到什么驼羊的照片。于是，当车辆又经过一小群驼羊的时候，司机停了车，让她拍个够。结果她下车试图走近驼羊，驼羊们便往后跑，最后她只好远距离拍了几张，悻悻地回到了车上。这里的驼羊是美洲驼，和新西兰的驼羊的品种不同，没有那么可爱。不过话说这里高原地带，植被很少，野生动物到不少。除了驼羊、兔子、火烈鸟之外，一路上我们还看到了鸵鸟，还有一种类似驼羊，名字叫 Vicuña（骆马）的动物。导游还给我们介绍过一种生活在湖边的鸟，说是这种鸟总是成双成对生活，如果一只因故去世了，另一只将不吃不喝直至死亡。

回到乌尤尼之前，我们来到了一个叫做 San Cristobal 的小镇休息了一会儿。这个小镇是当年为了采矿而发展起来的，小镇上有一个南美风格的教堂，挺漂亮。

世界上最高的首都

下午 4 点多，我们回到了乌尤尼，逛了一会儿，我们来到大巴车站，原定 6 点多发车，我们上车等了很久还不走，说是还有乘客没来。终于，等了 1 个多小时，发车了，那个所谓的还没来的乘客始终也没出现。

这里的大巴没有当时我们在秘鲁坐的隔夜大巴好，车上的电视也坏了，一路上也很颠，我们就这样半睡半醒地来到了拉巴斯。原来说预计要开 14 个小时，结果开了 10 个小时多就到了。在大巴车站和出租车司机谈好价钱，15 玻利维亚诺送我们去我们预定的酒店。到了酒店，司机热情地帮我们按门铃，之后接过我给的 20 元，也不找钱，转身就走了。

这个酒店是由殖民时期的住宅改建而成的，层高有 3—4 米。入住之后，我照了照镜子，已经晒得像个藏族同胞了。休息片刻，我们便出门了，沿着 7 月 16 日 大街（Avenida 16 de Julio）一直向北走。这里的人种构成和阿根廷很不一样：阿根廷主要还是西班牙人的后裔为主，满大街都是白人，这里主要是印加人为主，长相更像亚洲人一些。也许正是上班高峰时间，街上行人很多，汽车也不少。我们在路边买了 2 个形状像饺子的大肉包子当早饭，馅里有牛肉还有鸡蛋，味道还挺不错。

拉巴斯是世界上最高的首都，整个拉巴斯海拔落差很大，最高的区域在机场附近，海拔超过 4000 米，市中心的地方只有 3500 米左右。富人们都住在海拔低的地方，在市中心可以看到周围一圈的高地势的地方密密麻麻地布满了小房子，那些都是穷人们住的地方。顺便一提，拉巴斯是玻利维亚的行政首都，也就是政府职能都在这里，而宪法规定的首都却不是这里，而是苏克雷（Sucre）。

我们先来到了 Murillo 广场，广场不大，旁边就是政府大楼和一个教堂。随后我们来到了 San Martin 广场，San Martin 大教堂就在一旁。这里是拉巴斯的中心位置，很多公交车都经过这里，交通非常拥堵，许多私人运营的小巴停在路边揽客，一个比一个嗓门大，以飞快的语速报着这辆车要去

玻利维亚首都拉巴斯

的地方。我们要在这搭车去市郊的月亮谷（Valle de la Luna）。我们等了半天，等来了一辆国营的大公交车，车上人不多，还有座位。车上以当地人为主，估计一看就知道我们这两个外国人是去月亮谷的，当车开到月亮谷这站时，好几个人提醒我们在这里下车。

月亮谷位于拉巴斯东南郊，离市中心大概 20 公里。这里的地质主要是由沙石构成，在常年的风吹雨淋之下，一些沙石被冲刷腐蚀，形成了奇特的地貌，据说之所以叫月亮谷，就是地貌像在月球上一样。来之前看过一些介绍，到了以后略微有点失望，供参观的地方其实就是一小个公园，从入口进入以后沿着指示牌走一圈，半个小时足矣。地形虽然奇特，但是拍出来的照片不怎么好看。

从公园出来，正好赶上一辆小巴路过，我们直接跳上车返回了市中心的 San Martin 广场。San Martin 大教堂后面到处都是出售玻利维亚的手工艺品的小商店。我们先找了一家泰国餐馆吃了午饭，之后就开始逛街了。这里主要是出售驼羊毛制品，以及一些有当地特色的纪念品。著名的女巫街也就在这附近，比较奇特的是居然还有晒干了的驼羊胚胎出售，据说有辟邪的作用。我们逛了两三个小时，买了 2 件驼羊毛的毛衣，以及一些围巾帽子什么的，价格嘛，肯定是比国内便宜很多了。

返回宾馆，休息片刻，我们打算去一个叫 Mirador Killi Killi 的地方看看拉巴斯的全景。Mirador Killi Killi 位于城市东偏北的位置的一个高点，我们打开手机上的谷歌地图就出发了，路途不算远，大概 1—2 公里的距离，但是需要不断地爬坡和上台阶，还是有点累的。过程中我们还发现谷歌地图把两条路名标反了，害得我们绕了一小段路。通过 GPS 定位、不太准的地图和问路，大约 40 分钟后，我们来到了 Mirador Killi Killi。

登高的辛苦还是值得的，到了高处，整个城市尽收眼底，我们在顶上呆了 1 个小时左右，一直等到天黑，欣赏了又一个世界上最美丽的日落，以及天黑之后贫民窟万盏灯火点亮的壮观景象。返回的路上，看到一家号称台湾菜的小餐馆，我们于是走了进去。结果发现菜单里的菜并不是什么常见的中餐，服务员也不是中国人，估计厨子也不是，只是用台湾菜这个名头来忽悠人的吧。至于菜嘛，估计是厨子曾经和中国人学过一两手，有那么点中餐的意思。

拉巴斯城市本身没什么太多玩的地方，周边倒是有不少，有一个著名的印加遗址；还有一条著名的山路，由于道路狭窄，坡度大，一旁就是悬崖，是世界上最危险的路，被称为死亡之路。关于这条路还有不少旅游项目，其中比较著名的就是骑自行车沿这条路走一段，据说每年都有不少人在这里摔死。这次我们时间不够，这些项目都没办法体验了。

2 月 5 日早上，我们在宾馆后的花园里的玻璃阳光房里用了早餐，环境挺好的，服务员的服务也挺热情，之后就出门随便逛逛，打发时间。中午时分买了几个饼当午餐，之后便回宾馆去了行李打车去机场。刚上出租车，就下起了大雨。运气还真不错，在这雨季时节来到拉巴斯，居然赶上都是晴天，直到离开了才下雨。

求助大使馆

我们要从拉巴斯搭乘智利航空的飞机前往里约，订票的时候显示在智利首都圣地亚哥转机，出票了才发现，到圣地亚哥之前，飞机要在一个叫伊基克（Iquique）的地方经停。由于有些国家转机需要过境签证，出国之前我还专门查了一下，智利好像没有过境签证这种签证类型，应该没问题吧，没想到到了伊基克，真的出问题了。

在伊基克经停，并不是坐在飞机上等就行了，需要下飞机过海关，绕一圈再返回飞机。之后从伊基克到圣地亚哥这段就算是智利境内的国内航班，到圣地亚哥就不需要再出海关，下飞机后就可以自由入境了。由于我们没办智利签证，在伊基克海关，我们被拦了下来了。我们解释了半天我们并不想入境智利，到圣地亚哥只是转机，当然这种解释在海关这种地方是没有用的，他们也理解我们的处境，但是就是不能放我们回飞机。海关工作人员说，只能让我们第二天乘坐飞机回玻利维亚去（好像是这种国际惯例，不能入境的话从哪来就回哪去）。但是我们的玻利维亚签证是一次入境的，已经用过失效，回去的话也将被拒绝入境。而且这里也没有任何直飞巴西的飞机，进退两难。

我们赶忙拨打了中国驻智利大使馆的紧急求助电话。已经是晚上 7 点多，应该是下班时间，不知道有没有人接电话。电话一拨就通了，一位女士接的电话，她明白了我们的处境之后，说由于伊基克不是她的辖区，她把中国驻伊基克领事肖峰先生的手机号码给了我们。我们赶忙拨打肖领事的电话，不知道怎么搞得一直无法接通。由于我们那班飞机经停时间不长，我们急得像热锅上的蚂蚁，不断地尝试拨打这个电话号码。终于拨通了一次，赶忙把情况说了一遍，之后肖领事在电话里和海关人员沟通了半个小时。就在这个期间，我们那架飞机起飞了，我们十分着急，如果今晚到不了圣地亚哥，赶不上明早去里约的飞机，我们回国的行程可能都会受到影响。在这炎热的天气下，我们急出了一身的臭汗。

对于这种无法入境的情况，航空公司要对他们送过来的乘客负责的。其实对于他们来说，让我们去圣地亚哥转机是最佳的选择了，关键就看这里的海关人员能不能同意。但是这里的海关又没有权力，因此需要更高层的人员批准才行。

领事和海关人员的通话结束了，他们说需要向上级请示。我们焦急地等了很久，终于，有结果了。对我们的“处理”方式将如下：航空公司将收走我们的护照，有专人保管，飞机飞到圣地亚哥之后，将有人直接把我们从国内到达带至国际出发。之后护照才会还给我们。而且半个小时候之后就有飞机从伊基克起飞前往圣地亚哥，因此我们的行程不会受影响。真是太好了，终于解决了，我们又给肖领事打电话，想表示感谢，但是电话又无法接通，不知道是不是他那边信号不好，我们只好把问题得到解决的信息发短信给了肖领事。

航空公司的工作人员把我们的护照收走，装入一个信封，还封起来，然后带我们过安检。装有我们护照的信封被交给一个空姐保管。到了圣地亚哥，我们被告知最后下飞机。打开手机，收到了肖领事的短信，他询问我们是否一切顺利，如果还有任何问题尽管和他联系。他还说，这一次智利的海关人员还是很帮忙的。出国旅游这么多次，第一次求助大使馆，得到了热情的帮助，感到很温暖。

可爱的机场保安

其他所有乘客都下了飞机，这时来了一个机场的工作人员，从空姐手上拿了装着我们护照的信封，带我们坐摆渡车来到了国际出发区域。我们以为这下护照可以还给我们了吧，没想到来到了国际出发区域之后，有一个机场的保安前来迎接。保安名叫 Ted Francisco，他拿了我们的护照，带我们来到登机口。去里约的飞机是第二天早上 8 点起飞的，难道这个保安还要陪我们一晚上？于是我问 Ted，他回答说是的，他要一晚上“盯”着我们。

Ted 的西班牙语有口音，我听得不是很懂。我们只能边比划边交谈。

Ted 问我们饿不饿，给我们买了晚餐请我们吃。之后我们就傻坐着，这也不是个办法，于是我拿出幅扑克牌变魔术给他看。之后他也教我一种牌的打法，我们 3 个人就打起牌来。时间很晚了，Ted 让我们在椅子上睡一会儿，他说他不能睡，他还要看着我们。

过了一会儿，Ted 起身要离开一会儿，他叫了另外一个保安过来坐在这里看着我们。过了一会儿，他回来了，拿着一个公文包，原来在他口袋里的装着我们的护照的信封看样子是被装到了这个公文包里。搞笑的是，公文包上还上了个挂锁，难道还怕我们把护照偷了不成？其实在这个国际出发区域，我们没有智利签证，拿到了护照也出不了海关，只能坐飞机离开这里。闲来无事，我用手机上网查了一下，原来伊基克是智利北部塔拉帕卡（Tarapacá）大区的首府，是南美最大的自由贸易区，也是一个旅游城市。难怪我国在伊基克驻有领事馆，难怪从伊基克来圣地亚哥的飞机一天有好几班。

终于等到了登机时间，就要分别了，我们和 Ted 一起合影留恋。来到登机口，气氛愉快祥和的一晚上监视结束了，这下可以把护照还给我们了吧，没想到 Ted 把我们的护照交给了空姐，说是到了里约才能给我们。

飞机降落在了里约机场，没想到还不能拿到护照，一个航空公司的工作人员拿着我们的护照，带我们先来到了机场的警察局，由那里的警察确认我们的巴西签证是真实有效的，然后航空公司的工作人员再送我们到了海关口，看着我们把护照递给了海关才离开。真是一路确保我们入境巴西才算数。这一趟航空公司为了我们两个，可真是大费周章，不知道会不会以后把我们列为不受欢迎的乘客。

出了海关，看到机场的银行关于换汇的报价是 1 美元 =2.25 巴西雷亚尔。前几天在巴西伊瓜苏的时候，汇率是 1 美元 =2.46 雷亚尔，这么几天巴西币升值了，涨到了 1 美元 =2.38 雷亚尔，相比之下这里银行的报价还是很不合算的。之前就听说在巴西换汇不要去银行，要去专门的换汇点。还好我们之前换了一些雷亚尔，等到了市中心再找地方换汇吧。

找不到的宾馆

乘坐大巴来到了市中心，我们在 Cinelandia 地铁站附近下了车。这里的建筑既有殖民时期的宏伟建筑，也有现代的高楼大厦。里约著名的天梯教堂离我们的下车点不远，我们便先背着行李去教堂看了一下。从外表看，这个建筑完一点也没有教堂的影子，完全一个现代建筑的样子。4 年前在墨西哥旅游的时候就见过一个现代建筑的教堂，不知道是不是拉美这边比较喜欢建造这种类型的教堂。

天梯教堂

从教堂出来，我们打算打车去酒店。我们预定的酒店位于市中心圣特蕾莎（Santa Teresa）区的山上。不知道为什么，问了七八辆出租车司机，给他们看了地址后，都摇头不去，还说了一堆话，不知道什么意思。是不认识路还是不愿意去？没办法，只好靠手机地图和 GPS 走过去了。距离好像也就 1—2 公里，但是由于酒店在山上，地图上的路线弯来弯去，不知道我们选择的路线对不对。

由于之前照了几张相，我把单反相机从包里拿出来了，包里东西太多，不方便再塞回去，我便背着行李，把相机挂在脖子上。突然，路边一个跑步的女子向我们挥手，原来她在提醒我把相机收起来。她说她是加拿大人，在里约生活了多年了，看到了多起相机被抢的经历。于是我向她询问如何到这个酒店，她建议到一旁的公交车站坐公共汽车，之后下来走一段路就到了。

表示感谢后，我们上了车，顺便先提一下这里的公交车，前门上后门下，上去以后向司机买票，没有专门的售票员。然后要通过司机右后方的大概 1 米高的一个转盘门才能进入到座位区域。不知道为什么这样设计，对于带着行李的人，通过这个转门很麻烦。再加上每个人都要先买票再通过，效率很低。

车七拐八拐地上了山，和我之前看地图计划徒步的路线完全不同。到了一个地方，司机示意我们下车，指了一个方向让我们往前走。下车以后，我们又问了几个路人，奇怪的是，要不说不知道，要不指的方向都不同。有人说在这个方向，有人说在那个方向。我背着 20 多公斤的行李，在近 40 度的气温下，上坡下坡，来来回回走了 1 个多小时，十分火大。我一度想算了，去山下找另外一家酒店，这家酒店用信用卡抵押过，不入住就让他们扣钱吧。后来给酒店打了个电话，说我们不入住了，他们问了我们在哪，派了辆车来接我们。

后来我仔细研究了一下，可能是因为这个酒店的名称——Castelinho38，和山上的一个城堡景点——Castelinho 很相似，很多人以为我们是要去城堡，所以给我们指错了路。其实我们一路也走到了城堡附近了，没心情照相什么的。估计那个加拿大人也弄错地方了，让我们坐公交，如果当时我们就一路走，也许还能早点到。话说这个圣特蕾莎区是一个具有波西米亚风格的街区，很好地保留了殖民时代的建筑，也算是一个旅游景点，很多人评价这里很美，值得在这里闲逛。但是我们在这样的环境、这样的心情下“逛”了一大圈，对这里的景色评价当然不高。

酒店的位置还算不错，位于圣特蕾莎区的最中心。酒店也是一个 2 层楼的老房子改造的，1 楼是厨房什么的，露天的地方有一个吧台，餐厅就在那。2 楼一个巨大的厅，客房就在厅的四周。在厅尽头的阳台上，可以看到远处的大海，视野、景色都不错。里约的消费水平很高，这个位于山上的酒店，一晚上都要 700 多人民币；如果是离海滩比较近的酒店，大部分要 2000 元以上了。

我向服务员抱怨这里出租车司机都不来，问路也问不到。她拿了个地图给我们，告诉我们如何下山走到市中心。从酒店出门向左走一段，沿山边的台阶下去（如果沿大路走要绕好大一圈），来到一个剧院旁的小广场。从广场沿大路再向下走个十几分钟，再走一段台阶，就能到市中心的 Gloria 地区了。所谓的大路，其实也就是铺了石头的路面非常不平整的两车道宽的路，这个破地方，要是我是出租车司机我也不愿意来。

本来打算先去海滩，再去面包山看日落，找酒店花了这么多时间，时间只够去海滩了。下了山坐上地铁，我们来到了伊帕内玛海滩（Ipanema）。天色有点晚了，海滩上的人不算很多。都说里约的海滩有多美，其实也就这样。不过海滩离市中心挺近的，就几站地铁的距离，对于在这里生活的人来说应该是很方便的。

来了巴西不能不去尝一尝著名的巴西烤肉，天色暗下来，我们来到离海滩不算很远的一家著名的烤肉店——大猪头（Porcão），每人 105 雷亚尔不含酒水饮料，另外要加 10% 的服务费。规矩很简单，不断会有服务员拿着各种烤肉切给你，直到你吃不动为止。味道还不错，特别是一些小羊肉，非常的鲜美。

走出餐馆，问一旁的出租车是否去我们的酒店，他们给出的报价是 50 雷亚尔，太贵了，我们还是通过地铁加登山，满身大汗地回到了酒店。

基督山和面包山

2月7日，今天是我们这趟旅行在南美的最后一天。用过早饭，退了房，把行李寄存在酒店，我们便出发了。下台阶来到广场，搭乘公交车来到了市中心。来里约不能不去看那个著名的基督像，我们根据酒店服务员的介绍，搭地铁到 Largo do Machdo 站，换乘公交，来到了基督山脚下。里约的地铁站里和公交车上出售地铁加公交的联程票，比分开来买会便宜一些。巴西的公交也不便宜，单独买公交车票是 2.75 雷亚尔（好像不管距离远近，都一个价），折合人民币差不多 7 元钱。

要上基督山，可以坐观光火车或是专线面包车，很多攻略都推荐坐面包车。我们到了山脚下，就有经营面包车的工作人员主动过来揽客，往返车票每人 20 雷亚尔。到达山顶之前，面包车先在一个观景平台停下，大家下车自由拍照，时间不限，反正时不时地有面包车从这里去山顶或是下山。在这个观景平台，可以看到里约市的大部分市容。在观景平台的另一侧，有一个直升飞机停机坪，可以乘坐直升飞机观光，不过价格很贵，好像不到半个小时的飞行，超过 1000 元人民币。

重新坐上面包车，来到接近山顶的位置，需要下车买门票了。价格每张 62.68 雷亚尔，差不多 160 元人民币，不知道为啥定了这个不零不整的数字。买完票之后，排队等候专车送我们到达了高度约 710 米的山顶。

基督像是里约市的一个标志性建筑，落成于 1931 年，高 38 米（含基座），重 1145 吨，臂展就有 20 多米，在城市里的大多数地方都可以看到这个雕塑。就在上个月，也就是我们这次出国的那天（巴西时间 2014 年 1 月 16 日晚，北京时间 1 月 17 日早上），这个基督像被雷击中 2 次，有所损毁，不过我们倒没看出来哪坏了。这里游客太多了，非常拥挤，如果想和基督像合个影，肯定是集体照。

我们没有太多时间在这逗留，下山返回 Largo do Machado 地铁站，在附近的商业中心找到了个换汇的地方，汇率是 1 美元 =2.38 雷亚尔，果然

比在银行换要合算。正值午饭时间，旁边有一个餐厅门口，排起了长队，许多像是当地白领的人在等座位。不过如果站着吃好像就不需要排队了。我们也不知道点什么，就指着旁边的人吃的东西，示意服务员我们也要这个。一堆东西混在一起做出来的饭，味道还不错，不知道这个是不是就是巴西比较著名的奴隶饭（据说是过去巴西的奴隶把奴隶主不吃的食材混在一起做成的饭，后来慢慢传播开，成为巴西的一种传统食物）。

巴西还有一个东西比较著名，就是这里的蜂胶。饭后我们找到了一个叫 Verde Mundo 的店，买了一些蜂胶。接下来，要去面包山（Pão de Açúcar）了。坐地铁来到 Botafogo 站，换乘公交车，来到了面包山下。

面包山也是里约的象征之一，据说这个名字的来历是因为这座山的印

加语名字的读音和葡萄牙语的甜面包很相似。这座山无法徒步攀登，上去的唯一的途径是通过缆车。缆车分两段，第一站是紧挨着面包山的高 215 米乌卡山（Urca）的山顶，第二站才是高 394 米的面包山顶。

买了票，排了几分钟队，我们就上了缆车。随着缆车一路缓缓上行，视野越来越好。来到乌卡山顶，天气太热、阳光太强烈，而且我们时间也不多，于是我们在乌卡山顶没做什么停留，一路拍了几张照片之后，来到了下一段缆车的乘车点，坐车来到了面包山顶。登高眺远，美景尽收，果然心情舒畅。这里的高度虽然不及基督山顶，但是由于这里靠海，风景更佳。

据说在面包山也能看到另一个世界上最美的日落，不过我们等不到日落了，要回宾馆取行李去机场了。下山坐公交转地铁，来到了 Gloria 站。

早上我们是从圣特蕾莎的小广场坐公交车来到这里的，可是却找不到回程的车站，沿早上下来的路一路找去，也没有。看来公交车上山和下山走的是不同的路线，向一旁的路人询问，结果他们都不懂英语和西班牙语，完全无法沟通。没办法了，只好再徒步爬山。

“你喜欢吃饼干吗”

再一次湿漉漉地回到了宾馆，我们请宾馆服务员帮忙叫辆出租车送我们去机场。等了近半个小时，车还不来，服务员说，她向3家出租车公司叫了车，我们目前都排在等车的第一位。估计还是因为出租车不愿意来这个破地方，时间不多，不能再等了。服务员说，可以帮我们叫辆私车，不过价格会贵很多。由于今天我们就要回国了，身上的巴西货币几乎用得干干净净，就剩下够打车去机场的钱了，所以我们也“坐不起”也不愿意坐私车。再一次背起20多公斤的行李，我们出门下台阶来到小广场。幸运的是，没两分钟，来了一辆出租车，我们总算打到了车。

出租车司机是一个肥胖的、头发凌乱的年轻人，我感觉他坐在驾驶座上，想要下车都要费很大劲。司机也很热情地想和我们沟通说两句，可惜语言不通。正值周五下午时分，交通比较拥堵，我们有点担心会不会赶不上飞机，可是司机一点也不着急，他一边开车一边玩手机，被好多辆车超过。于是我跟他说了一下我们要尽快赶到机场什么的，估计他没听懂，还在玩手机。不一会儿，他拿手机给我们看，原来上面显示的是这里到机场的地图、公里数以及预计的时间，看来他大概听懂了一点。

可是没开一会儿，他又靠边停车，向路边的小贩买了几个饼和饮料，之后边开又边玩手机。没办法了，只能期望车能按时到达。这时，司机转过身来，把手机递给我看。我定睛一看，上面几个汉字：“你喜欢吃饼干吗？”原来他找了一个翻译软件，想问我们要不要吃饼干。我微笑地谢绝了。他又在手机上按着什么，过一会递给我。“这是巴西传统的饼干”。为了让他能专心开车，我们拿了几个。这个“饼”是有点像国内的炸虾片那样的膨化食品，味道还可以。司机把剩下的2包饼干飞快地吃完了，像头皮屑一样的饼干碎屑飘满了车。

出了市中心，不再拥堵了，我们终于及时赶到了机场。经过漫长的飞行、转机、再飞行，我们回到了上海。

后　记

第二次来南美，感觉南美洲大陆的自然风景还是非常有特色的，值得多次前来旅行。哥伦布发现新大陆，给大家带来了更多的美景。不过有一点我很好奇，在美洲大陆被发现之前，欧洲人民平时都吃些啥蔬菜和主粮？现在西方世界常见的一些食物，包括土豆、玉米、西红柿，以至于制作巧克力的原料可可豆，都是来自于新大陆。要是没有美洲，现在的西餐不知道会是个什么样子。

言归正传，这次行程总共24天，如果转机飞行次数分开算的话，这次总共飞了14趟；4个晚上在飞机或机场过夜，1个晚上在隔夜大巴度过，另外还有2次10小时左右的大巴；徒步12小时约30公里；骑行7小时约30公里，整个旅程算是比较辛苦。为了美景，辛苦是值得的，不过时间还是比较短，还是有很多地方没去。

就在这个月，玻利维亚驻中国大使馆的网站上关于签证的要求有所更新，繁琐的无犯罪记录公证和双认证已经不再需要了，今后办理玻利维亚签证会方便许多。玻利维亚虽然是一个面积不算大的内陆国，从东部的亚马逊平原到西部的高原，旅游资源还是很丰富的，如果以后有机会，希望能够再去一次。

经过过去几年的断断续续的西班牙语学习，这次去南美已经可以用西语做类似问路、购物什么的简单的沟通，书面阅读基本已经没有障碍，争取下次去的时候，能够流利地用西语交流。

2014年3月25日

狂野非洲行

万万没想到

长久以来，纳米比亚的红沙丘一直吸引着我，总想找个时间去看看，机会终于来了，2015 年 8 月份，我上网一查从上海出发前往纳米比亚的机票，七千多块钱的价格让我怦然心动，和纳米比亚接壤的赞比亚和津巴布韦两国交界处的维多利亚瀑布也是我向往的目的地之一，于是一并被我纳入此次的行程。而且这次出行我和 Ellen 决定带大儿子去，小儿子还小，在家里再养养。

制定具体的旅行行程时，不得不提南非的奇葩转机签证要求。由于纳米比亚经济相对不发达，没有大的航空公司，要想通过飞机进入纳米比亚，就必须到南非转机，而南非有一项规定，经南非转机前往它的邻国（注意仅仅是和它接壤的六个邻国），需要办理转机签证，而办理转机签证的所需要的材料和办理旅游签证的是一样的，比较复杂，而纳米比亚、津巴布韦都是南非的邻国。出于避免办理费时费力费财的南非转机签证的考虑，我制定了以下的旅行计划：去程时搭乘飞机从上海出发到香港转机，再到南非约翰内斯堡转机，最终到达赞比亚的利文斯通（也就是维多利亚瀑布的所在地），之后通过陆地交通进入纳米比亚，回程是从纳米比亚首都温得和克出发，经约翰内斯堡转机，再到香港转机，最后回到上海。在南非航空的网站上一查，这样往返的机票价格仅仅需要 7341 元，担心未来机票价格上涨，我当场就付钱出票了。

万万没想到的是，2016 年起，南非取消了转机签证的要求；更没想到的是，居然机票还降价了，最便宜的时候甚至降到 6700 多块。

在纳米比亚境内旅游，可以租车自驾、可以参加当地旅行社组织的旅行团、也可以根据自己的需求通过当地旅行社订制符合自己要求的旅行路线的私人团。我曾经打算要自驾，但是考虑到纳米比亚是左行右舵，而且有些地方路况不好，时有爆胎、翻车的事故发生，网上也介绍，纳米比亚是交通事故高发国家，因此最终还是决定包车走私人团的路线。

要包车，当然是多找几个人同去可以平摊一下费用。于是我联系了一些信誓旦旦说下次旅游一定要跟我一起去的几个朋友，结果他们都打退堂鼓了。最后我只好在网上约人，万万没想到，最后来参加的是3个60后：李姐、程姐和强哥，奇怪了，70、80后都上哪去了。

确定好人数后，我们开始了与纳米比亚当地的旅行社的联系，最终选定了一家名叫 Wild Dog Safaris 的公司。约定2月4日司机到我们在赞比亚的利文斯通入住的酒店来接我们，当天过境进入纳米比亚，一路玩到首都温得和克，2月20日坐飞机返回。在纳米比亚住16个晚上，其中5个晚上搭帐篷露营，其余住酒店，几乎全程包三餐（只有3顿晚饭和一顿午饭不包，不包水和饮料），总共价格是每人折合人民币约15000元（儿子因为才4岁多，免费）。顺便说一下，在纳米比亚住宿，除了大城市有酒店以外，都是在农场或是庄园之类的营地中的，大部分营地都提供帐篷或者小木屋两种选择。住小木屋不算便宜，基本都要大几百元人民币一晚上，对于一些热门景点的小木屋，由于是稀缺资源，一晚上的费用甚至要几千元人民币；相比之下，搭帐篷就便宜多了。

到了办理签证的阶段，纳米比亚、赞比亚和津巴布韦这3个国家在上海都没有领事馆，只能在他们驻北京的大使馆办理签证。3个国家都要求邀请函，不过赞比亚和津巴布韦的邀请函的要求很简单，只需要预订的当地酒店出具一份邀请函就可以了，实际上酒店给我们出具的也就是一份预订确认的信件，用这个办理签证就可以了。以前办理津巴布韦签证比较麻烦，现在简单了，可以在网上办理电子签证（www.evisa.gov.zw），提交材料后2—3个工作日就收到签证批准的确认函，将这个信件打印出来，入境津巴布韦时可以当场交60美元办理签证，也可以凭这个确认函去北京贴签。我们选择去北京贴签，每人400元人民币，对于这些政策多变的国家，还是签证贴在护照上保险一点。赞比亚签证也挺简单，只不过只有周一受理签证申请，递进材料之后，周四就可以取护照了。我们办理了90天多次入境的签证，每人570元人民币，小孩免费。

相对麻烦的是纳米比亚签证，需要当地旅行社出具的邀请函，而且还需要旅行社负责人的护照复印件盖当地警局的章。除此之外，对于未成年人办理签证，需要出生证明公证以及父母的结婚证公证。我们向 Wild Dog 支付了订金之后，他们把所需要的材料都给我们发过来了，签证费每人 600 元人民币，4 个工作日后可取，如果加急的话，加 300 元，1 个工作日后可取。

一日走四国

终于盼到了 1 月 31 日，我们出发了。上海至香港这段行程是港龙航空承运的，他们的服务挺好的，飞机晚点 2 个小时，我们 check in 时工作人员就提供给我们每人 50 元的餐券作为晚点补偿。在香港停留了几个小时之后，我们坐上了南非航空的飞机，经过 13 个多小时的漫长飞行，早上 7 点多，我们来到了约翰内斯堡，这里和中国时差 6 个小时。在约翰内斯堡转机，虽然不用出海关，护照上也要盖上一个转机的章。

从约翰内斯堡出发，飞行 1 个多小时到了赞比亚的利文斯通，可这还不是我们今天的最终目的地。排队出关后，看到了来接我们的司机。我们今天的目的地是津巴布韦的维多利亚瀑布城。我和酒店约好了司机来接我们，所有人总共 60 美元的费用。司机的名字叫 Sam，从机场驱车大约 10 公里，我们来到了赞比亚和津巴布韦的边境。Sam 带我们进入了边境的海关处填表，敲了出境章，就把我交给了从津巴布韦开车来接我们的 Talond（不知道是不是这么拼写的）。估计是汽车不是很方便跨国境，我们这趟路要分两辆车完成，当然，费用我只需要统一支付给酒店就行了。Talond 是我们要入住的 Pamusha Lodge 酒店的员工，他开车带我们通过了连接两国边境的大桥，桥上就可以看到著名的维多利亚瀑布的一侧。再次下车、入关、盖章。在入境处，一些当地人向我兜售津巴布韦币，我花 5 美元买了一些做纪念。津巴布韦曾经经历恶性的通货膨胀，最大面值的货币达到过万亿，从 2009 年开始，津巴布韦开始流通以美元为主的多国货币，本国货币基本“死亡”。2015 年 9 月，津巴布韦央行的换币行动正式宣布了津巴布韦币的终结。从 2016 年开始，人民币也开始在津巴布韦可以自由流通。一个主权国家，使用的却是其他国家发行的货币，这种情况在非洲不算少见。

再开车行进 3—4 公里，终于到达了我们的酒店。回想一下，按北京时间计算，2 月 1 日零点多我们从香港登机，我们一天内踏上了中国、南非、赞比亚和津巴布韦的土地。

维多利亚瀑布

Pamusha Lodge 里的环境还不错，一共有大约十几间客房，都是平房，餐厅旁边有一个不大的游泳池，院子里盛开着鲜花。稍事休息之后，我们来到酒店的前台预订乘坐直升机观看瀑布。由于李姐他们都在尼亚加拉瀑布坐过直升机，这次不想再坐，于是只有我们一家三口乘坐，总共 381 美元，不算贵，当然也不便宜。没多久，来了辆小巴把我们带到郊外的机场。所谓机场，其实也就是一块大草坪。是一架小直升飞机，估计可以容纳 6—

7名乘客。由于只有我们3个人乘坐，我就坐到了副驾驶的位置，视野不错。

赞比亚津巴布韦边境的维多利亚瀑布和美国加拿大边境的尼亚加拉瀑布、巴西阿根廷边境的伊瓜苏瀑布一起，统称为世界三大瀑布。之前在伊瓜苏瀑布的时候，我们没有乘坐直升机，这次算是弥补了一把。从高空看瀑布，的确视角不同：一望无际的平原上流淌着宽阔的赞比西河，整个平原就像是被切了一刀，形成了一个狭长的峡谷，河水流到这里倾盆而下，形成了维多利亚瀑布。和其他两大瀑布不同的是，维多利亚瀑布特别的宽，而且瀑布面基本呈一条直线。整个飞行时间仅仅13分钟，令人觉得意犹未尽。

从“机场”返回到市中心，我们决定稍微逛逛。维多利亚瀑布城非常的小，市中心也就几座比较像样的建筑，最高也就2—3层楼高。我们在超市里买了点水，又碰到许多人兜售津巴布韦币，我又买了点准备带回去送人。买完东西之后，我打开手机GPS，步行1公里多，回到了酒店。这个城市太小了，估计去哪里都超不过3—4公里的距离。市中心以及回去路上也没看到什么可以吃饭的地方，晚饭只能在酒店吃了。长途跋涉一天都，还没有好好休息呢。于是我们早早用过晚饭，上床睡觉了。虽然涂了强力的驱蚊膏，还是被蚊子咬了几口。这里可是疟疾疫区，希望不要感染上疟疾。

由于时差的关系，第二天大家一早就都醒了，用过早餐之后，乘坐酒店的车来到了瀑布国家公园。当年在伊瓜苏瀑布的时候，无论是阿根廷还是巴西一侧的国家公园，入口处都比较气势弘大，还有存包处，入园以后要先坐大巴或者下火车，之后下来步行才到瀑布边上，园内有餐厅；相比之下，这里的瀑布公园非常的简朴，门面不大，进去以后步行几步就到瀑布了，公园里也没有餐厅，还好我们带了干粮。

公园的设施我就不再评价了，还是说说景色吧。前面提到了，维多利亚瀑布就是赞比西河流到了一个大裂谷形成的，这个裂谷就是赞比亚和津巴布韦的分界线，河的上游在赞比亚一侧，下游在津巴布韦这边，因此，津巴布韦一侧观看瀑布更佳。我们在裂谷这边的山头上沿着悬崖边一路前行，看着对面的平行的悬崖顶上瀑布倾泻下来。当前正是雨季，但还没到

水最大的时候。虽说是雨季，但这几天都是大晴天，不过到了瀑布公园里就不一样了，由于瀑布撞击岩石产生的水汽太大，有些地方感觉就像下大雨一般。不过水汽大的好处就是彩虹随处可见，有些地方还可以看见双彩虹。

也许是因为现在是旅游淡季的原因，公园里的游客非常的少，倒是方便了我们拍照，不知道旺季的时候这里的游客有多少。逛完整个公园并不需要很长时间，我们走走停停，拍了不少照片，也只花了2个多小时就走完了。中午时分，我们找了个阴凉且“雨”小的地方坐下吃自带的午餐。然后打电话给酒店让他们来接我们回去。

看来我们的酒店就一辆车一个司机，也就是之前来边境接我们的Talond。我们再次来到市中心，逛了逛纪念品商店。小镇虽小，但是挺干净整洁，再加上蓝天白云的，看起来还是令人心情舒畅的。

没啥地方可去了，我们回到酒店喝喝茶、聊聊天，儿子去泳池玩了一会儿水。酒店里还住着一对从津巴布韦首都哈拉雷过来旅游的黑人夫妇，带着2个小男孩，一个6岁，一个2岁。儿子在游泳池边跟着他们跑来跑去，玩得很开心。

5、4、3、2、1

2月2日，我们一早起来用餐，儿子在座位上欢快地哼着小调，一旁的黑人服务员听了一会儿，过来端盘子的时候居然也唱出了同样的曲调，引起大家一阵欢笑。今天我们就要离开津巴布韦了，退房时，儿子和昨天刚认识的两个非洲小朋友合影告别。

我们通过酒店预订了在边境大桥的蹦极跳，当然，只有我一个人跳。原价160美元，给我10%的优惠。同时，我跟酒店商议让他们派车送我们到蹦极跳的地方，等我跳完之后，再送我们到赞比亚的入境关口，总共22美元。其实从蹦极跳的地方到赞比亚海关也就几百米的距离，不过我们这么多行李，还是坐车吧。

还是Talond开车，路上他先带我们看了一棵大树，据他说有1500多岁了，不知道是不是真的。之后就是出海关，来到了津巴布韦和赞比亚边境的大铁桥上，也就是我即将要蹦极的地方。如果只是想来这里蹦极，跳完之后还要返回津巴布韦的话，可以在津巴布韦海关处拿护照登个记，不需要敲出境章就可以来这里，跳完再返回即可。

这个蹦极点号称是世界第三高的，有111米。背后就是世界三大瀑布之一、脚下就是赞比西河，这样的蹦极点应该是独一无二、值得尝试的。填表、称完体重之后，被告知，需要等，因为现在没有电。蹦极跟有没有电有什么关系，详细一问才知道，跳下去和有没有电没关系，但是上来是需要电力把人拽上来的，而这个电力是需要发电机发电的，我们需要等一辆车开来，才能发电，为什么要等这辆车才能发电我也没听明白。反正就是要等，而且不知道要等多久。这里除了蹦极，还有其他一些刺激的项目，李姐和程姐看中了山谷飞索项目，也就是从山谷的这一头，坐在索道上，飞速滑降至另一头。她们玩完了之后，终于来电了，我可以蹦极了。

今天一共就2个人蹦极，我是第二个。我问了工作人员，说是旺季的时候，一天能有近100个人蹦极。2001年的时候我在桂林蹦过一次，这是我第二次蹦极。这次我带了一个GOPRO运动摄像机绑在手腕上，全程拍摄蹦极实况。随着工作人员5、4、3、2、1的倒数之后，我从桥上跳了出去。我印象中的第一次蹦极还是比较刺激的，以至于上来之后一度有点腿软。

但是不知道为什么这次感觉一点不刺激，甚至心脏的失重感都不怎么强。不过这里的景色的确不错，在瀑布旁、河流上、山谷间飞翔，头朝下正好看到蓝蓝的天上几朵白白的云，心情十分舒畅。

反弹停止之后，我随着绳子挂在大桥底下飘动，一个工作人员从桥上顺着绳子下来，把一个钩子钩在我身上的护具上，通过机器把我拽上去了。不过不是拉回桥面，而是桥面下方几米处的一个人行通道。通过通道走到桥边，才能返回桥面上。

Talond 已经等了很久了，说是酒店来电话催他赶快回去。他继续开车把我们带到了赞比亚的入境处，我给了他 4 美元小费，和他道别。入境赞比亚之后，我们打了辆车到酒店，我们入住的是 Avani Resorts，2015 年 7

月之前叫做赞比西太阳酒店（Zambesi Sun Hotel），离边境只有 1 公里多的距离。

豪华的酒店

Avani Resorts 是一个五星级酒店，房费不便宜，一天要 2000 多元人民币，酒店有两大特点：一是酒店占地面积很大，酒店内就可以看到不少野生动物；二是酒店紧挨着赞比亚境内的维多利亚瀑布公园，步行几分钟就可以到达，酒店住客可以免费无限次地进入瀑布公园。

登记入住时，前台服务员特别强调，人不在房间时，客房房间通往阳台的门要保持锁上，否则猴子有可能从阳台进入，拉开门进房间偷东西。前往我们的房间的路上，我们在路边的草坪上看到了几只斑马和羚羊之类的动物。已是下午 1 点多了，我们来到游泳池旁的露天餐厅用餐。作为一家豪华的五星级酒店，这里的食物真是太便宜了。我们中午简单吃了点意大利面、喝了点饮料，人均也就二十几块人民币。

饭后休息片刻，我们就出发了。酒店里有个小湖，湖边的树上有许多编织鸟。编织鸟，学名叫做织布鸟，是鸟类乃至整个动物界最优秀的纺织工，擅长于用草和其他植物编织鸟巢。一个个鸟巢从树枝上垂挂下来，底部就是这些小鸟的入口。湖边的牌子上写着不要下水，小心鳄鱼，不过我很怀疑这么高档的酒店会容许鳄鱼的存在。

拍摄完编织鸟之后，我们沿着指示牌，向维多利亚瀑布方向走去。没几分钟，就来到了酒店的后门。从后门出去需要在门卫这里做个登记。出门斜对面就是维多利亚瀑布公园的门。这个门应该不是正门，应该只是供酒店住客出入的门，进门时做个登记即可，不需要出示任何证明，当然，也不用付费。进门沿左边的道没走几步，“雨”就大了起来。

之前介绍过，由于地形的关系，在津巴布韦境内可以看到维多利亚瀑布的全貌，而在赞比亚境内，只能看到瀑布的一角（即使是一个角，也是很宏伟的）。这里离瀑布非常的近，因此“雨量”特别大，于是乎彩虹就特别容易看见。

魔鬼游泳池

拍摄了无数张彩虹瀑布的照片之后，我们向瀑布的上游方向走去。这里的河水不深，水流也不算特别的急。没走多久，来到一个地方，有几个当地人在河边戏水，于是我也走到了河边。前方的河里有一个天然形成的像田埂一般的长几十米的石头，一直通向河流中间的一片小树林。由于这个“田埂”的阻拦，上游的河水被围成了一个小小的水库，沿着“田埂”向下游形成了一个落差十几厘米的小瀑布。一个当地人脚踩着“田埂”，从河流中间向我们走来，略有点水上漂的感觉。走到我们面前之后，他就拿出一些照片给我看，原来是靠近瀑布的悬崖边的一些照片，还有“魔鬼游泳池”的照片。

什么是“魔鬼游泳池”？就是天然形成的像游泳池一般的池子，在瀑

布的顶上，紧挨着悬崖，由于天然形成的石壁挡着，当河水不是特别大的时候，人是不会被冲下去的，可以泡在池子里，甚至可以游到悬崖边上，隔着石壁就是万丈深渊了，应该是比较刺激的。之前在国内就看过对这个魔鬼游泳池的介绍，这时看到了照片，我一下子来了兴趣。

这个黑人兄弟表示要带我去，肯定是有偿服务，不过这次我没有先问价钱，决定先跟他走走看。我跟他说我游泳游得不好，他说没关系，有救生衣。之后他就拉着我走上了“田埂”，看样子只有我一个人去，我就跟大家打了声招呼，说一会儿就回来。

我们两个肩并肩，像螃蟹一样横着移动，脚踩着窄窄的“田埂”，面向上游，左脚向左边挪动一小步，然后右脚跟上。虽然水流不算是很急，但是对于我们这种没经验的人来说，有时还是会失去平衡的，这时候黑人兄弟就用力拉我一把，帮我保持平衡。几十米长的路程，居然走了近十分钟，我们终于来到了那片树丛。果然有救生衣，在树丛中挂着。我以为没多远就到了，没想到他拿上救生衣，让我把相机交给他挂着，防止万一我摔倒水里弄坏相机，然后继续拉着我向前走。

后面的路不像之前的“田埂”那么平整了，基本上就是他拉着我在河流中踩着石头前行。可以说如果没有这样一个向导，自己走根本是没有可能。黑人兄弟十分熟悉地形，带着我踩着比较好走的石头前进，有时甚至能提前告诉我前方水底下有比较平的石头，即便如此，好几次我还是几乎滑倒，被他拽住才保持住了平衡。走了一段路，回头一看，李姐跟着另外一个向导跟了上来，看来我这一路还不算孤单。

走了大概有40分钟，我们来到了悬崖边上，黑人兄弟让我坐在悬崖边，他帮我照相。这里的景色还真不错，维多利亚瀑布就在我身后落入山谷，瀑布上方还有一道鲜艳的彩虹。李姐和她的向导也赶上来了，我和两个黑人兄弟衬着这美丽的背景合了影。拍照之后，黑人兄弟又继续带我“摸石头过河”，来到另外一处可供拍照的悬崖边上。

之后就是魔鬼游泳池了，继续前进了快半个小时，来到了悬崖边的一个天然的小池子边上。我换上救生衣，跟着黑人兄弟下水了，李姐穿着裙子不方便下水，在“岸上”看着我们。

池子后方是一个几米高的小瀑布，因此池子里的水流还是有点急的，我本来就水性不好，再加上很久也没游泳了，刚下水就被瀑布冲过来的水流呛了几口。黑人兄弟游过来帮我调整了一下，我提出要去池子的悬崖边，他问我，确定要去吗？

池子靠悬崖的一侧有两处豁口，虽然不是特别大，还是有被水冲出去的风险的，黑人兄弟游过去，挡着豁口，李姐的那个向导也过来，在“岸上”两脚横跨着豁口站着，保障我的安全，而我就拼力向池子的最前端游去。游过去才发现，靠近悬崖边上的地方，紧挨着水面下方有一块天然形成的大概也就 1—2 平方米大小的石头平台，因此这里的水非常的浅，水流速度也很慢。平台紧贴着悬崖边的地方，居然有一个洞，正好够一个人站立在里面，露出上半身。我就站在这个洞里，看着水从我的手边沿着瀑布落入万丈深渊，李姐的向导在一旁帮我拍照。

由于没有想到来这个池子要这么长时间，之前我下河的时候，把手机钱包什么的都留在了 Ellen 那里，我们出来有一个多小时了，怕他们担心，我们赶紧往回赶。黑人兄弟带我们走了条近道，水比较深，大部分时间将近淹没到我的腰部。

安全返回之后，我问黑人兄弟要多少钱，他说我和李姐每人 80 美元，最后我们还价到每人 50 美元成交。我感觉这 50 美元还是挺值得的，这一路都是靠向导手拉手一步一步走过来的，而且只有靠他们才能体验到这些美景，不过回想一下，风险还是有的，毕竟这些向导是当地人自己出来干私活，如果途中发生什么意外，他们一甩手跑了我们也一点没办法。后来我们回到酒店我查了资料才发现，我们去的这个并不是真正的“魔鬼游泳池”，真正的对外开放的魔鬼游泳池是需要在酒店预订坐快艇前往的，全程价格要 100 多美元，而且现在正逢雨季，水比较大，目前不能下到池子里游泳。看来这黑人兄弟带我去的只是一个野池子，不过估计精彩程度不亚于官方的魔鬼游泳池，不虚此行。

酒店里的动物

公园晚上 6 点关门，这会儿已经 6 点多了，我们会被锁在公园内吗？我们加紧脚步，赶到了门口，结果发现入口处的确关了，一个工作人员也没有，但是一旁的出口处大门敞开。

返回酒店的领地，又遇见了好几只斑马在吃草，还有一只不知道什么鸟，一直跟着斑马一起。我们小心翼翼地靠近斑马，拍了些照片。

酒店晚上提供自助餐，但是价格比较贵，我们还是在泳池旁的露天餐厅点餐吃饭，晚餐时分还有乐队现场演奏唱歌。我们点了烤牛舌、牛排之类的食物，加上饮料、小费，人均也就 60 多元人民币，吃得非常饱，真是便宜。

第二天清晨，我起床到阳台上，想看看风景，结果看到好几只斑马还有羚羊之类的动物在楼下的草地上吃草。后来还有 2 只巨大的猴子，应该可以算做是狒狒了，从我们的阳台上爬过。今天早上我们大家分头行动，强哥、程姐和李姐一早去瀑布拍日出去了，我们慢悠悠地起床、吃早饭，然后去寻找酒店里的长颈鹿。

找了一圈没找着，于是我问酒店里的工作人员，哪里可以看到长颈鹿，答曰，在 Royal Livingstone 那边。原来这里其实有两个酒店，一个就是我们住的 Avani Resorts，另一个是皇家利文斯通酒店（Royal Livingstone）。两个酒店通过林间小路连接在一起，估计是同属一个老板的。皇家利文斯通酒店看上去更高端一些，不过好像还没有正式开张，里面一个住客也没看到，不知道这里住一晚房价会是多少。

还是没看到长颈鹿，于是我问一位在草地上浇水的工作人员，他放下手里的工作，说是要带我去。在旅游城市，没有无缘无故的热情，最后肯定要给点小费，这我懂。

跟着这个工作人员，我们走进了酒店旁的丛林里，没一会儿，他指着不远处说，在那。我定睛一看，好大的一只长颈鹿，个子非常的高，光是腿就比我的身高还高了，感觉这是我见过的最高的一只长颈鹿了。这只长颈鹿也看见了我们，向我们的方向走了两步，工作人员赶忙拉着我们一起往后退。估计是长颈鹿看我们没什么敌意，又转过头去继续吃树叶了。工作人员于是带我们绕到它的侧面，那里还有 1 大 2 小共 3 只长颈鹿和一小群斑马。工作人员告诉我们，最大的那只长颈鹿是爸爸，6 年前这一对长颈鹿被引进到酒店里，另外 2 只小长颈鹿是在这里出生的。

互助的商业模式

告别长颈鹿一家子，我们再次来到酒店的后门外，这次不是去维多利亚瀑布，而是逛逛这里的纪念品商店。就在瀑布公园的斜对面，有好几家小商铺，出售各种非洲特色的手工艺品。小贩们看到我们过来，便热情地问我们从哪里来，然后就更加热情地说，赞比亚和中国是一个国家。不能被他们的热情冲昏了头脑，该砍价还是要砍的。这里买东西有一个很有意思的规矩，在任一家买了东西之后，店主会把东西交给旁边商铺的店主，说他帮你包装，然后就顺势把我们带到下一家商店，其实也就是用几张破报纸包一包，借这个机会推销一下自己的工艺品而已。感觉这种互帮互助的商业模式挺好。

强哥、程姐和李姐正好也在这里买东西，买完东西返回酒店的路上，居然碰到了一个和强哥穿着一模一样条纹T恤、身材也相似的中国人。居然能在异国他乡撞衫，他俩赶紧合影留恋。聊了几句才知道，这位是在尼日利亚华为公司工作的员工，趁着春节假期来赞比亚旅游。

回到房间，吃了从国内带来的一些方便食品当作午饭，休息了一阵之后，我们就向游泳池出发了。毕竟这个酒店是我们这次非洲行中住的最好的一家，要好好享受一下酒店的设施，而且在这炎热的天气里，泡在游泳池里也是一种惬意。当然，对于儿子来说，玩水比参观瀑布什么的更有吸引力。

戏水之后，回房休息，接近傍晚时分，收到李姐他们的微信，说是在皇家利文斯通酒店的河边看日落，于是我们拿上相机，向皇家利文斯通方向出发。

皇家利文斯通酒店靠赞比西河的一侧，有一大片绿草坪，草坪的边上紧挨着河边就是一个露天的餐厅。虽然酒店还没开始营业，这个餐厅已经运营了。我们坐在椅子上，喝着饮料、吃着小点心，等待太阳慢慢地从河面上落下去。一开始只有我们几个人，接近日落的时分，又来了好几位老外，都是来看日落的。可惜今天天公不作美，没有形成日落时美丽的火烧云。不过面对宽阔的赞比西河，在河边吹吹风，这样消磨时光倒是挺休闲的。

2月4日一早5点多，我起床前往瀑布公园拍日出。来到公园门口，入口处的门还没开，也没有工作人员，于是我径直从出口处进去了。公园里一个人也没有，“雨”非常的大，我只好先躲在一棵树下避避雨，等待太阳升起。由于一大早太阳的位置很低，阳光从低处向高处照射，因此形成的彩虹是挂在瀑布上方的。太阳升起之后，彩虹几乎形成了一个跨度达到270度的圆弧，非常的漂亮。由于雨太大，镜头一会儿就淋湿了，日出照片拍得不是很理想。呆了近半个小时，我也浑身淋透，大晴天的为拍日出被淋成了落汤鸡，这经历也够奇特的。

入境纳米比亚

今天我们要离开赞比亚前往纳米比亚了，根据约定，Wild Dog 的司机会在 9 点来酒店接我们。可是等到 9 点半，还没有人来，我开玩笑说，Wild Dog 旅行社不会已经倒闭了吧。为了欢迎住客，酒店门口有 4 个黑人兄弟穿着原始的民族服装，拿着弓箭、长矛什么地载歌载舞，游客们可以和他们一起跳舞，照相什么的，当然，小费也是必须的。我们在等待期间，儿子就跑过去和他们一起跳舞，玩得很欢乐。还是没人来，我们只好给 Wild Dog 总部打了电话，原来是司机过境时遇到了点麻烦，应该就快到了。

接近 10 点半的时候，司机终于来了，是一个身高超过 1 米 9 的大个子。非洲的黑人不像美国黑人，大部分个子不太高的，我还是第一次看到身高这么高的非洲黑人。司机名叫 Emanuel，但是让我们称呼他 Mannie。他解释了一下迟到的原因，表示了歉意。我们之前一直在想会是一辆什么样的车来接我们，等看到车以后，还是大吃一惊。我不知道该怎么形容这辆车，有点像运钞车一般大小，车厢很高，在里面站立或是走动都很方便，里有 14 个座位，这样的车非常适合在非洲看动物，唯一的缺点就是车厢内没有空调。

Wild Dog 的服务还是挺周到的，给我们准备一本彩色打印的小册子，里面写了我们这趟旅游的路线、入住的酒店或是营地情况，每个地方的看点以及照片。Mannie 跟我们简单介绍了一下情况之后，我们的车出发了，纳米比亚之旅开始啦！

从赞比亚前往纳米比亚，通常会先进入博兹瓦纳，再到纳米比亚，因为这条路比较好走，而且顺路可以去博兹瓦纳的国家公园玩一天，可惜中国人去博兹瓦纳不免签也不能落地签，而且在国内办个博兹瓦纳签证周期挺长，因此我们选择直接从赞比亚过境进入纳米比亚，缺点就是这一路坑坑洼洼得不是很好走，车也因此不能开得太快。

颠簸了3个多小时之后，我们来到了边境城市——赞比亚的Sesheke，对面就是纳米比亚的Katima Mulilo市了。入境纳米比亚时，要接受是否患有埃博拉的检查，其实也就是用耳温枪测个体温而已。边检官员在我们的护照上盖了章，并写上了可以在纳米比亚停留的期限，太小气了，居然完全和我们计划旅行的日期吻合，一天也不多给。

进入纳米比亚境内之后，路就好走了，再也没有坑坑洼洼的情况。没过多久我们来到小镇上，Mannie带我们去了家餐厅吃午饭，我们只需要支付饮料的钱。在上菜的间隙，我请Mannie带我们去银行换汇，扣除了手续费之后，相当于1美元换15.2纳米比亚币。有趣的是，当李姐换钱的时候，银行说手头的纳米比亚币不多了，给了她一部分南非币，说是这里南非币和纳米比亚币一比一通用。早知道如此，在国内换点南非币直接带来用就好了，省得换美元再换纳米比亚币，损失了手续费。

一切就绪，可以吃饭了，饥肠辘辘，已经是下午快4点了。

饭后继续前行，突然下起了暴雨，雨大到Mannie一度无法看清路面情况，只好靠边停车。暴雨来得快，去得也快，一会儿天又晴了。话说现在正值纳米比亚的雨季，但是我们在纳米比亚一共17天，只碰上了3次下雨。

晚上7点左右，我们来到了在纳米比亚的第一个住宿地——Kwando Campsite。这个营地就在奥卡万戈河边，河面不宽，河的对岸就是博兹瓦纳。也就是说，只要游过去就能“偷渡”进入博兹瓦纳了。在营地的餐厅吃完晚饭之后，我们回到了河边的小木屋，周围一片黑漆漆的，抬头就可以看到满天的繁星。

真警察？假警察？

第二天早饭后，我们继续前进。一路上路过了一些当地传统的村庄，这些人就住在一个个圆顶的茅草屋内。Mannie问我们想不想参观这些村庄，当然，是需要另外付一些费用的。我们不是很感兴趣，毕竟这些都不是纳米比亚旅游的重头戏。

纳米比亚旅游业比较发达，和旅游相关的配套设施也算比较齐全。公路每隔一段，路边基本都修建有供旅客休息的小桌椅。我们途中休息的时候，不知道从哪里窜出来十几个黑人小朋友，李姐拿了一包巧克力分给他们，被他们一抢而空。不过他们还是挺懂礼貌的，Mannie 带着他们做了做运动操，临别时他们向我们挥手告别。

继续前行了没几分钟，我们的车被路边的 2 个警察拦了下来，1 个警察先在车前和 Mannie 说了几句什么，随后上车厢里看了看，让我们除了 Ellen 和儿子的其他人都下车，说完这个他自己就先下车走了。等他走了之后，Mannie 在驾驶室转头对我们说，是不是你们几个没系安全带？我明明系着安全带呢，Mannie 看了也说是啊。不过强哥、程姐、李姐他们的确没系。其实他们没戴的原因很简单，一是我们刚刚从休息处开出来没几分钟，有人没来得及系，二是车在警察指示停下来后，有人解开了安全带站起来看看发生什么事了。警察已经走到远处坐在路边的椅子上，我只好解开安全带，和其他人一起下车走过去，看看会发生什么。

首先我跟警察解释了一下我的确系了安全带，是他没看清，他很傲慢地回答说他看得清清楚楚。之后拿出一个小册子，其实也就是 A4 纸打印装订的，跟我说现在纳米比亚很重视乘客系安全带的事情，对于纳米比亚居民，如果没系，要坐几个星期的牢，对于外国人，要罚款 1000 元，让我们自己想想该怎么办。这明明就是恐吓嘛，环顾了一下四周，就这两个穿着警服的警察，连辆警车也没有，在我们和一个警察说话的过程中，另一个警察试图拦下一辆大货车，但是大车没减速，呼啸而过，警察只好闪到一边。我很怀疑他们是假警察，或是真警察自己找借口出来挣外快。于是我摆出一副生气的样子说这太荒谬了，我要和中国驻纳米比亚大使馆联系，拿出电话开始找号码。Mannie 在一旁也帮着求情说了几句。不知道是 Mannie 的求情还是我的强硬态度起了作用，耗了一阵子之后，警察让我们走了。返回车上后，Mannie 也说这太夸张了，没戴安全带警告一下就好了，怎么要罚款 1000 元。

到底他们是不是真的警察，没系安全带真的要坐牢或罚款吗？不得而知。

午饭时间，我们在另一个休息处停下车，开始午餐。介绍一下我们这一趟旅游的午餐情况，几乎所有的午餐费用都已经包含在支付给 Wild Dog 的团费里了，大部分时候，午餐是这样提供的：早上从酒店 / 营地出发前，Mannie 会向酒店 / 营地购买午餐包，每人一份。午餐包的内容还比较丰富，主食通常有面包、三明治之类，荤菜有烤猪排 / 鸡腿 / 牛排之类，通常也配有酸奶、饮料、水果、色拉。量不小，儿子每顿都吃不完，所以我每顿都吃很多，一趟非洲行下来，人养得黑胖黑胖的。

顺便说一下，车上有个“冰箱”，其实也就是个大的保温箱子，每天 Mannie 会去超市买 2 袋冰块，放入“冰箱”内，我们把需要冰冻的食物例如酸奶、啤酒、果汁什么的放在箱子里，箱子下方有一个出水口，等冰都化了就把水放出来，再置入冰块。

下午 4 点多，我们到达了伦杜（Rundu）地区。我们今晚入住的地方和昨天差不多，也是位于奥卡万戈河边的小木屋，不同的是，这次河的对岸不是博兹瓦纳而是安哥拉。河边有棵树，树上长着许多简直和白萝卜一模一样的东西，到底是什么植物，回国后才搞清楚，叫做“吊瓜”。

经营这块营地的是一个白人老太，她说她是在纳米比亚出生的，她一再跟我强调纳米比亚的环境多么的好，住在这里多么舒适。我说，就是蚊子多了点，老太给我展示了一下她裸露在外面的大腿和手臂，说，蚊子从来不咬她。

虽然纳米比亚是个非洲的国家，但是我们这趟旅游所看到的，几乎所有的酒店、农庄、餐厅都是白人经营，黑人只是在打打工而已。看来，非洲黑人的民族独立，还有很长的路要走。

晚上除了看漫天的星星之外，也没什么别的事可做，我们早早休息，第二天要去埃托沙国家公园看动物了。

人虫大战

早饭后出发，今天的路不短，我们要争取在下午赶到国家公园，看看

动物。早上都挺顺利，接近中午的时候，Mannie 两次把车停在路边，下车检查，最后他告诉我，车完全坏了，然后就不停地打电话向总部请示。经过较长时间的沟通 Mannie 告诉我，Wild Dog 总部马上派两个工程师开车过来修车。我问那他们从首都温得和克过来要多久？ Mannie 说可能要 3 个多小时吧。

炎热的天气下，在没有空调的车上坐着干等也不是个事，Mannie 从后备箱里拿出了露营要用的折叠桌椅，搬到路边的树荫底下，还在桌子上铺上了绿色的桌布。正好是午饭时间，我们就开始吃饭吧。

饭后，Mannie 又接到了总部来的电话，提供了新的解决方案：他们让附近的一个营地老板开车来接我们去房间里休息等待，如果来得及的话，继续赶路去埃托沙国家公园（Etosha National Park），如果来不及，晚上就住那儿。

不一会儿，车来了，Mannie 继续守着坏掉的车等待救援，我们几个跟着白人老板来到了他的营地。营地里的小木屋建造得挺有特色的，还养着一些牛和羊，我们入住的却是砖头砌成的平房。天气太热了，我们进房间，打开空调休息、喝水。

快到晚饭时间，我们来到餐厅，问老板知不知道修车的情况，老板说，你们今晚肯定得住这了。果然，吃完晚饭在餐厅里一直等到 9 点，还不见 Mannie 来，我们大件的行李还在 Mannie 的车上，看来今晚只能草草洗洗睡了。

从餐厅沿着点着昏暗灯光的小路回到房间门口，正准备开门，吓了一跳。房门是一个透明的玻璃拉门，门外的屋檐下有一盏灯，灯的开关在房间里。可能是之前我们不小心把这盏灯打开了，由于出门的时候还是大白天，没有发现这点。现在周围一片都是黑漆漆的，就这里亮着一盏灯，知道是什么后果吗。那就是在灯光的吸引下，玻璃门上密密麻麻地爬满了各式各样的虫，有胖的，有瘦的，有腿长的，有腿短的，有翅膀的，没翅膀的，看上去有点恶心。没办法，我只好硬着头皮伸手拉开了门，然后迅速冲进去，把门关上，再把灯熄了。之后再等待了一会儿，等玻璃门上的昆虫大军散去之后，再开门让 Ellen 和儿子进来。

虽然我的动作已经很快了，还是有不少虫子飞进了房间里。等门窗关闭，屋内亮起灯之后，可以看到不少昆虫在灯下飞来飞去，或是在一旁的墙上爬上爬下。想象一下，和这么多奇怪的昆虫一同入睡还是令人心里不太舒服的，于是我拿着鞋子，开始“追杀”它们。“人虫大战”持续了半个多小时，屋里可看见的昆虫只剩下寥寥几只，属于可以接受的范围。我们洗完澡之后，就让洗澡间的灯亮着以吸引它们过去，这样我们就可以安稳地睡觉了。

第二天起床后才知道，昨晚 Mannie 他们 11 点多才来到这里。原来那辆车暂时修不好了，给我们配了辆新车，是辆十几个座位的小面包车。因为车小，原来车上放置的一些露营用具（帐篷、桌子、做饭的工具什么的）只能放置在一个拖车里，挂在面包车后面。和原来的大车相比，在这小面包车上看动物就没那么方便了，不过好处是有空调。旅行的后半段我们才体会到了有空调的好处，在沙漠中穿行，一路上扬起的风沙很大，完全不能开车窗，如果车上没有空调，不知道会闷热成什么样子。

换了车以后，我坐到了副驾驶的位子，对 Mannie 来说也是件好事，一路上有人和他一起聊天了。Mannie 给我介绍了一下纳米比亚的历史：纳米比亚是一个新兴的国家，是非洲大陆最后一个独立的国家，早期是德国殖民地，第一次世界大战之后被南非吞并，一直到 1990 年代才完全独立。独立之前，纳米比亚和南非打了多年的仗。Mannie 说，战争时期，以美国为首的西方国家支持南非，中国、俄罗斯和朝鲜支持纳米比亚，而且中国还提供了很多机关枪等武器给纳米比亚。

狮子四兄弟

一路聊天，时间过得很快，接近中午时分，我们来到了埃托沙国家公园。埃托沙国家公园是由德国殖民地建立的，面积约 2 万 2 千平方公里。进入公园没多久，路边的树丛中就陆续出现了一些跳羚和长颈鹿。

我们来到了公园内的第一个营地——Namutoni 营地，也就是昨天晚上我们本该搭帐篷住宿的地方。进来一看，我们真遗憾昨晚没能住这，营地里面非常漂亮，还有一个早年德国人修建的一个白色的要塞。可惜我们只能在这里匆匆停留，吃个午饭。

今天正是除夕，我们在 Namutoni 营地内享用了丰盛的午餐，尝试了一下羚羊肉，当然，这里跳羚、大羚羊、黑斑羚等各种羚羊的数量非常的多，吃它们的肉是合法的。事实上，为了控制它们的数量，公园工作人员每天还要去打猎。

午饭后，为了弥补昨天浪费的时间，Mannie 把面包车后的拖车暂时卸下，这样可以开快一点，带我们去寻找各种动物。现在这个时间是雨季，也是纳米比亚旅游的淡季，因为雨季中，下过雨后，到处都有积水，动物比较容易找到饮用水，因此大部分都躲在丛林里不出来；而在旱季中，只要来到公园内的几个大水池旁边，就能很容易地看到各种动物。埃托沙国家公园的东部，也就是 Namutoni 所在的这部分，以灌木丛林为主，公园西部基本都是平原，雨季的时候，很多动物都躲到东部的丛林中了，等到雨季过后，平原上的草长起来，动物们又跑到平原上吃草。因此，旱季时，在西部的平原上可以看到成片成片的动物。

在经验丰富的 Mannie 的带领下，我们看到了长颈鹿、斑马、各种羚羊，以及老远看到了一只犀牛，Mannie 非常迫切地想找到大象，因为之后我们要去平原那边了，雨季在平原上基本没有可能看到大象。Mannie 耐心地把车子开到一个个他认为大象可能出没的地方，终于，功夫不负有心人，在一个水塘里，我们看到了一群大象在洗澡、嬉戏。

在返回的路上，天色变黑，开始飘起了小雨，突然，Mannie 指着不远处的树丛让我们看，定睛一看，是一只狮子正在向前走。我们保持一段距离跟随着它，最后这只狮子来到一个树下趴着不动了。我们把车开到前面转头一看，树下居然趴着四只狮子在躲雨，都是雄狮。根据狮子的习性，一般是一夫多妻制，以家庭为单位一起生活，小雄狮长大以后会被大雄狮驱逐出去，看来这四只雄狮是被驱逐出来的小狮子。

回到营地，装上拖车，我们向今晚要入住的营地出发，顺路再看看各种动物。首先我们来到距 Namutoni 约 75 公里的一个 Halali 营地，原本我

们是计划在这里吃午饭的，现在只能简单地停一下，晚上 7 点左右，我们来到了 Okaukuejo 营地，这里距离 Namutoni 约 115 公里。

Okaukuejo 营地也很棒，里面餐厅、泳池什么的一应俱全，还有一个像炮楼一样的高塔，可以登高望远。我们在这里预订的不是帐篷营地，而是小木屋。唯一美中不足的是，这里的手机信号非常不好，更别说 wifi 信号了。当下正值国内除夕跨年夜，我们无法和国内的亲朋好友取得联系，有点遗憾。不过这里的晚餐不错，自助餐，品种还算丰富，有各式烤肉以及甜点什么的，也算是一顿丰盛的年夜饭了。

幸福的雄狮

正月初一一早，我登上了“炮楼”，迎接猴年在非洲的第一缕阳光。我们按照中国的习俗，给 Mannie 包了一个红包，收到红包的 Mannie 非常高兴。早饭后，我们继续出发“打猎”，当然，是用相机打。一路上看到

几小群跳羚、斑马，若干只长颈鹿，还有一些不知名的鸟什么的，不知道旱季的时候，是不是也像肯尼亚的国家公园那样，可以看到漫山遍野的动物。

除了之前看到的那些动物，今天我们还看到了南部非洲特有的动物——剑羚（Oryx），主要分布于南非、纳米比亚和博兹瓦纳。剑羚头上顶着两个长长的角，脸上眼睛和嘴巴的部分呈白色，鼻子的部分是黑色的，有点京剧脸谱的感觉。

接近中午的时候，Mannie 说远处的树丛下有狮子，车开近了我们才看清，树丛下好像有好几只狮子趴着不动，隔着树枝，看不太清楚，于是我们耐心的在一旁等待，狮子们一会儿抬头张望，打打呵欠，然后又继续趴下去，就是不走出来。等了好一会儿，终于有一只母狮子走出来了，来到了距离我们很近的一个小水塘喝水，这会儿旁边已经停了好几辆车，大家都盯着这只喝水的母狮子一阵狂拍，母狮子丝毫没有理睬我们，喝完水就跨过公路向远处走去。又等了一会儿，一只公狮子和一只母狮子一起走了出来，没走几步就趴在地上开始交配，完事之后母狮子也来水塘喝水，然

后也离开了。我们以为这一切已经结束了，没想到公狮子又和另一只母狮子开始交配，这只母狮子脸上有一大条伤口，没有人帮它缝合的话，不知道有没有可能愈合。Mannie 说这些狮子可能是近期捕过猎，因为其中一只母狮子的毛上可以明显地看到血染的痕迹。

终于，这一次交配之后，公母两只狮子一起向远处走去了，已是午饭时间，Mannie 带我们回到了营地吃饭，营地的后面有一个观看动物的地方：人工修建了一个半圆形的看台，看台面对的就是一个大水塘，旱季的时候，坐在这个看台上就可以看到各种动物来这里喝水，可惜现在一只动物也看不到。不过看台边的大树吸引了我们的眼球，树上有一个巨大的鸟巢，估计里面住着几百只鸟。在纳米比亚，这种巨大的鸟巢随处可见，还常常可以看到因为鸟巢太大，把树枝压断了的景象。

由于天气太热，饭后自由活动休息，我带着儿子来到游泳池里戏水。下午 4 点半，再次坐车出发看动物。大草原上一望无际，方圆几十公里天上的云都看得清清楚楚，因此，可以看到附近哪里是晴天，哪里在下雨，这样的景色是在大城市里无法看到的。我们一直玩到天快黑才返回，回到营地，正好可以登上炮楼看日落。天空中一侧是日落，另一侧是长长的彩虹……

红泥人

2月9日，我们要离开埃托沙国家公园，去参观红泥人的原始部落。红泥人是在纳米比亚现存为数不多的原始部落族群，又叫做辛巴族。因为他们喜欢用红土混合油脂之类的抹在头发、皮肤上，因而获得了红泥人的名字。根据网上的攻略介绍以及 Mannie 的建议，路过超市的时候，我们买了一大袋玉米粉，准备到时候送给部落首领。

继续前进的路上，路边随处可见红色的土堆，有的甚至高达2米多，Mannie 说这些是白蚁窝。不知道一个蚁堆下面生活着多少只白蚁，再看看这些蚁堆的数量，就这一路看来，路边能看到的应该就有几百个了吧，真的很难想象这一片区域生活着多少白蚁。

停车用过午饭后，前行没多久我们就来到了红泥人的部落。Mannie 介绍说，红泥人属于游牧民族，由于疾病例如疟疾、艾滋病等的影响，人口一直在减少，部落里的人口以妇女和小孩为主。进入村落之前，我们先参观了一下村口的一个学校，以前红泥人的小孩是不上学的，近几年开始，政府开办了针对红泥人的流动学校，教授孩子们英语，随着受教育程度的提升，估计不远的未来，过着原始生活方式的辛巴部落应该会逐步消亡。

这个所谓的学校其实就是一个平房，一共就两个房间，外屋是教室，也没什么桌椅板凳，孩子们就坐在地上学习，内屋就是教师夫妇的寝室，非常的简陋。李姐从国内带来了很多笔送给在这里学习的孩子们，大家都很开心。

离开学校，我们在当地向导的带领下进入了村落。这个向导会说英语和红泥人的语言，他先向我们介绍了一些红泥人的简单用语：见面打招呼要说 Moro（类似英文 tomorrow 的最后两个音节），如果别人跟你说 Moro，你要回答说 Nouwa（重音在第二个音节上，不是非常确定，毕竟写

这篇游记已经是回国2个月之后了），表达感谢要说okuheba（重音在倒数第二个音节）。向导还说，以前红泥人有一个传统，就是把自己的四颗门牙打掉，原因有两个，一是好看，二是更容易发他们的语言的语音。

从村口没走几步，就看到了一个个的小茅屋，每个屋子都非常的小，大概只有3—4平米。茅屋外的树荫下，坐着红泥人，全部都是女的，上身赤裸，还有许多小孩子，也是光着上身跑来跑去。这是正是下午1点多，阳光从空中直射，非常的炎热。不知道是因为太热了还是这种原始的景象有点吓人，儿子不愿继续向前，吵着要返回车上去，于是Ellen带他先回车上，我们几个继续参观。

我们把玉米粉送给了部落首领——一位年纪较大的女性，之后就在村里随意参观、拍照。这里拍照不需要另外再付费了，红泥人们也非常配合，有些人甚至比比划划示意要看看拍出来的照片怎么样，看来她们对来自现代社会的游客已经非常熟悉了，一些人还在地面上摆出了地摊，兜售一些手工纪念品。我走进一间小屋，里面有一位哺乳的母亲，向导跟进来，向我讲解了一些红泥人的生活习俗，他的口音很重，听得不是非常的明白。

之后我又“串门”走到另外一间小屋，3—4 平方米的地方，居然坐着 5 个年轻女孩，我很纳闷怎么一个男的也没有看到，向导说，男人们都出去放牧或是打猎了。

正午时分，拍摄红泥人是一大挑战，因为她们大部分都坐在树荫底下，皮肤颜色和树荫一样，色调较深，而背景因为阳光的直射暴晒非常的刺眼，因此要么人像曝光不足，看不太清，要么背景过度曝光，以后有机会再来的话，一定要争取傍晚时分前来。

拍摄星空

一个多小时后，我们离开了红泥人的部落，向今晚住宿的营地出发。今天我们要露营了，营地的名字叫做 Hoada Campsite，是一个非常漂亮的地方。我们先来到了营地管理处登记入住，就是小山上的一所房子，沿着房子旁的小道绕上一块巨石，上面有一个游泳池，再往上走几步就是一个露天的酒吧，坐在椅子上喝点饮料，居高临下看看风景，非常的惬意。我们这趟旅行露营的几个营地中，Hoada Campsite 的景色最好，值得推荐。

Hoada Campsite 的营地面积非常大，划分成不同的露营区域，区域之间距离较远，需要开车才能到达，每个区域都有自己的洗手间和洗澡间。

我们露营的区域就在离营地管理处不太远的地方，在一旁的大石头上，我们发现了一只色彩鲜艳的小蜥蜴，头尾都是橙色、身体呈蓝色，非常的漂亮。

Mannie 从拖车里拿出了 3 顶帐篷，开始支帐篷，我们也跟上去帮忙，顺便学习学习。Mannie 说，年轻的时候他一个人半小时能搭起 20 个帐篷。搭完帐篷，趁着天还亮，气温还高，我们洗了澡，Mannie 已经开始在一旁生火做饭了。话说 Mannie 的手艺还不错，我们露营的几天内，他换着花样做饭，有时是肉酱意大利面，有时是烤牛排、羊排配米饭，有时是烤土豆什么的，味道挺不错的。

夜幕降临，抬头一看，漫天的繁星。纳米比亚地广人稀，空气质量好，光污染小，在全球范围都是数一数二的观看星星的最佳地点，在国内几乎没有这样的机会可以拍摄星空，现在可以尝试一下了。我把相机焦距调到无限远，ISO 设为最低，光圈 9，手动曝光 25 分钟左右，尝试拍星轨的照片。不知道为什么，尼康相机对长时间曝光的降噪处理需要花费和曝光时间相同的时长，也就是说，曝光时间 25 分钟，拍完照片之后，相机还要处理 25 分钟，期间不能照相、不能关机，因此，拍张星轨得花上近一个小时的时间。拍了一张发现不理想，想要重试的话又要近一个小时……终于，在

第3次拍摄后，相机在处理的过程中没电自动关机，处理中的照片也报废了，我也只好睡觉去了。

早上起床之后，我们协助 Mannie 把帐篷收起来，Mannie 带我们这个团真是享福了，我们除了帮他搭卸帐篷之外，还帮他洗碗什么的，不过说来也有点奇怪，一般来说，像 Wild Dog 这样的旅行社，会给我们这样的游客配备一个司机和一个厨子，两个人搭手干活也能快一些，不知道为什么这次只来了 Mannie 一个人。之前在和 Wild Dog 的工作人员网上沟通时，工作人员就说，给我们派来了一个全能的人。

颓废方丹

今天我们要参观的是一个联合国科教文组织认定的世界文化遗产保护地——颓废方丹（Twyfelfontein）。这里有许多石器时代保存下来石壁雕刻，据说超过6000年的历史。颓废方丹是南非语，大概意思就是不确定的泉水。据说直到二次世界大战之后，这里都没有欧洲白人居住，一次大干旱之后，一个南非的白人搬到了这里，并且发现了泉水。

上午11点左右，我们来到了颓废方丹，这里可真够热的，太阳暴晒，天空中一朵云也没有，天蓝得不像真实的一样，仿佛像是用图片处理软件处理过后的那种蓝。四周也没有什么植被，不远处的山上光秃秃的，只有石头。下了车之后，由一个当地的工作人员带我们参观。从接待处步行几百米，我们就来到了山脚下。向导跟我们介绍了一些历史背景知识后，就带我们爬上爬下，参观刻画在石头上的各种图案。毕竟是6000年前的作品，画工很原始、粗糙，但是还是可以清晰地辨认出长颈鹿、大象、狮子等图形。工作人员说，当时原始人是出于教学目的，也就是教育小孩子们认识这些动物，才把这些动物刻在石头上的。对此我很是怀疑，又没有文字记载，怎么能够得知他们制作这些石刻的目的？

在车上吃完午饭，我们继续前进，途中 Mannie 停下车，让我们看看路边的一棵植物。下车一看，在一堆碎石里，长着一棵绿色的植物。这棵能在沙漠中生长的生命力超强的植物叫做千年兰，一般可以活 1000 多岁。我们目前看到的这棵比较小，估计 200 多岁。千年兰根部发达，长达 10 米，可以很好地吸地下水，因此可以在干旱的沙漠中存活。

我们今天晚上还是睡帐篷，营地的名字叫做 Madisa Campsite，营地附近有一些大象的脚印和粪便。沙漠里怎么也会有大象呢？ Mannie 介绍说，当年建立埃托沙国家公园时，围着公园一圈建造了围栏，一些被围栏拦在外头，无法进入国家公园内的野生动物们从此散落在外，逐渐适应了沙漠的气候。因此，在这边的沙漠里，生活着大象、长颈鹿、斑马、剑羚等野生动物。看着这茫茫沙漠，不禁令人感叹生命的顽强。

天黑了，又到了拍摄星星的时候，总结了前一晚的经验，我终于拍了几张还算满意的星轨照片。

2 月 11 日，今天我们要横穿沙漠，向大西洋沿岸的城市——Swakopmund 行进。路上经过一个小山头的时候，Mannie 停车休息，旁边有一些当地妇女在兜售纪念品。她们穿着色彩鲜艳的衣服，有点像电视上见过的 19 世纪欧洲宫廷里的晚礼服和帽子，原来这些就是著名的赫雷罗

人（Herero）。赫雷罗是游牧民族，主要生活在纳米比亚北部和安哥拉南部。赫雷罗人有着一段悲惨的历史：德国人占领纳米比亚之后，由于家园被占、财物被征收、人民被奴役，赫雷罗人奋起反抗，德国军队因此对赫雷罗人进行了疯狂的灭绝追杀，3 年左右的时间，原本百万人口的赫雷罗人只剩下 1 万多人，几乎濒临灭绝，而且至今德国拒绝对此灭绝行动道歉。他们现在的奇特服饰，是在吸收 19 世纪德国殖民者的服饰的基础上形成的，一直保持至今。

离开山地，进入沙漠地带。笔直的道路的北侧就是一望无际的平整的沙漠，白色的沙漠配上蔚蓝的天，简单的线条和色调拍出来的照片还挺好看的。在进入 Swakopmund 之前，我们先要去十字角（Cape Cross）看海豹。在这里的沙滩上，生活着数十万只海豹。来到海豹聚居地，刚一下车，就闻到扑面而来的腥臭味。为了保护海豹，同时也保护游客，这里修建了一条栈道，游客们可以沿着栈道走，观看栈道外的海豹们。在靠近海水的地方，海豹的密度特别大，密密麻麻的，估计有密集恐惧症的人可受不了这个景象。

傍晚时分，我们到达了 Swakopmund，在荒郊野外玩了好几天之后，我们终于进城了。晚上李姐、强哥和程姐请我们一家三口和 Mannie 去当地有名的 The Tug 餐馆吃饭，说是要感谢我组织了这次旅行，也感谢 Mannie 一路上专业的向导。其实一路上他们帮助照看儿子，我们应该感谢他们才对。

The Tug 就在海岸边上，餐厅里人满为患，还好李姐提前一天通过 Mannie 预订了座位。这家餐厅以海鲜闻名，味道还不错，当然价格也相对会贵一些。晚餐时分，按北京时间来算，Ellen 的生日已经到了，大家一起祝 Ellen 生日快乐。

乘船出海

2 月 12 日是自由活动的一天，也就是说，今天的游玩项目、餐饮什么

的，都不包含在之前支付给 Wild Dog 的费用中。主要有以下这么几个项目可以选择：坐船出海看海豹、海豚什么的；乘坐小飞机飞行几个小时，从高空观赏沙丘、大西洋海岸等风光；跳伞；自驾沙地摩托。这些项目最好都要提前一天以上预订。我们通过 Mannie 提前一天预订了坐船出海和跳伞，当然，出海大家一起出，跳伞只有我一个人跳。其实坐小飞机也是一个不错的选择，除了可以在高空看看红沙丘，欣赏欣赏蓝天、大海和沙漠连在一起的景色之外，还有可能可以看到纳米比亚沙漠的一个奇特景象，那就是沙漠怪圈。纳米比亚沙漠上分布着无数直径在 2—13 米的类似圆圈的形状。至今为止，科学家对这些怪圈的形成原因没有明确的结论，只能说是白蚁形成的可能性大一些。在地面上并不能感受到这个景象的震撼，在高空中就可以看到，沙漠上密密麻麻都是圆圈。我还挺想一睹这个奇观的，可惜 Mannie 说大部分的小飞机只有 5 个座位，而我们有 6 个人，总不能把儿子一个人丢下吧。后来 Mannie 打了多个电话，联系到可以乘坐 6 个人的小飞机，不过报价都挺高的，再考虑到是否能看到这个景象还要看天气好不好，如果云雾太多飞行是会取消的，所以最终我们还是放弃了。

早上用过早餐，安排出海看海豹的车来接我们了，一路上又接了几个游客之后，我们来到了鲸湾（Walvis Bay），这里是纳米比亚非常重要的一个深水港，我们在这登上了小船。船上的向导向我们介绍了一下今天的行程，说是一会儿会有海豹爬上船来。船行至大海中央，速度放缓了下来，这时一只巨大的海鸥停在了船头的甲板上，向导提了一桶鱼过去，喂给海鸥吃，游客们也被吸引至船头，纷纷给海鸥拍照。儿子由于动作慢，还在船尾呆着，正准备往船头走，这时候，一只海豹从船尾跳上船来，摇摇摆摆地向船头“跑”去，经过了儿子的身边，儿子惊喜地大叫了起来。这时大家才发现这只憨态可掬的海豹，都跑到船尾，把那只海鸥又晾在一边了。

虽然这些海豹是野生的，但是每天都有这样的旅游项目在进行，它们也习惯了，只要看到这些小船速度减慢了，它们就拼命地想要跳上来，为什么？因为上来了之后有鱼吃。向导先示范了一下怎么拿鱼喂给海豹，之后就让我们自己尝试，海豹吃饱了之后就跳进了海里。一路上先后有几只海豹跳上来，停在船上的海鸥就更多了。

小船来到一片沙滩附近，上面也是密密麻麻的到处都是海豹，还有火烈鸟在一旁飞来飞去。沙滩的另一侧有一个古老的灯塔，离岸不远的海里有一艘沉船。说到沉船，让我想起纳米比亚的一个叫做骷髅海岸的地方，由于水流急、风大的缘故，常常有船在那附近沉没，水流把破碎的船体、一些丧生的船员的骸骨以及一些动物的骸骨冲上了岸，因此得名。现在骷髅海岸也是来纳米比亚旅游的一个重要的目的地，不过这次我们时间不够，没有安排。

在午饭之前，我们幸运地看到了海豚，不过海豚露出水面的时间较短，一会儿就不见踪影了。船员们为我们了准备了午饭，其实就是一些小糕点、三明治什么的，以及香槟、啤酒什么的饮料，唯一的大餐就是新鲜打捞上来的生蚝。

伞没打开？

饭后我们就返航了，回到酒店后，李姐、强哥和程姐去市中心逛逛，Ellen 和儿子去看我跳伞。跳伞活动的联络办公室就在我们入住的酒店的二楼，在纳米比亚跳伞，价格比当年在新西兰跳伞便宜了许多。人员到齐了之后，我们坐上车，前往跳伞基地。今天天气不够晴朗，满天的云，当年在新西兰跳伞的时候就是阴天，因此我很希望能够体验一下大晴天一望无际的跳伞感觉，没想到天公不作美。

基地就在沙漠中，离城市约半小时的车程。到了之后，就开始了漫长的等待。每次跳伞的过程是这样的：坐小飞机飞上天，大概有个 20—30 分钟的飞行，顺便可以看看风景，之后就是跳伞。当然，不是自己跳，还是绑在教练身上跳的。人落地之后要过一阵子飞机才下来。由于只有一架飞机，每次只能 2 个人跳伞，飞机往返一趟要 40 分钟左右，虽然跳伞的人不多，还是要等很长的时间。期间还出了一个插曲，一位瑞典姑娘跳伞的时候，估计是主伞出了问题，教练直接把主伞从空中扔了下来，打开了副伞降落的。我们在地面上就看到一包没打开的降落伞从天而降。下来之

后，我们问那个瑞典姑娘怕不怕，结果她完全不知道主伞出问题的事。

终于轮到我了，天空的云也散了许多，这下跳下来的视野好多了。在飞机上就可以看到海水与沙漠交接的海岸线。跳出舱门，经过一段自由下落之后，教练打开了伞。和之前在新西兰跳伞不同，这次教练让我操作了一会儿降落伞的方向控制绳。由于在大西洋沿岸，风很大，我们在高空飘来飘去，和在新西兰跳伞的体验完全不同。

回到酒店，天色已经很晚了。我们和李姐他们会合，找了一家中餐馆吃晚饭，再次为 Ellen 庆祝了一下生日。

穿越南回归线

2 月 13 日，离开酒店，Mannie 先带我们又一次来到鲸湾，去湖边看火烈鸟。可惜太阳一直躲在一大片云彩的后面，缺乏阳光的照射，火烈鸟鲜艳的颜色无法显现出来。湖畔的景色非常怡人，旁边还有一排排漂亮的房子，不知道这里的房价多少。之前和 Mannie 聊过，纳米比亚的房价不低，首都或是海边城市的房子，100 多平米的，也要好几百万人民币一套。我们在湖边碰到几个在当地工作的中国人，我们想他们感叹这里的环境多么的好，他们说，那是你们没有看到不好的一面。

离开大西洋边的城市，我们又要向人烟稀少的地方前进了。行车不久，我们就穿越了南回归线，这里还立着个牌子，上面用英语写着南回归线：Tropic of Capricorn。继续前行，路边的沙漠远处，有着一排树，蜿蜒的排向远方。Mannie 说，现在气候变化很大，以前雨季的时候，这里有一条小河，这些树都是沿着河岸边长着的，现在河完全干枯了，只剩下这些树证明着曾经的河水流向。

渐渐的，沙漠中出现了几座小山，我们进入了这个小山区，周边的每一个光秃秃的小山丘就像被巨大的钉耙耙过一样，上面有着一道道的耙痕，应该是地壳运动留下的印记。

中午时分，我们来到了一个小镇，名叫 Solitaire。刚进镇，就看到路边的沙子里横七竖八地躺着几辆废弃的汽车，应该是当年德国殖民者留下的。这小镇真可以算是沙漠中的一块绿洲，镇上到处都是鲜花、仙人掌以及一棵棵郁郁葱葱的树。Mannie 说镇上有一个糕点店，是一个德国老人开的，制作非常正宗的德国糕点，可惜这个老人前不久刚刚去世。由于纳米比亚曾经是德国殖民地，来这里旅游的德国人特别多，我们这一路碰到不少，在 Solitaire 也是，有一个德国游客还用中文跟我打招呼，然后用蹩脚的口音说“我是德国人”。

离开小镇，继续在沙漠中的沙砾路上前行，一路上没有什么其他车子。突然，前方远处的路边出现了一辆侧翻在地的车子，Mannie 赶忙停车，我和他一起下车跑过去看看是否还有人在车内需要救助。到了车旁边一看，满地的碎玻璃，车里已经没有人了，看来已经被其他的车救走了。Mannie 说，在这种沙砾路上开车，千万不能开太快，他一般就保持 80—100 公里的时速，有些人为了赶路，开到 120—140 的速度，特别容易翻车。看来纳米比亚交通事故高发不是浪得虚名的，以后大家来这里自驾，一定要控制好速度。

5 点多，我们来到了今天的目的地 Sossus Dune Lodge，这是位于沙丘国家公园里的唯一的酒店，当然价格也不菲。25 个茅草屋一字排开，面对着茫茫的沙漠以及远处的山谷。酒店前台和餐厅位于正中间，通过高出地面 1 米多的栈道通往每个小屋。茅屋里的装修很有特色，面积也挺大，除了卧室、洗手间，还有一个宽敞的阳台，可以在这里悠闲地观看日出日落。

休息片刻，Mannie 就带我们去看日落了。据说是因为这里的沙富含铁元素的原因，都呈现红色。我们来到一片红色的小沙丘上，静静地等待太阳从对面的山谷上方缓缓落下。可能是由于阳光照射在红沙丘上反射的原因，对面的山脉也呈现出淡淡的红色。

回到酒店，在露天餐厅享用丰盛的晚餐，看菜单这里吃饭价格也不便宜，但是我们支付给 Wild Dog 的费用是包括这个酒店的三餐的，因此就无所谓了，敞开了吃。月亮已经升起，天气也凉爽了下来，我们边吃饭边赏月，以及满天的繁星。

死亡谷的专业推车手

2 月 14 日，我们 5 点就起床出发，前往死亡谷看日出。由于我们住在国家公园内，不用太早起来，那些住在公园外的游客，如果想看日出，必须 4 点就起床出发。

在沙漠上行车，必须四轮驱动的车辆才不容易陷在沙里。而要到达死亡谷，有一段车程是没有路，要在沙上开的，因此，我们接受了 Mannie 的建议，乘坐我们的面包车来到这段沙漠边上，换乘酒店提供的四驱车，当然，需要额外付费，每人，130 纳米比亚币，小孩免费。如果不想换乘四驱车的话，最后一段路也可以徒步，好像有个几公里的距离。

这辆四驱车是完全敞篷的，清晨的风凉飕飕的，吹在身上还有点冷。下了车之后，还有一小段路要徒步走。在沙漠里徒步速度肯定比较慢，我穿着凉鞋，感受到缺乏阳光照射的沙是多么的冰凉。终于，翻过一个小沙丘之后，死亡谷在眼前了。Mannie 给我们介绍了一下这些枯木形成的原因：将近 1000 年以前这里有一条河，在河水的滋润下生长着许多的树木，由于沙丘在风的作用下缓慢移动，逐渐阻断了这条河流，树木干枯而死，由于天气干燥，枯木不朽，依旧屹立在被沙丘围成的白色谷底。

红色的沙丘围绕着形成了一个盆地，盆地的白色地面比较平整，上面屹立着许多枯死而不倒的树木。太阳刚刚升起时，向阳面的沙丘呈现鲜艳的红色、背阴面的沙略显黑色，白色的谷底上拉出了长长的枯木的倒影，形成了美丽的光影组合。死亡谷的背后，就是高达 400 米左右的老爸沙丘（Big Daddy），据说是世界上最高的沙丘。

等到太阳完全升起之后，阳光从高空直射下来，缺乏背阴面的黑色衬托，画面显得单调了许多。大批的住在国家公园外的游客这时候才来到，错过了最佳欣赏时间。

离开死亡谷，坐四驱车返回，路上看到一些自驾的游客开着车闯进了沙漠，果不其然，一辆车陷在了沙里，轮胎原地打滑，动弹不得。我们这辆车的司机、Mannie、强哥和我下车来帮他们推车，经过大家的努力，“沦陷”的车终于离开了这片地带。我们正准备走，没想到又一辆车又陷进去了。就这样，我们前前后后一共推了 3 辆车。

回到了我们自己的车上，Mannie 开车带我们去看著名的 45 号沙丘。因为这个沙丘距离公园门口 45 公里而得名。由于 45 号沙丘线条婀娜、外观优美，成了来这里旅游的人们必到的地方。同样，我们到的时候已经是烈日高照，红沙丘缺乏阴影的衬托，我们决定先回酒店休息，等日落时分再来，这就是住在公园里的优势。在返回酒店之前，Mannie 带我们来到了酒店附近的 Sesriem Canyon 峡谷，让我们下到谷底走一走。虽然外面烈日暴晒，酷热难耐，谷底还是很凉爽的。谷底的地形地貌也比较奇特，蜿蜒

45 号沙丘

的小路两边就是高高的狰狞的山谷石壁。我们沿着小路一直走到头，爬过一块巨石之后，可以看到一个泉眼，里面有一点水。Mannie 说，以前雨季的时候，谷底会形成一条河流，比如 2012 年的时候，谷底的河水就有 4 米左右深，也就是说，2012 年时，我们现在站的地方就在水下 4 米。

返回酒店，在大批游客顶着烈日在沙丘中玩耍的时候，我们在房间里休息，等到夕阳西下，我们再次出发。一路上经过了好几个美丽的沙丘，正是拍照的好时候。

来到 45 号沙丘，此时几乎没有什么其他游客，我们拍够照片之后，开始攀登沙丘。虽然阳光已经不强烈了，但是在这干燥的沙漠上攀登，没多久就觉得口感舌燥。天色也有点晚了，就不登顶了，在高处四周眺望了一阵后，我们就下沙丘了，在沙漠中欣赏了日落之后，乘车返回。

如果没拍够 45 号沙丘的照片的话，第二天一早还可以再来，不过我们决定不折腾了，第二天早上用完早饭，离开了沙丘国家公园，直接向下一个目的地前进。

鬼　城

今天我们又要露营了，营地的名字叫做 Klein Aus Vista Campsite。这里既可以露营也可以住小木屋，营地前台提供免费 wifi 信号，在沙漠里过了 2 天与世隔绝的生活后，我们在这里上上网，重新融入一下现代社会。

晚上，月光非常的亮，在城市里很难体会到这种四周没有任何灯光，但是凭借月光到处走动毫无障碍的感觉。由于这里离大西洋沿岸不远，晚上的时候风还挺大，还得穿件长袖衣服保暖。

一早起床，用过 Mannie 准备的早饭之后，我们出发寻找野马。在这附近，生活着几百只野马，据说可能是早年德国殖民军团的军马，散落在“民间”，逐渐适应了沙漠的干燥缺水的气候，身体也变得瘦小了许多。

我们驱车来到了一个搭建好的观景点，也就是一个像瞭望所的小屋子，对面就是一大片沙漠，沙漠中间有一个人造的小水池，这些野马会不时来这里喝水。可惜等了老半天，只看见 3—5 只野马，以及 2 只剑羚。

离开野马，我们向鬼城卡曼斯科（Kolmanskop）前进。卡曼斯科是距离大西洋沿岸约 10 公里的一个小镇。1908 年，德国人在这里发现钻石之后，就引发了淘钻石热，人们蜂拥而至，逐渐建成了一个小镇。但是随着钻石逐步被开采完，以及新的钻石产地被发现，这个小镇就被抛弃了。由于这里风沙特别大，荒废的小镇很快就被风沙吞噬，到处可以看见半埋在黄沙里的破旧房子，如今也成为纳米比亚的一个著名旅游景点。

鬼城每天仅早上对游客开放，9:30 和 11 点各有一场由当地讲解员带领并讲解的参观，费用包含在门票里了。当然，游客也可以不跟随讲解员，而自己游览。我们赶上了 11 点的这场讲解，除了我们这几个中国人以外，还有几个来自欧洲的游客。

讲解员给我们讲解了一下小镇的历史，之后就带我们参观一个展厅，里面有很多历史照片，还有一些很有趣的展品，那就是当时挖钻工人如何想方设法把钻石偷出来的设备，比如在鞋底挖个洞之类的。当然，同时展出还有如何防止工人偷钻石的检查设备。

离开展厅，讲解员带我们参观了屠宰场、市政厅、学校，以及当时小镇上最富有的人的家，大部分都非常的破旧，屋里面到处都是黄沙。讲解员指着一幢房子说，不知道为什么，这桩房子是最受游客欢迎的，很多人在那里拍了照片放到网上。

讲解完毕，我正思忖要不要付小费，结果看那几个欧洲游客头也不回就走了，那我也不出这个头了，感谢了一些讲解员，我也转身走了，开始自己参观。

我走进几个被黄沙掩埋了大半的房子，里面残垣断壁，楼梯塌了一半，上楼有点危险，二楼的地板也到处是洞。随后，我来到那个最受游客欢迎的房子，进去一看，里面墙壁还保存着当年的色彩，有些房间几乎被黄沙淹没了，拍出来的照片的确好看，可惜此时阳光没有照射进来，否则可以拍出非常不错的照片。

返回车上，Mannie 刚一启动汽车，黄沙就从车上空调的出风口喷了出来，看来这里真是不适合人类居住啊。

继续再开车不多久，我们来到了小镇吕德里茨（Luderitz）。入住酒店之前，Mannie 先驱车带我们在镇上转了一圈，小镇很小，2—3 分钟就兜完了，之后我们来到镇上的一个制高点，一个小山坡上，还有一个漂亮的小教堂，从这里可以居高临下眺望大海，我们的酒店就在大海旁边。山坡上的风非常的大，我的帽子都被吹飞了。

入住酒店后，有一个好消息，那就是我们终于见到电梯了。入境纳米比亚之后，这还是第一次看到电梯。入住后休整片刻，我们就出门徒步走到小镇中心逛逛，不过实在是没什么可逛的，也就主街道上有一两个纪念品商店，我们买了点纪念品就回酒店了。

近距离接触

2 月 17 日，我们离开海边，又一次向内陆前进。经过鬼城后不久，

Mannie 在路边停下，让我们看看不远处小山坡上的铁轨。原来铁轨的一段已经被风沙埋没，看上去就像是一段通往沙丘内部的铁路。我以为这铁路应该有些年头了，没想到 Mannie 说这是 3 年前才修建的铁路，这里风太大，没办法，没多久铁路就会被埋，每天都有工作人员在清理铁路上的风沙，但是人手不足，清理赶不上掩埋的速度。我们大家在这段奇特的铁轨上拍了照，Mannie 不知道怎么做到的，居然从沙里抓出来一只小蜥蜴让我们看。他说这蜥蜴虽小，跑得非常快，让我们注意看，说着就把蜥蜴放回了沙上，果然，蜥蜴飞一样地跑起来，不过不是向远方跑，而是向我们的脚底下。Mannie 说，蜥蜴一定是错把我们当成大树了，要躲在树下乘凉。

今天又是赶路的一天，不过一路上并不无聊，看到了横穿公路的野马，路边的景色，除了沙漠之外，有些地方的地形还有点美国大峡谷的感觉。事实上，从这里再往南几十公里，就有号称是（Mannie 说的）世界上第二大的峡谷——鱼河谷（Fish River Canyon），不过我们这次行程没有安排去那里。

下午 4 点左右，我们来到今天的目的地 Keetmanshoop，我们入住的是箭袋树森林营地（Quivertree Forest Campsite）。运营这个营地的是一家白人，估计是德国后裔。一个30岁左右的白人女子光着脚走来迎接我们，她让我们选择一下希望入住的房型。这里除了正常的平房以外，还有一种像是太空舱的房子，圆圆的全金属的，我们进去看了一下，还是住平房舒服。营地主人一家养了很多动物，一会儿工夫，我们就看到了包括德国牧羊犬在内的不同种类的狗，院子里还有一只野猪（注意不是猪，是野猪）在走来走去，不远处的栅栏里还可以看到牛和马，当然，最值得一提的是这里养着猎豹，而且，喂猎豹的时间就要来了。

2只猎豹被铁丝网围在一大块空地上，女主人先跟我们介绍了一下猎豹和花豹的区别，之后就拿了一大桶肉，把其中一只比较凶猛的猎豹带到远处去，留下据说是温顺一点的那只。趁着猎豹正吃得欢的时候，她打开门，让我们进去，我们就站在猎豹5米开外的距离对它拍照。拍了一会儿，我问女主人，能不能靠近猎豹和它合个影，女主人指了指距离猎豹半米左右的地上说，就站这吧，于是我就和忙着吃肉的猎豹拍了张不算亲密接触的合影。我本来还想问问能不能摸摸猎豹，后来想想还是算了。离开猎豹的时候，我脚底突然一痛，低头一看，居然是一种树上长的刺掉落在地上，

刺穿了我的凉鞋，扎到了我的脚趾，还好没有破皮。据说长颈鹿挺喜欢吃这种树的树叶的，不知道它们的舌头是怎么对付这些坚硬的刺的。

其实这些动物并不是这里最大的特点，别忘了这里叫做箭袋树森林营地，最大的特色当然是箭袋树了。我们住的小屋后面的小山上，就长着许多箭袋树。其实箭袋树并不是真正意义上的树，而是一种芦荟。因为当地的土著人将这种树的树枝掏空，用来制作弓箭的箭袋，因而得名。全世界范围来看，箭袋树基本上就分布在纳米比亚和南非，而且，这满山的箭袋树并不是人工种植的，而全部是自然生长而成的，这里最老的箭袋树大概有 300 多岁了。

我们几个爬上小山，准备等待日落。在箭袋树林中穿行的时候，我突然看见 2 只色彩鲜艳的小蜥蜴趴在大石头上。我们小心翼翼地靠近，对着它们一阵狂拍照片。

等了半天，太阳还不落下去，这里天气挺干燥的，我决定先返回屋里喝点水再来。在动身下山的时候，突然看见离自己不到半米的草丛中一阵乱动，之后钻出了一只约 2 米长，面目狰狞丑陋，吐着长舌头，浑身颜色灰不溜秋的蜥蜴，向远处爬去，想想还挺恶心的，不知道这种蜥蜴会不会攻击人类。

补充了点水分，返回小山上，这时天上出现了一道彩虹，在夕阳的斜射下，箭袋树也呈现出火红的颜色。我们拍了一些日落的照片之后，在天完全黑之前，赶忙下山了，我们可不想等天黑了在路上和大蜥蜴之类的不期而遇。

今晚虽然不是睡帐篷，但这个营地不提供晚饭，不过提供做饭的地方。天黑了，Mannie 也已经准备好了晚饭，大家也都饿了，大口吃了起来。远处传来的雷声，顺着雷声望去，可以看到远处的闪电，看来那里正在下雨。

那场雨终究没有下到我们这里，第二天早上，依然艳阳高照。在离开这个地区之前，我们还有一个地方要参观，那就是巨人游乐场（Giant's Playground）。这又是一个地质奇观，不知道大家有没有看到过藏区的玛尼堆，就是人为地把一个个的石头垒堆起来，达到祈福的目的。而这个巨人游乐场，有成千上万个石头堆，都是天然形成的，而且每个石头的块头很大，有些石堆是由几块巨石垒起来的，就像一个石头树。这些石头是由岩浆岩构成的，不知道是大自然的什么力量，在这一片看不到尽头的区域，立起来这么多的巨石堆。在巨人的游乐场，我们显得多么的渺小。

卡拉哈里沙漠

今晚将是 Mannie 陪伴我们的最后一个晚上，明天到达温得和克后，Mannie 就要和我们分别了。因此，晚上我们要庆祝一番。离开巨石堆，途中经过一个小镇，我们到超市里采购了一些晚餐所需的食品，Mannie 还买了一大瓶香槟。不知道这个小镇叫什么名字，我们停车的不一会儿时间，好几个人过来向我们乞讨。

今天的行车距离不长，中午时分，我们就到达目的地了。我们入住的是卡拉哈里沙漠（Kalahari Desert）里的 Bagatell Game Ranch Campsite。先来介绍一下卡拉哈里沙漠，这也是一个红色的沙漠，颜色甚至比之前的红沙丘还要深一些。卡拉哈里沙漠不能算是一个严格意义上的沙漠，沙上存在着一定的植被，红沙与杂草、树木共存。

营地的面积非常非常非常的大，Mannie 先开车到营地管理处登记入住，拿了钥匙（用于开搭帐篷的地方的洗手间的），然后再开车到分配给我们搭帐篷的地方。因为地方大，有很多可以露营的地方，因此，不同的客人就住在不同的地方，相对独立一些。

吃完 Mannie 做的午饭，我们又返回营地的管理处，那里有个纪念品商店，还有酒吧，可以享用免费的茶和咖啡。酒吧外面就是个露天游泳池，在蓝天白云、红沙的衬托下显得特别的漂亮。我们在四周逛了一圈，然后就坐在酒吧里喝喝茶，消磨时光，等待傍晚时分营地组织的游览活动，Mannie 则回到我们搭帐篷的地方，开始准备晚上的大餐。

带我们游览的四驱敞篷吉普车来了，卡拉哈里沙漠之旅开始了。司机带着我们在沙漠里开来开去，这下我才意识到这个营地所占据的面积有多大，行车的这 2 个多小时都没有开出营地的边界。卡拉哈里沙漠的地形很有意思，非常有规律，横截面就像正弦曲线波一样，翻过一个沙丘，后面就是一个长满植被的盆地，之后又是一个沙丘，又是一个盆地……沙漠中不时可以看到跳羚、角马、长颈鹿、剑羚、鸵鸟等各种动物。因为沙漠中并没有现成的道路，司机常常沿着沙漠上的树开车，车速还很快。这些树正是长着之前刺穿我鞋底的那种刺的树，因此，每次车贴着树开过去，树枝被车推向前方再反弹横扫回来，打在敞篷吉普上靠边坐着的我的脸上，身上，非常的疼，我的衣服甚至被刺出 2 个洞。在我们的抱怨下，司机放慢了速度。

司机在路上看到一只大蜈蚣，下车把它捡起来，跟我们讲了半天关于蜈蚣的事，结果耽误了观看日落的时间。等我们到达指定观看日落的一个较高的小沙丘上时，太阳已经落了一大半了。其他游客乘坐的吉普车已经早已到达，正在喝酒庆祝。我们也赶忙下车，选取了工作人员提供的免费饮料，观看这最后一点余晖。

回到我们的帐篷地，Mannie 已经做好饭了，挺丰盛的，美中不足的是这里有一些大白蚁，我们野餐的灯光吸引了它们飞过来，挺令人讨厌的。晚上睡觉的时候，远处有两只不知道是什么动物向我们缓慢靠近，走近了才发现，原来是营地里饲养的马，大家虚惊一场。

返回首都

早上起来，大家想前几天一样，帮助 Mannie 收帐篷。强哥经过几天的练习，已经得心应手了。我跟 Mannie 说，如果你们需要一个会说中文的助手，强哥可以胜任。

以红色沙漠为背景，我们大家和 Mannie 一起合影留恋，随后就向首都温得和克出发了。随着离首都越来越近，路上的车也多了起来。下午，我们进入了市中心。Mannie 先带我们在市中心兜了一圈，带我们来到花园街（Garten Street）上，这里有一个工艺品中心（Craft Center），有好多个小店出售各种工艺品和纪念品，之后就带我们去酒店入住了。温得和克的道路很多是以历史上名人来命名的，比如伽利略街、贝尔街、施特劳斯街、李斯特街等，我们的酒店 Rivendell Guest House 就在贝多芬街上，不远处就是中国驻纳米比亚大使官邸。在酒店门口，我们和 Mannie 道别，并支付了他小费以对这么多天的专业服务的表示感谢。

休息片刻，我们决定去刚才 Mannie 带我们去过的工艺品中心买点纪念品。还好之前我问了一下 Mannie，在温得和克打出租车的价钱，Mannie 告诉我，一般是每人 10 纳米比亚币（这里的出租车只要没坐满，是可以随时上人的）。我问了一下酒店前台，送我们去市中心要多少钱，得到的答案是每人 60 纳米比亚币。走出酒店，我们拦了一辆出租车，一问价格，司机说要每人 30 纳米比亚币。终于，后来两辆出租车童叟无欺，按每人 10 纳米比亚币的价格送我们过去了。

工艺品中心出了纪念品商店之外，还有一个钻石商店，名叫 The Diamond Works。看来中国人是这里的一大购买来源，商店门口还专门有一个横幅，上面用中文写着优惠打折信息。买了一些纪念品之后，我们在市中心逛逛。市中心不大，城市的主要高楼大厦就集中在这里。

时间不早了，我们在李姐的提议下，来到市中心北边的乔的啤酒屋（Joe’s Beerhouse）用晚餐。这是一家著名的德国餐厅，提供非常正宗的德国啤酒以及德国猪肘等德国菜。这里的啤酒这便宜，中等大小的一扎生啤，只要折合人民币约 9 块钱，而且味道非常好喝。我们点了一堆猪肘，结果上了之后发现量太大了，根本吃不完，最终只好打包带回酒店第二天早饭再享用。

2 月 21 日，我们即将离开纳米比亚了。一大早，Wild Dog 的 CEO，一位上了年纪、非常和蔼的英国女士，来到酒店看望我们，表达了因为路途中车坏了对我们的旅程带来一定的影响的歉意。我们几乎都要忘掉了车坏了这件事，旅游嘛，总有一些意外的事件发生。

CEO 走后不多久，接我们去机场的车来了，回程一路顺利。

后　记

纳米比亚整体来说，经济水平较高，旅游线路成熟，治安也很好，挺适合作为一家人一起出游的目的地。来非洲旅游，大家第一个想到的肯定是看动物，纳米比亚除了动物之外，还有各种奇特的地形地貌以及为数不多的原始部落，旅游资源十分丰富。特别是红沙丘、红泥人，以及迷人的星空，深受摄影爱好者的青睐。可惜就是办理签证所需要的材料相对还是比较复杂的，衷心希望纳米比亚政府能够简化针对中国人的签证申请要求，也期待着再一次踏上纳米比亚的土地。

2016 年 5 月 31 日

刚果历险记

反洗钱！！

从纳米比亚回来，不知不觉已经过了2个多月，端午节也快来了，于是开始计划端午节的出游计划。端午节有4天假，再请3天年休假，可以凑出最多9天的假期，本来打算坐火车去西藏玩玩，结果没想到上网一查票，适合的日期的火车票居然都售罄了。想想国内节假日旅游可能会碰到的人山人海的场景，还是把目光投向国外吧。

9天的时间，对于出国游来说，稍微短了一点。正在满世界搜寻目的地的时候，我突然想起以前看到的关于刚果尼拉贡戈（Nyiragongo）火山的介绍，于是把目光注视在这个游客鲜至的地方。

为什么说游客鲜至呢？因为这个火山位于刚果东部靠近卢旺达的戈马（Goma）地区，这个地区在过去20多年来一直处于战争、叛乱以及一大堆不稳定因素之中。不过好在2014年，叛军在联合国的调停下放下武装，近2年来安全状况恢复了很多。

在网上做了研究之后，发现此火山属于维龙加（Virunga）国家公园。除了看火山，在维龙加国家公园还可以看大猩猩，而且所有在国家公园范围内的活动、住宿、刚果境内的交通接送，以及代办签证都可以通过国家公园的网页：visitvirunga.org来预订。网页上还提供了一些可信赖的承办在维龙加国家公园旅游的旅行社的联系方式。

从国家面积来看，刚果是非洲第二大、世界第十一的国家。整个国家非常贫穷落后，国内交通及不发达，很多地方没有陆路交通可以到达，维龙加公园位于刚果和卢旺达的边境地区，从卢旺达过去更为方便。因此，在权衡了所有信息之后，我初步定下了大致的路线：从上海出发搭乘埃塞俄比亚航空的飞机飞往卢旺达首都基加利（Kigali），从基加利陆路到达两国边境，过境至刚果的戈马市，开始大猩猩和火山之旅，之后再原路返回。但是，具体实施上还有很多细节问题不是很清楚，毕竟去维龙加旅游的人不论中国人还是外国人都很少，在网上很难查到详细的攻略。于是我给维龙加国家公园写了电子邮件询问一些事宜，同时也联系了几个卢旺达境内的旅行社。维龙加国家公园迟迟没有回信，几个旅行社中，一家叫做 Amahoro 的旅行社很快就给我回了信，表示提供这样的解决方案：他们到卢旺达首都基加利机场接机，开车送我进入刚果，住宿在戈马市内，带我去看大猩猩和火山，最后送我回基加利，包含每天的早午餐，全程向导陪同，费用 2000 美元。鉴于国家公园一直没有给我回信，戈马地区的到底安全局势如何我也一无所知，再加上这家旅行社又非常的热情，于是我决定就通过他们包办这次旅行了。算了一下，他们的报价比我直接通过国家公园预订要高出几百美元，通过之后的邮件沟通讨价还价，我把价格压到 1900 美元。

由于代办刚果签证、购买登火山许可和看大猩猩许可什么的需要提前付费，Amahoro 旅行社要求我先支付 1300 美元，剩余的等到了卢旺达再付现金。于是我把信用卡信息发给了他们，结果居然扣款不成功，换了张银行卡，还是不成功，打电话问了银行，也不知道怎么回事。离我预计的出发日期不到 20 天的时间了，只好采取汇款的方式了。打开工行的手机 APP，居然有国际转账功能，真不错。我输入了 Amahoro 旅行社的账号信息，在汇款的备注里写上了"Congo Tour"（刚果旅行），手机显示汇款成功，剩下的只是等待对方收到汇款了。

等了 2 天，对方说还没收到钱，正纳闷怎么这么慢，收到了银行工作人员的电话，说是系统自动识别到了我的汇款备注里的刚果字样，由于刚果属于敏感地区，根据反洗钱法什么什么的，此笔汇款被扣下了，要我说明汇款的目的。我说就是旅游啊。工作人员说，那需要提供和旅行社签署的合同，我说，只有邮件沟通的记录行不行，工作人员说，先发过来试试。

我把我和 Amahoro 旅行社之间沟通的邮件，包括去刚果的具体行程安排发给了工行的工作人员，他收到之后，说是会向上级反馈，申请批准我的汇款，应该问题不大。没想到过了两个小时，他又给我打电话说汇款被拒绝了，必须是正式的合同才行。我说那我重新申请一次汇款，备注栏里就不写"刚果"字样行不行，他说，也不行，因为汇款目的地是卢旺达，一样是反洗钱严控的地区。不至于吧，就几千块人民币的金额。

其实在和 Amahoro 旅行社邮件沟通的过程中，维龙加公园的工作人员已经给我回信了，很详细地回答了我的问题，而且给我提了一些建议、提供了一些相关的信息。现在好了，钱汇不过去，我可以名正言顺地放弃 Amahoro 旅行社，直接向国家公园预订住宿和各项活动了。维龙加国家公园的网站服务器以及银行账户都在美国，在网页上预订之后，直接通过信用卡在线支付就行，非常方便。我打算在他们的两个住宿点——Mikeno Lodge 和 Bukima Tented Camp 各住一个晚上，Mikeno Lodge 位于国家公园总部，环境很好，住的是建造好的小木屋，而且住在那里可以参观大猩猩孤儿院什么的；Bukima Tented Camp 是观看大猩猩的徒步路线的出发处，住宿条件一般，就是搭建好的帐篷。这两个住宿点都挺贵的，单人间每天 316 美元（含 3 餐），双人间 450 美元。网上显示，端午节前后 2 周 Mikeno Lodge 都没有空房，而 Bukima Tented Camp 空房充足，我赶忙下单预订并支付了一晚 Bukima Tented Camp，同时写邮件询问国家公园的工作人员还有没办法预订到 Mikeno Lodge，没想到工作人员会信说 Mikeno Lodge 还有空位，而 Bukima Tented Camp 在我想预订的那天反而已经订满了。看来网站上显示是否有空位并不准确，还是要和他们邮件确认为准。

在工作人员的帮助下，我调整了行程，最终定下的行程如下：6 月 5 日入住 Bukima Tented Camp，6 月 6 日徒步看大猩猩（400 美元），当晚入住 Mikeno Lodge，6 月 7 日爬火山（爬山许可 300 美元，含山顶住宿），当晚住在火山上（我同时预订了山上的餐饮服务，也就是会有一个厨子跟着我爬山，做饭给我吃，费用 55 美元），6 月 8 日下山，返回卢旺达。由于戈马地区的安全问题，国家公园建议游客预订他们的汽车接送服务，全程有持枪护卫陪同。这个接送服务不便宜，而且价格是按人头算的，所以人多并不能摊低费用。按照我的行程，我订了以下的接送：6 月 5 日从戈马边境前往 Bukima Tented Camp（94 美元），6 月 6 日从 Bukima Tented Camp 前往 Mikeno Lodge（38 美元），6 月 7 日从 Mikeno Lodge 前往 Kibati Post（登火山的出发点）（56 美元），6 月 8 日从 Kibati Post 前往边境（28 美元）。

一整套定下来，包括代办签证的 105 美元，总共 1708 美元，真不便宜。

之前因为存在去不成的可能，一直没有买机票。埃塞俄比亚航空允许在线预订机票时，在付款前保留 24 小时，因此，从和 Amahoro 旅行社联系的那天起，我每天上埃塞俄比亚航空的网站上订一次机票，保留 24 小时，第二天再继续，以防止出现票价暴涨或是票售罄的情况。现在终于可以付款出票了，票价总共 7388 元，只比最初时涨了不到 20 块。这时距离我的出发日期只有不到 2 周的时间了。

差点忘了，还有个重要的事项就是卢旺达签证。世界上大部分国家的公民前往卢旺达都需要签证，不过可以在线办理电子签证（www.migration.gov.rw），只需在网上填写一些简单的资料，3 个工作日出签，非常方便。电子签证只有单次入境的，价格 30 美元，入境时现场支付。因为我需要两次入境，所以提交了两份申请。

整个行程确定了下来，头尾一共只要 7 天，我就不用带太多东西了，除了相机和几件衣服之外，我还带了一个睡袋和几件厚衣服，在火山顶上的时候需要用。东西不多，一个背包就够了，因此坐飞机时也不用托运行李了。

对了，还有一段行程我没有事先预订，那就是从卢旺达首都基加利往返刚果的戈马市的陆地交通。维龙加国家公园建议游客乘坐出租车（公园工作人员甚至发给我他们信赖的一位出租车司机的联系方式）从基加利前往边境城市 Gisenyi，再过境到戈马，但是打车的费用要至少 100 美元。从基加利前往边境城市 Gisenyi 可以乘坐大巴，费用只要 4 美元左右，那我当然选择坐大巴啊。这条线路有几个大巴公司经营，其中 Virunga Express 的评价比较好。但是在网上怎么都查不到大巴车站的地理位置，连谷歌地图上也没有标记，只能到基加利以后再询问当地人了。

历史课

插播一下关于我要去的地方的一些历史信息，有助于读者了解为什么刚果东部一直处于战乱之中。其实，刚果和卢旺达这两个国家有着千丝万缕的关系，刚果东部的不稳定，很大程度上是卢旺达造成的。当然，历史就是一场罗生门，不同的人对历史有着不同的认知和表述，这里我提供的只是在阅读了各方面资料之后我自己的见解。

先说说卢旺达的情况。卢旺达人主要由两个种族构成——图西族(Tusi)和胡图族（Hutu）。其实这两个族的人语言相同，在长相、生活习惯、服饰上并没有明显的差别。整体上来说，图西族的人数较少，相对富有一些，个头也相对高一些。其实与其说是两个种族，不如说是两个社会阶层——富有的图西阶层和相对贫穷的胡图阶层。事实上，富裕起来的胡图人也可以变成图西族。西方殖民者来了之后，采取利用图西族人对胡图族人进行管理的方式，引起了胡图族人的不满。而且殖民者采用了在身份证件上标明种族的方式，导致两个族人员固化下来。由于胡图族人开始反抗，比利时殖民者开始转而支持胡图族，将政府管理层中的图西人全部撤换下来，并默许胡图族对图西族的迫害，导致一批图西族人逃亡到刚果和乌干达，并在乌干达成立了叛军“卢旺达爱国前线（Rwandan Patriotic Front）”与政府作战。

胡图族政府长期宣传对图西族人的仇恨，埋下了大屠杀的种子。1994年4月6日，搭乘有卢旺达总统和布隆迪总统的飞机在卢旺达首都基加利上空被击落，2位总统丧生。是图西人干的还是胡图人干的至今都没查清楚，不过已经不重要了，这件事成为了卢旺达大屠杀的导火索，1994年4月7日起，在胡图政府的鼓动下，卢旺达境内的胡图人开始对自己身边的图西人展开了为期100天的大屠杀。很难理解人类为什么可以这么疯狂，昔日的邻居、同学、教父、朋友突然就成为自己的屠杀对象。大批图西人逃往到刚果东部。于此同时，盘踞在乌干达的卢旺达爱国前线开始反攻，以保护自己的族人，并且在战争中逐步取得了胜利，占领了整个卢旺达。在卢旺达爱国前线反攻的过程中，也存在着一些屠杀胡图族人以报仇的行为，当图西人取得胜利之后，一大批胡图人担心被清算，也逃到了刚果东部。

关于这段历史，可以看看电影《卢旺达饭店》。

再说说刚果，世界上有两个刚果，一个刚果民主共和国（由于是比利时的殖民地，殖民时期称为比属刚果），首都在金沙萨，因此也被称为刚果（金），一个刚果共和国（曾经的法国殖民地，称为法属刚果），首都在布拉柴维尔，又称刚果（布）。我这次要去的是刚果（金）。两个刚果好像并不是由一个国家分裂出来的，而是都用了刚果河的名字来命名。

1960 年，比属刚果独立。1965 年，Mobutu 当选总统，开始了长期的独裁统治。由于他强烈的反共产主义的姿态，独裁政府受到美国大力支持，1971 年，Mobutu 将国名改为“扎伊尔”。

在刚果东部本来就有一些图西人居住，在卢旺达胡图人对图西人的长期迫害期间，又有大批图西人逃到刚果东部，但是这些图西人在刚果依然不受当地主体民族的待见，常常受到迫害和屠杀。后来图西人在卢旺达夺取政权之后，逃到刚果东部的胡图人继续在那里迫害当地的图西人，卢旺达政府决定出兵刚果，解救自己的同族，开启了第一次刚果战争，并得到乌干达和安哥拉的支持。最终叛军一路打到扎伊尔首都金沙萨，推翻了腐败的独裁政府，建立新政府，并把国名改成刚果民主共和国。

新政府由 Kabila 担任总统，他担心自己成为卢旺达等外国的傀儡，于是将这些外国势力赶了回去。后来，刚果东部的图西人又在卢旺达等国家的支持下成立了叛军，开启了第二次刚果战争。这一次，卢旺达、乌干达支持叛军，安哥拉、津巴布韦、纳米比亚、乍得、苏丹支持政府军，多个非洲国家在刚果的土地上进行着代理人战争。在联合国等多方势力调停下，多方开始停战。但是 2012 年起，反叛势力成立了 M23 叛军，再次挑起战火，直到 2014 年底，局势才再次得到缓和。

刚果东部的戈马地区，在长期的战争和贫穷的笼罩下，安全情形非常不佳，杀人、抢劫、强奸时常发生。而位于这个地区的维龙加国家公园，面临的麻烦还不止这些：护林员们常常会受到偷猎者的袭击，当地人常常偷猎大猩猩用以食用或是制作标本卖给收藏者。在维龙加国家公园的地下发现石油之后，局势就更复杂了，西方石油公司前来，希望能够在此开采石油，而国家公园的管理者为了保护大猩猩和这块自然保护区，拒绝开采。维龙加国家公园的最高长官是比利时的一名王室成员，一次在路上被人伏击，身中数枪，所幸大难不死。至于是谁袭击的他，大家自己猜想吧。

关于维龙加国家公园的一切，可以观看 2014 年奥斯卡提名的独立制作纪录片《维龙加》。

卢旺达饭店

很快就到了出发的日子，我坐地铁来到了浦东机场。换登机牌时，工作人员仔细地看了我携带的电子签证确认信件。值得一提的是，截至到当前，中国边检并不正式承认卢旺达电子签证的有效性，因此，凭借卢旺达电子签证出关，存在理论上不予放行的可能性。当我出关时，边检人员问我去哪？我说去乌干达（乌干达是卢旺达邻国，是中国边检承认的可落地签的目的地），边检工作人员并没有要求我出具前往乌干达的机票，顺利地让我通关了。

第一次坐埃塞俄比亚航空的飞机，感觉埃塞俄比亚空姐挺漂亮的。埃塞俄比亚是非洲唯一一个未被西方殖民过的国家，而且是非洲的黑人国家中唯一一个拥有自己书写文字的国家（其他国家都是在西方国家帮助下，用拉丁字母来拼写自己的语言）。埃塞俄比亚虽然国家整体经济较为落后，但是航空业还算发达，今年是埃塞俄比亚航空成立第 70 周年。

埃塞俄比亚首都亚的斯亚贝巴是非洲的一个重要的中转枢纽，经过约 11 个小时的飞行之后，我来到了这里，机场不算大，不少商店门口都有中文标牌。经过 4 个多小时的转机等待，以及 2 个小时左右的再次飞行之后，我来到了卢旺达首都基加利。

电子签证还是挺方便的，因为个人信息之前都在网上填过，因此不需要再填表什么的，只要提交电子签证确认信件和付 30 美元即可。顺利入关之后，由于没有托运行李，我背着背包直接走出机场，寻找来接我的司机：我通过 booking.com 预订了酒店，并和酒店约定时间来接机，价格 10 美元。走出机场，搜寻了半天，没有看到有人手举着写着我的名字的牌子。不过还好接我的人还没来，我突然想起还没有换汇呢。今天是周六，市中心的银行说不定不开门，还是在机场换了比较保险。换了 100 美元的卢旺达法郎之后，接我的人还没有来。于是我给酒店打了电话，电话那头的人回答很干脆，接我的人已经出发一会儿，应该马上就到。

刚挂了电话，我就看就一旁一个黑人兄弟在一张空白的 A4 纸上写着什么，凑过去一看，果然是我的名字，终于接上头了。

机场离市中心大约也就 8 公里的距离，没过多久，我就到达了酒店——Madison Boutique Hotel。一个酒店工作人员迎了上来，自我介绍说他就是之前跟我邮件沟通的 Andrew。Andrew 说，他前一段时间刚刚去了中国，采购了一些东西。我问他是不是去了一个叫做义乌的地方，他笑而不语。

安顿下来后，我赶紧问 Andrew 关于去 Gisenyi 的大巴的事。Andrew 说，大巴每小时整点一班，大巴车站离这里不算远，从这里打一辆摩的，不到 20 分钟就能到，不用提前买票，明天早上到车站现场买票肯定有座。本来还计划今天想去车站踩个点买个票什么的，看来不用了，可以省下时间逛一逛。

卢旺达是个弹丸小国，国土面积还没有两个北京市大。这么小的一个国家，却被称为“千丘之国”，也就是说，山非常多。我住的酒店位于 KN51 街和 KN44 街的交接处，街道不宽，但是非常整洁干净，路边长着大树和鲜花。我按照手机 GPS 的指示，一路上坡，向米尔科林斯酒店（Hotel des Mille Collines）走去。米尔科林斯酒店就是电影《卢旺达饭店》的酒店原型，当年保护了不少图西族人免遭屠杀的饭店就是这里。实际上，电影是在南非拍的，因此电影里的酒店和这个原型完全不同。酒店门口看上去挺清净的，没有什么人出入，只有几个员工在扫地，很难想象 20 多年前这里发生过的事情。

在酒店门口拍了些照片，表达了一下崇敬的心情之后，我决定前往大屠杀纪念馆参观。本来想徒步走过去，但是想起来之前在网上查到的纪念馆下午 4 点之后不再接受参观，还是早点过去比较保险，于是拦了一辆摩的前往。顺便说一下，摩的，也就是两轮摩托车做为出租车，乘客坐在后座，这是卢旺达非常常见的一种交通方式。城市里随处可见骑着穿着蓝色马褂，骑着摩托车四处揽客的摩的司机。搭乘摩的，司机会向乘客提供安全帽，市中心区域范围内，基本上花 500 卢旺达法郎就可以到达，也就是折合人民币不到 5 块钱。从司机身上的马甲上印有的编号来看，他们应该是由政府或是什么组织统一管理的。

为了让历史不再重演，卢旺达政府在各地都修建有大屠杀纪念馆，以警醒人们不再互相杀戮。基加利的大屠杀纪念馆应该算是规模较大的一个。纪念馆免费对公众开放，进入展馆前，先要在入口处的房间里看一个十几分钟视频。我到达的时候已经开始播放了，只能等下一批。于是我就在纪念馆的商店逛逛，店员看到我，用中文说了句你好，当然他也就会这一句中文。他的英文还可以，于是我们聊了起来。他说这几年来卢旺达经商、修路的中国人很多，他也很喜欢中国，很喜欢成龙的电影，也知道马云和阿里巴巴。

轮到我这批参观者进入看视频了。视频并没有什么血腥的镜头，而是由大屠杀幸存者讲述那段不堪回首的历史，讲述自己的亲人是如何被身边的邻居、朋友因为被煽动起来的种族仇恨而残忍杀死。影片放完，参观者中就已经有人泣不成声。

展厅里展出的主要是一些照片和视频，按照时间顺序，先展示了大屠杀之前图西族和胡图族相处的情况、胡图族如何发动大屠杀、大屠杀时的情况、之后图西族武装如何夺取政权，平息屠杀，以及大屠杀之后的情况。一些照片和视频还是非常血腥和令人震惊的，一个白人老人在参观过程中就忍不住大哭起来。最后面展出的是一些受难者的骸骨，一些人走到这里，看到成堆的白骨时，紧绷着的神经再也承受不住了，瘫倒在地。

带着沉重的心情看完了展览，走出展厅，回到了阳光灿烂的世界里，感觉能够正常的生活也是一件非常幸福的事。大屠杀之后，卢旺达政府强调民族团结，取消了在身份证上标明民族的做法。事实上，政府的举措非常成功，如今的卢旺达可以算是非洲治安最好的国家之一。

离开纪念馆，现在不赶时间了，我打开手机GPS，一路向市中心逛去，途中许多摩的司机从我身旁经过，向我投来期盼的眼光。

一路上看到的大都是矮矮的平房、头上顶着物品的妇女和小孩，以及满大街的摩的。终于，来到市中心，可以看到几幢高楼了。我决定到找个超市买点东西，就当作今晚的晚饭了。Woodlands超市在一幢大楼里，大楼门口贴着不许带枪的警示标志。进入大楼需要过安检，进入超市时需要存包。超市不算大，但是各类食品还算齐全，不过没几个人在购物，不知道是因为时间不对还是平时就这么多人。我买了一盒葡萄和一些面包，超市还挺环保的，提供的是免费的纸袋来装东西。

回到酒店，由于时差的关系，已经很困了，为了倒时差，熬到9点多才睡下。

进入危险地带

6月5日一早起床，出门到四周逛了逛，不知道是不是因为是星期天一大早的缘故，路上几乎没有人。返回酒店吃了早饭，背着包出门的时候已经8点半了。拦了一辆摩的来到了大巴车站。还好此行我只带了一个不算很大的背包，否则就没法乘坐摩的了。背着重重的背包坐在摩托车的后座上，重心偏后，不知道如果上坡时司机突然一加速，我会不会从后座上摔出去。

总算安全到达了，大巴车站其实就是一个巨大的方形院子，周围一圈小平房是各个大巴公司的售票处，每个公司一间，院子中央就是大巴停车场。熙熙攘攘的，不断有人员来往，不断有大巴进站、出站。看看表，已经8点45了。

时间不早了，我赶紧找Virunga Express大巴的售票处在哪里。一个个房间找过去，没有看到Virunga Express的字样，这时，一个当地人迎上前来，问我要去哪里。我回答说Virunga Express，他说，我带你去。边说边带我掉头往回走，看来我一开始就找错了方向。黑人兄弟边走边跟我说，希望我能付他200卢旺达法郎，因为他就是以带路为生的。我心想，折合人民币1块多钱，定价还算合理，于是欣然点头同意。

来到Virunga Express的“摊位”，买了票，工作人员带我上车坐下。没几分钟，车上的空位全被坐满了，大巴也准点出发了。我数了数，车上一共28个乘客，其中27个是黑人。

卢旺达的公路修得还不错，一路上车开得非常的平稳，窗外的景色虽然算不上什么美景，但是到处绿油油一片挺养眼的。车行 3 个半小时左右，进入了 Gisenyi 市。大巴的终点站是 Gisenyi 的大巴车站，进入市区后大巴停了一站，我看手机 GPS 显示这里离我要过边境的地方不太远，于是就在这里下车了。

在国内和维龙加国家公园联系的时候，我和他们约定 6 月 5 日下午 1 点半来边境接我，现在是 12:30，还有一个小时的时间，看来时间充裕。下车之后，我就按照 GPS 的指示，背着背包一路向边境走去。感觉 Gisenyi 除了几条主要道路之外，很多路都有待修葺，到处坑坑洼洼的。路上一个黑人小朋友还和我打招呼，问我去哪？我回答说去戈马，他居然说祝我好运，不知道这是一句客套话还是真的是要提醒我注意安全。

路过一个餐厅，看看表，才 12:50 左右，这里离边境估计也就 1 公里左右的距离了，先吃点东西再过边境吧。点了一份当地的鱼，配上一些薯条，没想到等了 20 多分钟才做好。飞快吃完，一看表，已经快 1 点 20 了，我赶忙向边境加速走去。没走几步，来到了边境的 Avenue de la Revolution 大道上，一旁就是基武湖（Lake Kivu）。基武湖位于东非大裂谷上，面积挺大，有约 2700 平方公里。这里海拔不低，有约 1500 米，紧挨着湖边的地方有不少漂亮的酒店，站在湖边向湖中心远眺，有点大海的感觉，可惜我没有时间慢慢欣赏。

再走几步，路边出现了写着“Border”（边境）的指示牌，一拐弯，就来到两国的边境处了。位于卢旺达这一侧的是 La Corniche 关口，刚果那一侧的叫做 Grand Barriere。需要注意的是，从 Gisenyi 应该有不止一个关口通往刚果的戈马市，但是维龙加国家公园要求我们从基武湖畔的 Grand Barriere 关口入境。

排队、盖章、出关，跨过边境线，已经是接近 13:40 了。我正排队入关刚果的时候，旁边一个挂着维龙加国家公园牌子的工作人员迎上来，问我是不是 Xin，看来找到我这个中国人还是很方便的。

和国家公园接上头了，也就安心多了。边检人员检查了我的黄热病疫苗证书后，拿着我的护照和维龙加国家公园发给我的申请签证的确认信走近房间里，没想到等了快 40 分钟才办好我的签证。工作人员说，因为我

基伍湖

的签证是国家公园直接向刚果外交部之类的申请的，他们需要打电话去首都金沙萨确认，所以需要比较长的时间。

终于正式进入刚果了，看到边境处停着一辆标有联合国标记的车，瞬间感觉气氛有所不同了：我已经离开了非洲最安全的国家之一的卢旺达，来到非洲最为动乱的国家之一的最不稳定的地区——戈马。

又抛锚了

坐上国家公园的吉普车，我一路向 Bukima Tented Camp 前进。一路上看到的都是整齐的房子和干净的街道，我刚要赞扬戈马市好漂亮，突然画风变了。路两旁出现的都是用木板条钉在一起造成的房子，就直接建在田地中，完全没有城市的感觉。看来也就市中心面积不大的一点区域建设的比较漂亮而已。途中我还看到了“搬家”：一群人把木头房子抬起来，搬到另外一个地方。

吉普车在路边停了下来，不一会儿，上来了这趟“运输”的持枪护卫。所谓护卫其实就是国家公园的护林员，他们担负着守卫国家公园、保护大猩猩的重任。由于叛军以及偷猎者的袭击，过去的多年内，已经有超过 140 名护林员丧生。这些用生命守卫着国家公园的护林员们，的确值得人们尊敬。

吉普车载着我们 3 个人向北驰去，离开了戈马市区，一路上的道路越来越崎岖不平，车也颠簸得厉害。终于，在一个上坡的地方，车抛锚了。司机下来检查了一下，说走不了了，于是他打电话给总部请他们再派一辆车来。回想一下，这是我第 5 次来非洲，已经是第 3 次碰到车坏了需要换车的情况了，前 2 次分别是在肯尼亚和纳米比亚，怎么这么倒霉。

等待过程中，路边走过几拨赶着羊群的孩子，向我投来了好奇的眼光。尘土飞扬的道路上不时有大卡车开过，其中一辆卡车顶上的货物上坐满了持枪的士兵，看到我还向我挥手致意。

等了 40 多分钟之后，终于盼到替换的吉普车来了。我们继续爬坡，向目的地前进。时不时可以看见一些持枪的士兵在路边走，我还看到了一门废弃的大炮，一群小孩爬在上面玩得正欢。

终于，下午 4 点多，我来到了 Bukima Tented Camp。这个营地位于国家公园外，附近应该就是当地人的村落。迎接我的是一个女服务员，名叫 Alice。她告诉我，今天我是这里唯一的住客。

非洲热水器

主帐篷在一片空地中央，是用餐的地方，如果早点到的话，还可以享用午餐（一日 3 餐都已经包含在房费内了）。此外还有 6 个帐篷供游客居住，分散隐蔽在四周的小树林中，因此，理论上来说，这里每天最多住 12 名游客。这些帐篷看上去像是军用帐篷，绿色的外表，帐篷顶上有防水帆布，因此，下雨也不用愁。帐篷里很宽敞，有卧室、洗澡间和厕所。卧室里放着一张大床，白色的床单看上去非常干净。帐篷里有电灯，但是如果需要充电什么的需要去主帐篷。Alice 还告诉我，如果需要洗澡的话要提前告诉她，她需要准备热水什么的，估计是用什么电热水器之类的吧。我预约了 6 点洗澡。

Bukima Tented Camp 正对着 Mikeno 火山，事实上，这里可以看见 3 座火山，包括我要爬的尼拉贡戈火山，景色还不错。但是，除了看着这几座火山以外，住在这里真的没什么其他事可做的。Alice 带我在四周走了一走之后，我就坐在空地中间的椅子上，面对着火山开始发呆。不知道过了多久，Alice 告诉我，可以洗澡了。

我一转身，看到 Alice 和另外一个工作人员抬着一大桶热水向我的帐篷走去。什么，不是电热水器烧的水？可是帐篷里只有淋浴喷头，怎么用这桶热水呢？我跟过去一看，原来帐篷后面的高处吊着一个水桶，通过水管连接到帐篷里的喷头。Alice 她们把桶从高处放下来，灌入热水，这样我就可以洗热水淋浴了。

7 点，晚饭的时间到了，我来到主帐篷，餐桌上已经点好了蜡烛，放好了餐具，可惜只有我一个人吃饭，有点冷清。Alice 说，厨房出了点问题，需要再等一会儿，于是我无聊地拿出手机来玩，给 Alice 展示一些手机里的照片。当看到我的两个儿子的照片时，Alice 指着老大说，他长得很像你；当看到纳米比亚红泥人的照片时，Alice 吃了一惊，说，她们居然不穿衣服？

终于可以上菜了，按照标准西餐的配置：开胃菜、主菜、饭后甜点，味道挺不错的。吃完饭，外面已经漆黑一片了，在手电筒的帮助下，我回到了我住的帐篷，从这里可以看到远处的尼拉贡戈火山，山顶隐隐约约可以看到红色的一片，那是山顶岩浆发出亮光。进帐篷钻进被子，发现工作人员已经准备好了一个热水袋。这里海拔高，晚上还是有点冷的。

夜里刮起了大风，帐篷被吹得呼呼作响，睡得不好。

银背大猩猩

由于 Bukima Tented Camp 是徒步前往森林看大猩猩的起点，因此，住在这里的好处就是，第二天一早可以慢慢悠悠地起床，吃早饭，等待其他游客前来集合。早饭后我被告知，今天一共只有包括我在内 2 名游客去看大猩猩。原定出发时间是 8 点半，可是一直等到 10 点，国家公园的吉普车才载着另外一名游客到来，不知道是不是车半路也坏了。这是一名菲律宾女孩，独自一人来刚果旅游，的确挺有勇气的。

出发前，我们被带到一间房间，在登记簿上填上个人信息，我翻了一下登记簿，我是今年第 3 个来这里看大猩猩的中国游客。房间墙上的白板上记录着这个地区大猩猩分布的信息，包括有多少个家庭，每个家庭有多少只大猩猩，几公几母，几大几小都写得清清楚楚。向导指着白板说，我们今天要看的是这一家大猩猩，一共有 8 只。随后他告诉了我们一些注意事项，比如不要大声喧哗，不要和大猩猩对视，当大猩猩站立起来用力捶胸口发怒时，不要逃跑，只需安静地蹲下来即可。另外，还有一条很重要的，就是当我们在大猩猩附近时，需要带上口罩，并不是为了保护我们人类，而是为了保护大猩猩。因为大猩猩和人类基因很相似，很容易感染人类的呼吸道疾病，而且它们对于这些呼吸道疾病没有免疫能力，一旦感染上，很可能结果就是死亡。因此，为了保护它们，我们必须带上口罩，而且和它们呆在一起的时间不能超过 1 小时。

在两位持枪持刀的向导的陪同下，我们从营地出发，先来到一大片开阔地，看上去像是当地人种植粮食的田地。大约半个多小时之后，我们来到了森林的边缘，有另外两个向导在这里等着，就是他们一大早在山里寻找、定位大猩猩家庭在哪里，然后通知总部，随后就在这里等着给我们带路。

进入森林后走了 10 多分钟，向导突然停下来说，猩猩就在前面了。大家纷纷拿出口罩戴上。

沿着山坡再往上走几步，就隐隐约约看到 2 只大猩猩在树丛后。我一阵兴奋，跟着向导慢慢靠近它们。看样子那两只猩猩像是在交配，完全无视我们的到来。

不打扰它俩了，我们向另一侧望去，树丛后面好像还有好几只大猩猩。这时，向导的砍刀起作用了，向导用它在树林中劈开一条路，我们过去一看，还有 6 只大猩猩，包括一只未成年的小猩猩。和人类一样，小猩猩非常的调皮，吊在离地面不高的树枝上玩耍，突然树枝折断，它摔倒地上，打了个滚就站起来，引起我们一阵轻声的哄笑。小猩猩对我们的到来非常好奇，先是假装在玩耍，一步步到靠近我们，然后突然伸手过来企图摸向导手上

的棍子，得逞之后就转身跑走了。相比之下，成年的大猩猩对我们的存在完全不感兴趣，该睡觉的睡觉，该吃东西的吃东西。期间我和一只大猩猩目光对视了一会儿，也没产生什么严重的后果。不过，有些大猩猩的眼神看上去一副非常不爽的表情，仿佛在说，看什么看。

大猩猩（Gorilla）又称金刚，是非洲的特有物种。和黑猩猩（Chimpanzee）不同，它们长相丑陋，力量极大，在自然界没有天敌。大猩猩主要分成两类——低地大猩猩和山地大猩猩。我们在动物园里看到的绝大多数是低地大猩猩，它们主要分布在刚果西部以及附近的几个国家的低海拔丛林中，刚果东部也有少量低地大猩猩居住；山地大猩猩主要分布在刚果东部、卢旺达和乌干达这 3 个国家的维龙加山脉和布温迪山脉。大猩猩年长之后，背上的毛会呈现银灰色，因此又被称为银背大猩猩。由于人类的偷猎，这些在自然界无敌手的山地大猩猩数量锐减，目前只剩下 800 只左右，从数量上看，是比熊猫还珍贵的品种。若不是维龙加国家公园的护林员用自己的生命在战火和偷猎中保护这些大猩猩，它们可能已经灭绝了。

大猩猩是纯素食动物，因此一般来说不会攻击人，据说至今为止没有大猩猩攻击人致死的事件发生。但是考虑到它们的体型：一只成年雄性大猩猩通常体重在 135—180 公斤，臂展 2 米 3 到 2 米 6，身高 1 米 7 到 1 米 8，手臂强壮，据说可以轻松举起 1000 公斤的重量，如果被它们的粗壮的手臂揍一下，还是很有的受的，因此，当成年大猩猩起身移动的时候，向导就把我们拉在一旁，把道路让给它。最近的时候，大猩猩离我的距离不到半米。不知道是因为戴着口罩还是因为这些大猩猩很干净，和它们距离这么近，丝毫没有闻到动物身上应有的臭味。每当大猩猩移动到树丛后，不容易看见时，向导就用砍刀劈出一块开阔地供我们观赏。

由于体重太大，大猩猩一般在地面上活动，不怎么爬上树。我们正拍着照，突然，一只大猩猩走到一棵大树旁，顺着粗大的树干飞快地爬上去，我们抬头一看，它站在树上不动，没一会儿，一坨黄色的东西从屁眼里出来，落了下来，这不就是传说中的“缘分（猿粪）”吗？还好我们不是站在树的正下方。

正看着，突然我的脖子上传来一阵剧痛，用手一摸，一只看上去像是大蚂蚁一样的东西从我的手上掉了下去，由于速度太快，没看清到底是什么，应该是蚂蚁。一会儿，脖子上就肿起了大包，而且，非常的疼。没想到被蚂蚁咬会这么的疼，而且疼痛一直持续了好几个小时。我问向导，这蚂蚁有毒吗？向导说，没毒，不用担心。

不知不觉我们和大猩猩相处了1个小时了，该返回了。一路上我和菲律宾女孩商量是不是需要给小费，给多少的问题。没想到回到营地之后，这些向导就自行散开回自己的房间了，并没有等着要小费的意思。游客来非洲观看山地大猩猩，通常有3个目的地选择：刚果的维龙加国家公园，卢旺达以及乌干达的布温迪国家公园。其中刚果是最便宜的，看大猩猩的许可只要400美元，而在卢旺达和乌干达分别要750和600美元，而且据说在卢旺达和乌干达看猩猩，游客非常的多，不像我们今天，一共就2个游客，感觉特别好。

接我去Mikeno Lodge的吉普车已经等在这里了，还是昨天那个司机，不过持枪护卫换了一个。其实通过护送游客，这些护林员也顺便完成了轮岗。这里的经理帮我把行李背到了吉普车上，之后就站在一旁等着，一看就是一副想要小费的样子，于是我塞给他2美元。

遇见“明星”

一路颠簸，来到目的地。Mikeno Lodge位于国家公园的总部所在地，由于纪录片《维龙加》的很多镜头是在这拍摄的，觉得这里的景象有点熟悉。感觉国家公园总部就像个小村落，除了驻扎着不少护林员之外，还有很多为国家公园服务的员工在这里定居。看来，仅仅靠我们这些游客贡献的旅游费用，根本养不起这么多的工作人员，国家公园应该是得到了来自某方面的资助吧。

和我一起到来的还有另外一辆吉普车，车上坐着位黑人女士。到达Mikeno Lodge之后，服务员将我们两个带到大堂的餐厅里坐下。其实大堂就像是坐落在小山坡顶上的一个巨大的亭子，四周郁郁葱葱全是树，沿着

山坡另一侧的梯子下去，在茂密的丛林中，隐藏着 12 个小木屋，就是游客们的住所。服务员开始给我们介绍这里的情况，可是他不太会讲英文，只会说法语，幸好这位黑人女士会法语，于是她就充当了我的翻译。当他得知我之前脖子被蚂蚁咬了之后，端来了一小碟蜂蜜，帮我涂在伤口处，说是蜂蜜有助于消肿解毒。此时距离被蚂蚁咬已经好几个小时了，肿已经消了很多，但是还是非常的疼。

已经是下午 1 点多，服务员为我们端上了午饭。在聊天过程中得知，这位黑人女士是埃塞俄比亚人，名叫 Yisgedullish，之前在华盛顿的世界银行工作，这次她主动申请调动来刚果东部工作，因为刚果东部是个危险的地方，她至今不敢告诉她的妈妈和姐姐。世界银行的福利就是好，她这趟旅游完全不用自己掏腰包。她这趟来维龙加国家公园主要就是去看大猩猩，她说，爬火山对她来说挑战太大，还是不爬了。她还告诉我，刚果这么大的一个国家，很多地方都不通公路，很多当地人至今都生活在丛林中。这次她来刚果负责的一个项目就是要帮助这些生活在丛林中的人。她还说，之后她可能会去另一个国家公园，由于不通道路，只能坐直升飞机去。

午饭的量非常大，我吃了大概八成，实在吃不完，Yisgedullish 更是，剩了一半以上。饭后，工作人员带我们去参观大猩猩孤儿院。在迷宫似的林间小道上坡下坡，左转右转，我们来到了大猩猩孤儿院。我原来以为大猩猩孤儿院应该是一个建筑，没想到就是沿着山坡由围墙围起来的一大片山地，里面有 5 只大猩猩在玩耍，还有一个工作人员陪着他们。围墙外在坡底和坡顶各有一个瞭望塔似的建筑，游客可以登上去观看围墙内的大猩猩。一旁有一个工作人员借助搭在墙上的梯子，向大猩猩抛掷食物。我定睛一看，这不是在纪录片《维龙加》中出现了多次的那个工作人员吗？我至今还忘不了影片中一只大猩猩离世后这位工作人员的悲伤的眼神。没想到这么快就见到“电影明星”了，同时我也突然意识到，和黑人多次打交道之后，我也从一开始觉得他们都长得差不多到现在可以轻易辨别、记住他们的容貌了。

带领我们参观的工作人员也只会说法语，因此，我只能从 Yisgedullish 那里得到二手信息。她告诉我，偷猎大猩猩的行为一直存在，偷猎者将成年大猩猩猎杀，食用它的肉，将未成年的大猩猩卖掉。护林员如果在山林里碰到这些孤儿大猩猩，就把它们带回来，一辈子就在国家公园内的猩猩孤儿院度过，等它们长大之后也不再放生回丛林。不过，Yisgedullish 跟我强调，她的法语水平有限，也许有些话她理解错了。

如今大猩猩孤儿院里共有 6 只大猩猩，其中一只刚出生不久，与其他几只隔离开，由专人照看，看上去就像人类的小婴儿一样，瞪着好奇的大眼睛四处张望。可怜这么小年纪就成孤儿了。

传播中国文化

离开孤儿院，我们要入住小屋了。我住的是 8 号屋，门口一小片平整的草地，周围茂密的树丛。进屋一看，面积真大，卧室估计有 60 平米，洗手间估计有 20 平米。

在屋里休息了一阵，我再次来到了餐厅。这时这里的经理已经回来了，是一个名叫 Patience 的黑人兄弟，他的英语讲得很好，我们就聊了一会儿。Patience 非常友善，时刻面带着微笑，对于我的任何问题都耐心回答。

晚餐时间到了，餐厅里又多了 4 个游客，看来今晚一共就我们 6 个人入住了。我也 Yisgedullish 继续聊天，她向我介绍了一些埃塞俄比亚的风俗什么的，比如，传统上，埃塞俄比亚人是以父亲的名作为自己的姓的，也就是说，如果父亲姓张名三，则儿子就姓三，依此类推。直到最近，政府才开始鼓励人们使用固定的姓。我本来就有计划这一两年去埃塞俄比亚玩，也做过一些旅游研究，正好有些问题可以咨询 Yisgedullish，没想到她对埃塞俄比亚旅游的情况了解得还不如我深刻，可能是因为她很小就离开埃塞俄比亚，到加拿大读书的缘故吧。

我也向 Yisgedullish 介绍了中国的文化，主要向她灌输中文是多么简洁方便。我告诉她，中文不需要什么时态、格、单复数的变化什么的；中文因为有四声调、而且由两个单字组成词的方式，因此不像其他大多数语言一样，需要多个音节来表述一个单词；中文在赋予一个东西名称的时候，往往采用解释的方法，用现有的字来解释，比如长颈鹿、梅花鹿、大猩猩、黑猩猩，而英语往往是采用定义的方式，也就是给予每个事物一个新的名称，比如大猩猩和黑猩猩就是完全不相关的两个英文单词：Gorilla 和 Chimpanzee，因此，英语的单词就越来越多。Yisgedullish 听了之后觉得很有道理，说突然间对中文产生了很大的兴趣。她也说，现在埃塞俄比亚一些学校开始教授中文，认为中文代表了未来。

时间不早了，我和 Yisgedullish 互道晚安，打着手电筒在漆黑一片中沿着丛林小道回到了宽敞的小屋内，工作人员已经在小屋内的壁炉里升起了火，一晚上睡得非常的安稳。

狒狒王国

一早醒来，还没到早餐时间，我出门四处逛逛。走出 Mikeno Lodge 的大门，听到不远处传来持续不停的犬吠声。国家公园内饲养着许多猎犬，它们和护林员们一起参与反偷猎行动。不知道这么大清早这些狗为什么叫个不停。走近了才发现，这些狗被关在铁丝网围成的大笼子里，几只狒狒在笼子外走来走去，似乎在挑衅这些狗。这时我才注意到，附近有不少狒狒在路上闲逛，个头还挺大。

笼子的对面就是国家公园的总部办公楼，纪录片《维龙加》里公园主管号召护林员们做好准备抗击叛军的场面应该就是在这里拍摄的。这么一大早的，一个人也没有，只有四处乱窜的狒狒们，还是有点令人害怕的，我转了一圈之后，转身往回走。途中看见一只狒狒飞快地向我这边奔跑过来，我赶忙闪到一边，将路让给它。

刚一进 Mikeno Lodge 的大门，一个服务生迎上来，问我看到狒狒没，害怕吗？

在 Mikeno Lodge 的范围内，狒狒也不少，树顶上到处都是它们的身影。回到我的小屋，发现屋前的草坪上端坐着十几只狒狒，我赶忙开门进屋，迅速把门关上。

早餐时间，我继续和 Yisgedullish 聊天，饭后我们道别，Yisgedullish 乘车前往 Bukima 去看大猩猩了，而我则坐车向 Kibati Post 前进。

半途而废的黑姑娘

Kibati Post 在尼拉贡戈火山的山脚下，是游客登山的入口处。这里树立着一个写着国家公园名称的圆形铁牌，上面布满了枪眼，不知道当时这里发生的战斗有多么的惨烈。

登山费 300 美元，包括山顶住宿一晚，不管饭。如果另付 80 美元的话，国家公园可以提供睡袋、山上所需的厚衣服、以及配备一个厨子陪同登山，负责做饭；如果不需要睡袋什么，只需要厨子做饭的话，只需支付 55 美元。我之前通过网站支付了这 55 美元，自己带了睡袋和厚衣服，没想到来到了山脚下，工作人员告诉我睡袋厚衣服什么都已经给我准备好了（不需要另付费了）。想想看我自己带的这个睡袋挺薄的，也许他们的睡袋更专业

布满弹孔的国家公园的牌子

更保暖一些，于是我把大部分的行李留在了山脚下的工作人员宿舍里，等回来再来取。此外，我现场雇了一个挑夫，负责背睡袋等行李以及一些食物。其实自己背上去也行，就是比较幸苦，而且网上建议游客们雇佣这些挑夫，以刺激当地经济发展，如果通过旅游致富了，当地人也就不会再偷猎大猩猩了。

我翻了一下登记簿，我是今年第 4 个来这里登山的中国人。今天除了我之外，还有 2 个游客登山。他们乘坐着普通的面包车来到这里而不是像我一样由护林员护送、乘坐国家公园的吉普车前来，看样子他们应该是通过旅行社预订的行程。这 2 位游客是一个来自瑞典的老头和一个来自卢旺达的年轻的黑姑娘，他们是什么关系我就不评论了。瑞典老头有点瘦小，相比之下，黑姑娘个头挺高、非常的丰满。

就这样，我带着一个厨子一个挑夫，他们两人带着 1 个厨子 2 个挑夫，由 2 位持枪护林员护送，我们这 10 人的登山队伍浩浩荡荡地出发了。一开始路途比较平缓，老头和黑姑娘一路有说有笑的，没多久，坡度开始陡峭起了，而且一路上全是可能是岩浆喷发后形成的小碎石头，踩上去非常滑脚，黑姑娘走几步就停一停，为了等她，大家的速度都放慢了下来。终于，走了一个多小时后，黑姑娘坚持不住了，说是腿疼，还哭了起来，老头安慰鼓励了她半天，还是没有用，于是决定让姑娘下山，其他人继续登山。护林员电话联系了在附近巡逻的其他护林员来陪姑娘下山。我们在原地等了半个多小时之后，这个护林员赶到了，老头给了黑姑娘一些钱，让她先下山找宾馆去。

没了黑姑娘的“拖累”，我们之后的登山速度加快了许多。护林员还跟我说：“我们刚出发没多久，那个黑姑娘就开始问我，是不是快到了？让她提前下山是明智的，因为后面的路更陡，更难爬。”

尼拉贡戈火山应该算是目前世界上最活跃的活火山了，分别在 1977 年和 2002 年喷发过。每次火山喷发给住在戈马市的人们带来大量人员伤亡和财产损失：2002 年的那次喷发，流到戈马市的岩浆流达到 2 米深，几百米宽。相比之下，边境那边的 Gisenyi 市就相对幸运一些，由于地势的原因，火山喷发出的岩浆好像流不到那里。

登山途中，护林员带领我们来到一条深深的山沟旁，山沟直通向山体的内部。护林员介绍说，2002 年的那次喷发并不是从山顶喷出的，岩浆从山的侧面冲出，形成了这条山沟。

大厨小朱

随着海拔的身高，山上的雾气越来越大，坡度也越来越陡。一路上除了我们这一队人，再没有看到任何生物，但是到了离山顶不太远的地方，突然看见十几个当地人正在干活，他们在陡峭的山坡上修出了一块平地。我正纳闷他们这是在干什么，护林员告诉我，他们正在修建一个直升飞机停机坪，最近这几天有一个大人物要来。好吧，我们累死累活地爬几小时山才能欣赏的美景，大人物们只要坐几分钟飞机就可以看到了。不过如果未来这个直升机平台能对公众开放也不错，像半途放弃了的黑姑娘那样的

尼拉贡戈火山

不善于登山的人，只要花得起钱，也能来看看火山的真容。

大家想象一下火山的样子就可以知道，快要登顶的那段路是多么的陡，我一边爬一边想，第二天下山估计也不容易。当地时间下午 15:30，我们登上了海拔 3470 米的尼拉贡戈火山的山顶。从 10 点整出发到现在，一共花了 5 个半小时，如果不是黑姑娘的耽误，我们应该能提前 1 个小时到达。

我们先来到晚上要住的地方把行李放下，几年前游客只能在山坡上搭帐篷，现在，沿着六七十度的斜坡，已经修建起一些金属小屋，供游

陡坡边上的住宿

山上的厕所

客过夜，夜里如果要出来一定要小心，别一脚踏空从山坡上滚下去。如果要上厕所的话，要拉着一根绳子沿着陡坡下去，到修建在一个小平台上的茅屋去上。

稍微安顿了一下，将已经湿透的衣服换下，穿上了厚衣服之后，我们就迫不及待地爬上最后一个小坡，要一睹岩浆湖的真容。山顶的火山坑口的直径大概有 2 公里左右，火山坑深约一两百米，坑底的中央就是一个圆形的岩浆湖。所谓岩浆湖，里面并不是湖水，而是岩浆。湖底的地面上密布着像蜘蛛网一样的裂缝，岩浆从这些裂缝里涌出来，整个岩浆湖上面升起阵阵的烟雾，当风迎面吹来的时候，可以闻到硫磺的气味。由于现在阳光还比较强烈，红色的岩浆并不是特别的显眼。护林员提醒我们，不要站得太靠边，最边上的岩石并不是很牢靠，2007 年的时候，一个香港游客就坠落进火山坑丧生。

在坑口呆了半个多小时，我下坡回到了自己的房间，在房间里呆着也无聊，于是我溜达到“厨房”看看我的厨子在干什么。所谓厨房，也就是一个木头搭建的四面通风的小屋子，厨子正在做饭，于是我坐下来和他聊天。厨子名叫 Juvernal，听起来就像中文“朱文那”，就叫他小朱吧。小朱会说法语，英语基本上不会，我俩常常需要连说带比划，再解释半天，最后突然恍然大悟才能明白对方想说什么。他 28 岁，家里有 2 个孩子，生活也挺不容易的，每两天登一次火山，赚取这份厨子的钱。小朱做饭挺专业的，烧炭生火，动作麻利。不知道是不是因为我在这里的缘故，小朱每次接触食物前都要先用桶装水洗手，每次要尝尝食物是否煮熟都是先用勺把食物倒在自己的手上，然后再送入口中。

一会儿时间，小朱给我端上了一碗浓汤，以及三明治。我以为这就是今晚的所有晚饭了，就大口吃完了。没想到这只是开胃菜，他又煮了一大盘牛肉配意大利面。这登山的一路上，每次休息的时候小朱就给我端上一个三明治、一个鸡蛋以及一些花生什么的，导致我吃得太饱，牛肉意大利面我吃了一半就实在吃不下了。于是我告诉他实在是吃不下了，没想到他把盘子接过去，把我吃剩的面和牛肉全吃光了。

天色已经开始暗了下来，一阵阵的风吹来，还是挺冷的，我都已经穿上了羽绒衣，但是小朱还是只穿着一件短袖T恤，我问他冷吗？他说不冷，可是我明明看到了他手臂上满是鸡皮疙瘩。

吃完饭，由于语言不是很通，我们两个大眼瞪小眼。这么干坐着也不是事，音乐无国界，我打开手机，放一首中国的歌曲给他听，他也打开手机，放一首当地的歌曲给我听，我们就这样通过音乐打发着时间。

不虚此行

天色完全黑了下来，我决定再到坑口看看。刚从“厨房”出来，就看到黑漆漆的山顶上空上淡淡的一片红光。带上头灯、三步并作两步，我飞快地爬到顶上，向坑底一望，哇，此时的岩浆湖呈现出一幅令人震撼的景象：湖底的那些裂缝看上去就像烧红了的电炉铁丝一般，岩浆不断从地底下冒出，燃烧、沸腾、翻滚着，发出了巨大的轰鸣声，就像大海的声音，也有点像飞机发动机的声音。

在我的呼喊之下，瑞典老头也赶忙来到了山顶，在这幅气势磅礴的画面前，老头不断感叹，之前登山每一步的辛苦都是值得的。

岩浆湖对我好像有一种魔力，我呆呆地盯着岩浆从一个地方钻出、燃烧，再期盼着下一秒从另外一个地方涌出……就这样，不知不觉地过了1个多小时才决定回屋睡觉。

躺在睡袋里，脑海里不断浮现的还是岩浆翻腾的画面，不知道过了多久才睡着。凌晨4点多，我又醒了过来，再次返回坑口看岩浆，一直到太阳缓缓升起。山顶附近的云还未完全上去，我们住的小屋位于云端之上，宛如仙境一般。

吃完小朱准备的早餐之后，我们开始下山了，虽然坡度很陡，下山并没有我之前担心的那么困难。路上我跟瑞典老头聊了聊天，他说他前一段时间在南极极点附近滑雪，看来真是个有钱人，能在那滑雪，花费应该要几十万人民币吧。

下山途中，护林员突然停下来，让我们看一种鸟。在他们的指示下，

尼拉贡戈火山

尼拉贡戈火山

我们才看到，停在地面上的羽毛颜色宛如岩石一般的这种鸟，如果不是有向导的指示，我们根本不可能发现。而且这些鸟停在那里一动不动，我们都已经距离它不到半米，对着它们指指点点加上拍照，它们依旧岿然不动，看来是对自己的保护色非常有信心。

下山速度很快，大概 2 个多小时我们就快回到山脚下了。最后一次休息时，护林员慷慨激昂地发表了一通演讲，大概意思就是这趟登山多么不容易，我们要感谢厨子、挑夫什么什么的。这不就是要小费的前奏嘛，我私下里问了一下瑞典老头打算给多少。老头说，他昨天晚上已经给了他的厨子和挑夫小费，每人 20 美元。真是个大款啊，不能让黑人兄弟瞧不起咱们中国人，等回到山脚的时候，我给了我的厨子和挑夫每人 20 美元，2 个护林员每人 10 美元。

今天要登山的人们已经在这里集合了，还不少，有10个左右，其中2个是中国人。我过去和他们一聊才知道，他们是在刚果首都金沙萨工作的中国员工，最近刚果东部局势趋于稳定，他们过来考察一下，顺便来爬个火山。祝他们一定要登顶，不要像黑姑娘一样半途而废。

把钱花光

国家公园的吉普车已经等在这里了，我本来考虑要不要去戈马市中心逛逛，后来想想，应该也没什么好逛的，而且我第二天就要坐飞机回上海了，还是早点返回卢旺达。

对了，刚果人民的一个独特的交通工具不得不提一下，就是用木头制作的类似我们小朋友玩的滑板车一样的两轮车，连轮子也是木头的，比自行车还要大一些，轮子上的“滑板”是倾斜的而不是水平的。刚果人民用这样的“滑板车”来运货，也可以像我们的滑板车一样，一只脚跪在踏板上，另一只脚蹬地推动车前进。由于轮子大，而且是木制的，“滑板车”在崎岖的山路上一样可以畅通无阻。戈马市中心的一个小广场中央的雕塑就是一个人推着“滑板车”的形象。

回到边境，盖章出境，通过电子签入境，我安全地离开了刚果，返回了卢旺达。在基伍湖边拍照的时候，一位当地妇女突然叫住了我，举起手里提着的像是刚买的球鞋，示意我给她拍照。拍完之后，她又示意要看照片，看了照片她非常的开心，大笑着走开了。

我拦了一辆摩的，来到Gisenyi的大巴车站，坐上了Virunga Express的大巴。一切非常顺利，从Gisenyi返回基加利的大巴是每小时半点出发，我上车没几分钟，大巴就出发了。一路上看见不少骑自行车的人，抓住行驶中的卡车后部，让卡车拉着他们上坡。有时候一辆卡车后面拉着3辆自行车，挺有意思的。

回到首都基加利，这次我入住的是Heaven Restaurant & Boutique Hotel，和之前住的那个距离不太远，价格稍微贵一些。网上对这家酒店的餐厅评价挺高，晚饭时间我也尝试了一下，还不错。晚饭之后，我徒步到市中心的商场逛了一圈，想买点纪念品什么的，可惜大部分商店已关门，只好去超市买了点水果。

6月9日，我要返回上海了。通过酒店预订车去机场居然要30美元，太贵了，于是我退了房，背上背包，再次徒步来到市中心的商厦。找到了一家纪念品商店，经过一番砍价，买了一些纪念品。付款时，我问服务员，从这里打车到机场要多少钱，答曰5000卢旺达法郎。也就是6.4美元左右，酒店居然要收30美元，太黑了。

午饭时间，我就在商厦地下一层的餐厅吃了午饭，一位带着眼镜的服务生非常热情，我也问了他去机场要多少钱的问题，他说大概6000法郎吧。没想到吃完饭买单的时候，这位热情的服务生告诉我，他已经帮我联系好了出租车司机，我看了看钱包里的钱，还有些富裕，于是让他等一会儿。我返回到纪念品商店，除了留下几个硬币做纪念之外，把身上超过6000法郎的当地货币全换成了纪念品。

黑人小伙送我上了出租车，还和我互换了联系方式，欢迎我以后再来卢旺达玩，不知道下一次再来卢旺达会是多少年之后了。

经亚的斯亚贝巴转机，我飞回了上海，还发生了一个小插曲：在舱门打开之前，飞机广播宣布，本架飞机上有21名来自安哥拉和刚果的乘客，请提前下飞机进行检查。之后边境检疫处的工作人员就登上了飞机，拿着一份名单一个一个确认这21名乘客。看样子他们应该是从安哥拉或刚果出发，乘坐飞机在亚的斯亚贝巴转机回上海的。最近安哥拉和刚果黄热病疫情较为严重，因此来自这些地方的乘客也就成为了重点检查对象。由于我是通过陆路从刚果进入卢旺达再坐飞机的，因此这21人名单中并没有我，但是我还是主动联系了乘务员，告知我刚去过刚果。随后就跟随着检疫处的工作人员下飞机，填表、检查黄热病接种证明（小黄本）、免费抽血。其他的21个人，要么是非洲人，要么是中国前往安哥拉和刚果的务工人员，只有我一个人是去旅游的。工作人员得知我是去刚果旅游的，很好奇，还拿我的护照看了看上面的旅游签证是什么样子的。

我安全地回来了！

后　记

尼拉贡戈火山对于旅行者来说，是相对小众的旅游目的地。过去 20 年登过这个火山的中国游客，应该不超过 100 人。因此，如果打算去那里，我的这篇流水账游记应该还是会有所帮助的。如果不考虑安全因素的话，维龙加国家公园还是非常值得一去的，而且我可以深刻体会到那里的工作人员做好一切、希望吸引更多地游客前来的努力。经济发展了，大猩猩才能得到更好的保护，社会的不稳定因素也会逐步消亡。

2016 年 9 月 2 日

马来西亚游

除夕出行

自从 2012 年国庆期间 1 岁 1 个月的儿子回了趟福州老家之后，我和 Ellen 就在盘算着 2013 年春节是否和岳父岳母一起，带儿子出国旅游。考虑到春节过后儿子才一岁半，这么小的年纪出国游还是从近一点的地方开始，于是我们把目光锁定在东南亚，最终定下了马来西亚。

当时廉价航空——亚航（Air Asia）还没有从上海出发直飞马来西亚的航班，我们订了东方航空从上海往返吉隆坡的机票，2 月 9 日（除夕）晚上出发，2 月 18 日回来，每位成人 4384 元；儿子不满 2 岁，所以票价只要 1200 元。

马来西亚的签证很好办，带着护照和照片，到指定的办理地点填张表，交进去就行了。1 个工作日后就可以取。由于带着婴儿去办理，我们还不用排队，一会儿时间就办完了。费用每人 150 元（80 元签证费和 70 元服务费）。

我们计划先到吉隆坡（Kuala Lumpur）玩几天，之后就去沙巴（Sabah）。在网上定好了酒店、从吉隆坡往返沙巴的机票以及其他的一些相关行程之后，我们就等待着春节的尽快来临。

时间过得很快，一转眼除夕就到来了。没想到除夕夜出行的人还不少，前往浦东机场的地铁坐得还挺满。因为带着婴儿，办票、过安检都可以走特别通道。过海关时，儿子已经在婴儿车上睡着了，边防工作人员拿着护照，将上面的照片和熟睡中的儿子对比了半天，估计还是没有看出来到底像不像同一个人。

登机之前，儿子就醒了，第一次坐飞机，表现得不错，5 个多小时基本上没哭也没闹，还常常对空姐笑，逗得空姐很开心。

到达吉隆坡，已经是凌晨 1 点左右了，除了海关，在机场 Maybank 银行的取款机取了 500 马来西亚林吉特（Ringgit）。顺别说一下，马来西亚币在国内换不到，可以带人民币过来直接兑换，或者是直接用中国的银行卡通过取款机取现。正好我前两天鬼使神差地开通了工行手机银行，工行提供免费的余额变动短信提醒，在取款机取完钱之后，马上收到工行的短信提醒，支出人民币 1016.77 元，另外手续费 12 元，算下来，相当于汇率是 1 元人民币 =0.486 马来西亚林吉特。

马来西亚机场的出租车管理得比较规范，要统一到机场内出租车售票窗口告知工作人员多少人、多少件行李、去哪里，在窗口缴费之后拿着打印出的票到外面乘坐，司机只收取这张票，不再有现金往来。吉隆坡的机场离市中心比较远，好像有 50 多公里，加上又是凌晨时分，这趟车费要 151.1 林吉特，超过 300 元人民币了。把行李交给司机让他往后备箱装，我兴冲冲地直奔副驾驶的座位，打开门一看，是驾驶室，忘了马来西亚和英国一样也是右舵左行了。

路上车很少，司机开得很快，车上的时速表常常超过 100 公里 / 小时。即使是这么快的速度，车也开了 40 多分钟才到达我们预定的酒店。也许是第一次出国比较兴奋，儿子折腾到凌晨 3 点才睡下。

初访吉隆坡

大年初一的早上，服务员前来打扫房间，还给我们送了一个红包和两个桔子，打开红包一看，里面有 0.20 马来西亚元。我们的房间在 19 楼，从窗外向远处看去，就可以看到不远处的吉隆坡的双子塔。

儿子 10 点多才醒，冲了点奶粉给他喝之后我们就推着婴儿车出门了。我们的酒店离轻轨 Mono 线的 Raja Chulan 站不远，轻轨票 1.2 马币一张，我们坐到 Bukit Nana 站，换乘地铁。在这里从轻轨 Mono 线换乘地铁，需要出站走个几百米，也就是说，需要再次购票。我们坐一站路到了 Masjid Jamek 站，这里有吉隆坡著名的 Jamek 清真寺。

出了地铁站，不知道清真寺在哪个方向，于是我走进旁边的一个便利店向店员打听。店员热情地用马来西亚口音的英语告诉了我怎么走，并且还说，清真寺正在 innovation（创新）中。清真寺正在创新中？听得我一头雾水，难道她是要说清真寺正在翻修（renovation）？果然，走到清真寺一看，四周被围了起来，里面正在翻修，看来在非英语国家与人交流，还得善于“改错”才能明白对方的意思。只是可惜清真寺不能进去了，只能在外面看看。

继续往前走，没多久就来到了吉隆坡的独立广场，一旁是苏丹亚都沙末大厦，好像是马来西亚高等法院所在地。大厦是印度与阿拉伯风格的混合体，是吉隆坡的标志性建筑之一。独立广场上有一个高高的旗杆，有100英尺，号称是世界最高的，不知道是不是真的。天气太热了，而且万里无云，我们决定到广场旁的一个博物馆里参观，顺便吹吹空调避避暑。

博物馆出来，继续往前走了一大段，来到了国家清真寺。运气不好，正赶上祈祷时间，要等2个多小时才能进去参观。这附近的建筑都比较古老，旁边有吉隆坡的老火车站，成龙的电影《警察故事3》的一些镜头好像就是在这里拍的。已是中午时分，我们都有点饥肠辘辘，可是这一路过来都没看到什么餐厅。Ellen和岳父岳母、儿子一起在清真寺旁的广场休息，我去探探路，看看附近哪里有餐厅。我四处搜寻了一阵，发现2条马路外有个餐厅，不过需要过地下通道才能到，而且没有电梯，我们扛着婴儿车估计要走很久，于是在路边的小摊上买了些汉堡带回去给大家先充充饥。回到广场上，看到儿子正高兴地在广场上跑来跑去，看来他已经适应了这里的炎热。

吉隆坡的基础设施建设还是不错的，不过许多过街天桥、地下通道什么的都没有电梯，我们只好扛着婴儿车过去，今天的温度应该超过30度，一天下来，还挺累的。本来计划去双子塔看看夜景，现在又热又累，又担心儿子会不会中暑，我们决定还是回宾馆休息。

天渐渐黑下来，我们出门觅食了。天气凉爽了一些，街上的人也多了起来。我们来到网上推荐的“十月胡同”，其实这里就类似于大商场地下一层的餐厅聚集区，有各式各样的小吃，如米粉、肉骨茶、面条什么的。网上推荐的著名的“福建炒面”果然火爆，排队排得老长。我们也跟着排队，买了福建炒面、老鼠粉（和老鼠没关系，只不过粉的形状看上去像老鼠的尾巴，因而得名），尝了一尝，觉得味道也就这样，远没有网上推荐形容得那么好吃。

双子塔和水族馆

2 月 11 日，今天我们要去双子塔（KLCC）看看。不能让儿子再睡懒觉，否则出来一趟，都在宾馆里呆着了。8 点多，我们把儿子轻轻叫醒，儿子看到我们要带他出门去玩，非常兴奋。虽然双子塔里宾馆不太远，我们吸取了昨天一路抬着婴儿车的教训，叫了辆出租车过去。

2010 年之前，登顶双子塔是免费的，不过有人数的限制，先到先得。2010 年开始收费，票价还挺贵，现在要 80 马币一个人，也就是 160—170 元人民币，而且必须在工作人员带领下参观，在指定的时间内要完成参观。每个时段的门票数量是有限的，全天大概最多接纳 1000 名游客。登顶双子塔的票还挺抢手，我们一大早过来，发现早上的票都已经卖光了。于是

吉隆坡双子塔

我们买了下午 2:15 的票，剩下的时间，就在周边转转，然后去旁边的水族馆看看。

双子塔的旁边就是一大片绿地，里面还有喷泉、水池，以及儿童乐园，许多当地人带着小孩在这里玩。这里的绿地除了草地之外，还种了许多树，在炎热的天气里看到满眼的绿色，顿时感觉清凉了许多。

水族馆就在绿地旁的一个底层建筑物的地下一层。由于中国的春节在马来西亚也是法定假日，当地的游客也很多，水族馆购票处排起了长队。我正排着队，突然来了一个工作人员，问要不要刷卡买票。原来刷信用卡买票可以到专门的一个柜台买票，不需要排这么长的队。真不错，没一会儿我就拿到了门票。

水族馆里人真多，当然，鱼也很多，大部分都我都叫不出名字。儿子看到各种各样的鱼，一点反应都没有，看来他是不知道我们来这是为了啥。

从水族馆出来，吃了午饭，我们就奔双子塔的入口处去了。双子塔有 88 层，452 米高。在 1998 年至 2003 年期间，马来西亚的双子塔曾经是世界第一高楼，但是现在全世界已经有好几幢楼比双子塔要高了，比如上海的环球金融中心（492 米）、阿联酋的哈里发塔（828 米）等。我们先乘电梯来到了位于 41 层的连接双子塔两个大楼主体的天桥，在这里逗留十几分钟，拍拍照之后，搭电梯来到 86 层观光厅。

从观光厅向外望去，整个吉隆坡的景色一览无余、尽收眼底。儿子趴在玻璃窗边上向外望了一会儿，之后就追着一个比他大一些的一个印度小朋友后面，玩得不亦乐乎。

我们的运气还不错，在塔顶的时候还艳阳高照，下来以后天上已经是出现了乌云，飘起了一阵小雨。回到酒店，休息了一阵，我们又到“十月胡同”用了晚餐，这次我们吃的是著名的肉骨茶。

入境沙巴

2 月 12 日早上，我们退了房，搭乘出租车来到了吉隆坡廉价机场（与吉隆坡国际机场不是一个地方）。司机是一个中国印度混血儿，看上去挺年轻，但是据他自己说已经 53 岁了。司机很能侃，一路上就政治、经济、教育、生活等话题说个不停。

今天我们要乘坐廉价航空——亚航的飞机去沙巴。所谓廉价航空，就是票价便宜，但是额外的服务都是需要收费的。比如飞机上的餐饮、托运行李等，都需要额外付费。不仅如此，在柜台办理机票的时候，服务人员告诉我们，人工办理打印登机牌需要每人缴纳 10 马币，或者我们可以选择去自助值机的机器上打印登机牌后再过来递交行李，就不需要付费了。我看了看表，时间不多了，算了，还是人工办理吧。

飞机飞行 2 个小时之后，到达马来西亚沙巴州的首府——亚庇市（Kota Kinabalu）。亚庇市的中文名和马来语名字的发音好像完全没什么关系：Kota 在马来语中是城市的意思，而 Kinabalu 是这里的神山的名字，那“亚庇”这个名字是怎么来的？原来这里历史上多次遭遇大火，“火”在马来语中的发音就像是汉语“亚庇”，沙巴的华人很多，后来就称这里为“亚庇市”。

沙巴是马来西亚的一个自治州，位于马来西亚的东部，从吉隆坡乘坐飞机过来，虽然都属于马来西亚境内，但是进入沙巴仍然需要过关、检查护照。沙巴的名字用拉丁字母拼写就是 Sabah，令我想起了阿拉伯语中的“早晨”（也有“太阳升起”的意思）这个字（如果把阿拉伯字母转换成对应的拉丁字母，阿拉伯语中的“早晨”就是 Sabah）。难道“沙巴”这个名字与阿拉伯语有关，赶紧上网查一下，根据网上的资料显示：“沙巴”这个名称的起源已经很难追溯，可能是文莱－马来语“上游”的意思；也有可能是马来语“提炼棕榈糖的地方”的意思；当然，也不能排除阿拉伯语“早晨、太阳升起”的意思。

我们要在亚庇市呆 6 个晚上，前 3 天，我们住在市中心的 Horizon Hotel。这是一个四星级的酒店，酒店门口正对着的就是个纪念碑。酒店里面挺干净整洁，房费含早餐，提供免费的 wifi 服务。

收拾收拾东西，等天色略微暗了一些，我们便出门了。到海边走了一走，来到了著名的大排档吃海鲜。这里的大排档都是马来人经营的，烹饪的方式和中国人没什么不同，海鲜的价格相对于国内来说是便宜了许多。我们还看到一个小贩拿着一只差不多有我大半个手臂长的龙虾，我还从来没见过这么大的龙虾，一问价钱，要 420 马来西亚元，也不便宜。

神山游

在亚庇市，除了可以去浮潜等“水上”旅游项目之外，还有一些其他的“陆地上”的旅游项目。我们来马来西亚之前在网上联系了亚庇当地的一个华人导游，名叫老潘，由他来安排我们的神山游以及红树林游。2 月 13 日一早，老潘来接我们了，他说他临时有事，今天由他的嫂嫂做我们的导游。一辆车除了我们一家 5 个人之外，还有 2 个来自广州的游客。

导游一路驱车带我们向神山赶去。神山名叫基纳巴鲁山（Mount Kinabalu），据说是东南亚的最高山，最高点海拔有 4095 米，每天也有不少人来这里登山。由于地处热带，山上植被和动物种类丰富多样。今天天气不错，神山的顶峰完全展现在我们面前。导游说，我们的运气还不错，顶峰常常会被云遮住，所以不是每个游客都可以看到它的真面目的。

我们来神山不是为了登山的，而是来参观这里的热带雨林，并走一走建在雨林顶上的“索道”。走索道之前，先要爬一段山路，于是我把儿子用背带背在背上，一路向上爬。来到索道的入口处，发现这里排起了长队。原来这个所谓的索道，就是在参天大树比较高的位置用绳索连起来的栈道，一共分为好几段，每段结束的部分在大树上有一个不大的木头搭建的平台。由于每段索道同时只能承受 6 个人，因此大家行进得很慢。在排队的期间，儿子喝了点奶粉就睡着了。

轮到我们了，我把儿子继续背上，登上了索道。在索道上行走，摇摇晃晃的，脚下就是“万丈深渊”的热带雨林，感觉还不错。也许是摇晃得比较厉害，没多久儿子就醒了，可能是因为背在我的背上太热，儿子大哭起来，只有让岳母抱着走才不哭。下山的路上，一旁的马来穆斯林小姑娘逗着儿子玩，儿子也放声大笑，大家都很开心。

山脚下有泡温泉的地方，我们对这个不是很感兴趣，于是导游带我们去看霸王花。车路边一个地方拉着横幅，写着参观霸王花之类的文字，配有照片，几个看上去像是当地的农民在这里卖票，居然要 20 马币一个人。也不知当时怎么的，忘了讨价还价，直接买了票，然后跟着一个农民沿小路往里走，怎么看怎么像是在篱笆上挖出个入口，通向别人家的果园去参观的。

所谓的霸王花，也就是一种猪笼草，散发出极其芳香的味道，吸引昆虫前来被猪笼草捕食。导游说，这个霸王花刚开不久，现在直径有 80 多厘米，很难得看到这么大的，不知道是不是忽悠我们。

离开大王花，我们就返回亚庇市中心去了，路上经过了著名的水上清真寺。这是一个建在人造湖上的清真寺，平静的湖面上映出清真寺和蓝天白云的倒影，呈现出一幅宁静的画面。

晚上，我们来到亚庇市著名的海鲜餐厅——大茄来。根据网络上的介绍，这个餐厅以便宜著称。我们拿着地图，步行找到了这个餐厅。由于大茄来离我们的酒店有段距离，再加上我们今天玩得比较晚，来到餐厅时已经晚上 8 点多了，可是这里依然人满为患。等了一会儿才有位子，坐下点菜，被告知这里没有印出来的菜单，想吃什么海鲜直接口头点。可惜来得晚了，很多海鲜都卖完了，服务员说，如果想吃啥有啥的话，可能要下午4—5点就得过来。

休闲的一天

这次来马来西亚旅游，节奏慢得很，不像我以前的旅游那样紧。2月14日早上，我们一家人又到海边转了一转，给儿子拍了拍照。下午岳父岳母由潘导带领，去红树林玩，而我和Ellen就在“家”带儿子。为啥不一起去呢？因为所谓的去红树林玩，主要是下午坐船看树林里的长鼻猴；晚上看萤火虫。一路上在车上和船上的时间较长，而且持续到晚上9—10点，不知道儿子受不受得了，于是我们就分头行事：今天岳父岳母去，我们带儿子，后天换我们去。

儿子这趟来马来西亚，可高兴了，每天都出门玩，心都玩野了。在屋里呆久了，就会过来伸手要我抱，然后指向门口的方向，示意要出去玩。下午睡了一觉，傍晚又带他出门逛了。其实也不用去什么景色特别美的地方，任何东西对于他来说都是新鲜的。逛着逛着，天色暗了下来，路边有两棵大树，上面停满了鸟儿，漫天都是鸟儿叽叽喳喳的叫声。

晚餐时分，我们来到新记肉骨茶。这家餐厅很有名，在国内我们看的一些关于旅游的电视节目都有介绍。可是吃起来还是令人失望，没有预期得那么好。相比之下，我还觉得吉隆坡“十月胡同”的肉骨茶更为好吃。

岳父岳母晚上10点多才回到宾馆，儿子也坚持到11点才睡着。

一大口海水

来了马来西亚好多天了，一直都还没“下海”。2月15日一早，我们在办理退房（要换一个带海滩的宾馆），儿子在宾馆门口，看到门会自动打开，觉得非常好玩，就一直走进走出的，时不时还用手摸摸。等我们退完房，发现自动门已经坏了，两扇门卡在中间，既打不开也合不上，工作人员搬了个梯子开始修理。看来是儿子干的好事。

老潘来接我们了，把我们带到码头，今天我们要去小岛浮潜。码头上有许多旅游公司在营业，经营各式各样的海上旅游项目。我们在老潘的推荐下来到 Aparu 公司的柜台，定了早上 8:30 前往沙皮岛（Sapi Island）、中午 12 点从沙皮岛前往马穆迪岛（Mamutik Island）、下午从马穆迪岛返回亚庇市的行程，每人 40.2 马币（婴儿免费）；同时我们还租了两件救生衣，每件 5 马币。

从亚庇市乘船到沙皮岛也就十几二十分钟的路程，海上风比较大，也有点颠簸，儿子被风吹得有点发呆，目视远方、面无表情。

船停靠在沙皮岛的码头，一条长长的木桥从码头通向到了沙皮岛，这里的水果然非常清澈，木桥两旁的海水里可以看见各式各样的热带鱼类。进入沙皮岛还要交纳登岛费，每人 10 马币。我们来得算比较早，海边的沙滩上还有一些空置的木头桌椅。儿子已经睡着了，我们把他放在桌上，搭起雨伞挡挡风。我和 Ellen 换了衣服，下海去浮潜。

所谓浮潜，就是带着透明的面罩（罩住眼睛和鼻子），咬着吸管，头朝下平浮在海面上，观看海里的鱼类和珊瑚，通过嘴里咬着的露出水面的吸管呼吸。据说在许多地方如果想浮潜看到鱼，必须坐船到离岸边比较远的地方，而在沙巴这里，由于水质非常好，在岸边就可以看到很多鱼。

我们在海里看到了各式各样的热带鱼，五颜六色的。可惜对鱼类没有研究，都叫不出名字，唯一知道名字的就是小丑鱼。常常有鱼游到我的手的旁边，仿佛一伸手就可以摸到，其实是水里光线折射的关系，距离其实没有想象得那么近。我看到一只非常漂亮的鱼在我下方，一伸手，它便往远处游去，于是我便一路追着。看我不放弃，这条小鱼索性下潜，往深处游去。我也往下游，想追上它，完全忘了自己在浮潜、用的是吸管而不是腮在呼吸。这一下潜，整个吸管都浸没在水面以下了，瞬间从吸管里吸进来的不再是空气，而是咸咸的海水。其实我还没来得及尝到咸味，一下子一大口海水一股脑儿地喝到肚子里了。由于一路追赶的运动量还不小，这口海水的量还喝得挺大。

儿子睡了一阵，也醒了。我们给他换上泳衣，把他放在婴儿救生圈上，让他在海水上漂一会儿。这儿的水质真好，离岸边也就2—3米的距离，儿子的四周围着一群美丽的鱼，可惜他不会欣赏，压根不往下看。

中午12点多，我们收拾好东西，来到码头。码头上船来船往，各个公司的船都在这里接送游客，也不知道哪一艘是我们订的Aparu公司的前往马穆迪岛的，于是我每来一艘就问一下，结果都不是。终于，在约定时间过了10分钟左右后，我们的船来了。船一路开得飞快，颠得非常的厉害，Ellen一路大叫，让司机慢点。

到了马穆迪岛，不需要再付上岛费了，好像是每天只要付一次就可以上多个岛。这会儿海上起了风，海水没有早上那么清澈，浮潜也看得不是那么清楚了。不知道是不是因为这个原因，马穆迪这边水里的鱼没有沙皮岛多，不过个头比沙皮岛那里的大。

不知不觉2个小时过去了，虽然我们意犹未尽，可是该回去了。自从

早上在海里喝了一大口海水之后，我的肚子就觉得不大舒服。加上回程船上的颠簸，刚到亚庇市的码头岸上，我就吐了。吐完就觉得四肢无力，非常疲惫。

我们从码头步行出来，又到新记肉骨茶餐厅吃了晚饭，可是我一点胃口也没有，胡乱吃了一点。回到Horizon酒店，我们取了行李，打车来到太平洋舒特拉海港度假村。出租车不大，我们四个大人一个小孩，一堆行李，包括一辆婴儿车，差点装不下，最后我们坐在车里，手里还举着几件行李来到目的地。

太平洋舒特拉海港度假村是个五星级酒店，就在海滩边上，环境非常好，有一个很大的高尔夫球场，酒店旁的码头停着许多快艇，酒店所属的沙滩不大，但是风景不错。入住之后，我又吐了几次，而且发起了近39度的烧，不知道那口海水里有什么。一晚上什么也不能吃，只要肚子里有东西就吐。

红树林与长鼻猴

2月16日，按照计划，今天我和Ellen去红树林玩，岳父岳母在酒店带儿子。起床之后，感觉不发烧了，吃完早饭也不吐了，看来病基本好了。潘先生的车准时来接我们了，我们坐了1个小时左右的车，来到一条河边，换乘小船，先来到一个河边的餐厅休息了一阵，然后就出发去看长鼻猴了。

看来这个红树林旅游的项目就是针对中国人开发的，一路上同行的几艘船上全部都是中国人，一个其他国家的都没有。

长鼻猴是东南亚特有的一种动物，雄性猴子的鼻子随着年龄增长越来越大，而雌性猴子的鼻子比较正常。我们的船沿着河道一路前进，时不时可以看到岸边高耸的树木上一群群的长鼻猴，可是距离太远，用望远镜看都不是非常清楚，更别说用相机拍了。而且大部分时间看到的猴子都是背对我们，很难看到那最具特色的鼻子。看完猴子，我们在潘先生的建议下，来到一个船屋买了几只大头虾。这个虾还真是大，一只有我大半个小臂那么长，不知道味道如何。不知不觉已是黄昏时分，夕阳西下，天空中布满了红色的霞光。我们在世界各地欣赏过好多个号称“世界上最美的日落”，今天这里的景色也能算一个“最美的日落”吧。

回到河边的餐厅，我们开始享用自助餐，顺便让餐厅帮我们把大头虾煮了，收取 15 马币的加工费。大头虾的肉倒是挺多，可惜口感不好，不算好吃。顺便说一句，来红树林这里一定要涂防蚊液，蚊子非常多。

用过晚餐，天也差不多完全黑下来了，我们再次坐上船，去看萤火虫。行到河道中间之后，船夫把船停了下来，熄了灯，岸边树上一大群一闪闪的小点清晰可见。船夫打开一个绿色的灯照向萤火虫，不一会儿，许多萤火虫向我们飞来，原来这种绿色的灯光可以吸引萤火虫前来。我顺手抓了一只，放进了随身带来的一个透明的塑料罐子里，带回宾馆给儿子看。在回去的路上，我时不时地把罐子打开一个小缝透透气，生怕萤火虫憋死。

回到宾馆，儿子还没睡，我把灯关了想让他看看萤火虫。结果在漆黑之中他大哭大叫，根本注意不到萤火虫的存在，我只好开起灯，到门外把萤火虫放生了。

再次浮潜

之前的浮潜还没过足瘾，2 月 17 日早上，我和 Ellen 来到酒店附属的码头，准备再次去浮潜。毕竟是五星级酒店的地盘，这里的价格比之前通过 Aparu 公司去浮潜的价格要高出许多，之前 4 个人（外加一个婴儿）去 2 个岛只要 160.8 马币，这次我们 2 个人只去一个岛——马努干岛（Manukan Island），价格要 100 马币，而且租救生衣的价格也比之前的贵了一倍。我还租了一个 GOPRO 相机，准备拍拍水里的情况，一天的租金要 150 马币。贵也有贵的好处，这家公司在岛上派有工作人员，返回酒店的时间可以由我们自己决定，想回来时随时通知岛上的工作人员，他会尽快安排快艇来接，这样就可以尽兴玩，不必担心时间问题了。

今年春节的法定假日已经结束了，马来西亚的中国游客少了许多，加

上是一大早的时间，马努干岛上稀稀拉拉没几个游客。前天浮潜的时候背上没怎么涂防晒霜，晒得有点疼，今天我决定穿着 T 恤，外面再套上救生衣下水。前天在沙皮岛和马穆迪岛，我们主要都在离岸不远的地方浮潜，今天我们决定游远一些。

和沙皮岛相比，这里的鱼好像略少一些，但是可以看到许多珊瑚和海胆什么的。大部分珊瑚色彩暗淡（可能是死珊瑚吧），只有一些拥有美丽的色彩。浮潜的区域用水上浮标围了起来，快艇只能在这个区域之外行驶，以防撞到游客。我们一路游到可供浮潜的最远处的浮标旁，脚底下的海底突然消失，出现了一个巨大的深渊，黑洞洞的，看不见底，给人一种敬畏的感觉。不远处的水里可以隐约看到大群大群的鱼游来游去。这时，从我们脚下冒上了许多气泡，我低头一看，下面的深处有几个人戴着氧气瓶在深潜。

不知不觉我们在水里也浸泡了 3 个多小时，GOPRO 相机也被我用到没电了，差不多该回去了。Ellen 似乎还没有尽兴，回到酒店后，又在酒店旁的海里游了一会儿。今天儿子没有跟我们一起去，和外公外婆在酒店里的泳池里也玩得很开心。

晚餐时间我们又去了大茄来，这次我们下午 5 点多就到了，点了一堆海鲜，吃了个尽兴。由于第二天一早我们就要去机场，于是我向酒店预订了出租车以及第二天早上带走的早餐包。想起之前出租车太小的经历，我跟服务员说，我们 4 个大人一个小孩，行李较多，出租车要大一点的。服务员说没问题，车费要 80 马来西亚元。五星级酒店就是好，什么都挺贵的。

第二天一早我们退了房，拿了早餐包，兴冲冲地来到酒店门口，车已经等在那里了，果然够大，是一辆小巴，难道这里除了小型出租车就是小巴了吗？我们 5 人乘着宽敞的小巴，一路没几分钟就到了机场。经过不算漫长的飞行、等待、再飞行，我们回到了上海。

后　记

这次旅行算是比较轻松的一次，旅游的内容也比较简单，主要就是城市和海滩，本来不想写游记了，但是考虑到这是儿子第一次出国游，还是记录下来，等他长大了，可以看看游记回忆自己的童年。

2013 年 6 月 18 日

印度游

火车票购买攻略

2016年国庆美国旅游归来，该筹划下一个旅游目的地了。受地球是圆的的理论影响，当年哥伦布横跨大西洋，认为可以到达印度，没想到最后踏上的是美洲大陆。当时哥伦布误以为到达了印度，因此把当地的土著居民称为印度人，后人发现错误时，此称呼已经普及，不好更改。还好中文翻译时将美洲的土著翻译成印第安人，和印度人区别开，而在英语、西班牙语等欧洲语言中，印第安人和印度人是同一个词。

从“假印度”回来，该去真的印度了。正好春节我们打算回Ellen老家——昆明过年，而东航有从昆明直飞加尔各答、从新德里直飞上海的航班，这样我们可以全程不走回头路，于是我愉快地把机票先买好了，1月29日大年初二晚上从昆明出发、2月11日元宵节凌晨3:30从新德里返回，每人3190元人民币。之前和我们结伴去纳米比亚的李姐听说我们要去，欣然要求一同前往。

在印度旅游，交通是一大麻烦。跟团旅游当然方便，全程大巴就行了。像我们这样的自由行，主要得搭乘火车，因为印度很多的小城市之间并没有飞机航线，或者即使有，都必须经过新德里或孟买转机才能到达，耗时又折腾。相比之下，印度的铁路网络还是非常的发达，几乎各个地方都可以到达。火车票通常分为一等卧铺、二等卧铺、三等卧铺、普通卧铺和普通座位这几个等级。一般外国游客去印度旅游，都选择卧铺，毕竟在普通座位车厢和一群印度人挤在一块并不会是一个美好的回忆。况且，要想提前在网上购买火车票的话，只能买卧铺票，普通座位的票好像只能到火车站才能买到。

卧铺票在印度比较抢手，一般提前一个多月就可以购买，而且很可能很短的时间内就被抢购一空。因此，我需要抓紧时间购票。在网上购买印度的火车票，需要一个繁琐的过程。作为软件大国的印度，购买火车票的网站（www.irctc.co.in）还是很好使用的，但是问题是，注册账户必须验证邮箱和手机号码后才可以使用，这个手机号码只能是印度的手机号。因此，作为外国游客，只能通过以下途径：首先注册一个账户，验证邮箱后，通过这个邮箱向 care@irctc.co.in 发一封邮件，解释一下自己是外国游客，请他们帮忙完成账户注册，同时附上账户名称以及自己的护照首页扫描件，之后就是耐心等待了。我在发送这封邮件 2 周之后，收到了回信，通知我可以正常登录购票了。

由于国内的信用卡在网上支付火车票时可能会遇到问题，网上很多关于购买印度火车票的攻略建议通过一个中介网站 www.cleartrip.com 来购买。由于印度火车票实行实名制，通过这个中介网站买票，并不能跳过在 irctc 网站上注册账号这一步，也就是说，需要先通过上述步骤，注册了账户之后，把账号和密码告诉 cleartrip 网站，把车票钱以及手续费在线支付给 cleartrip 后，这个中介网站再帮你买票，因此，存在付了钱但是没买到票再退钱的可能性。长期的旅游经验告诉我，能不使用中介就不使用，于是我决定直接在 irctc 上购票。

在网上查到想要买的车次之后，填入姓名护照号码以及年龄，我下了第一笔单，随后进入支付环节，网站上提供多个不同银行的网银渠道进行支付，我尝试了一下，除了一个叫做“International card”的网银渠道可以成功用国内的信用卡支付，其他渠道支付均不成功。

订火车票是一个繁琐的事情，因为查询之前你并不知道两个城市之间是否有火车相通，出发到达时间各是多少，如果时间不合适的话，有可能会影响后面的行程。此外，很多城市都有几个火车站，用不同的站名搜索可能会出不同的结果。例如泰姬陵所在地的阿格拉，就有 Agra Fort Railway Station 和 Agra Cantonment Railway Station 等多个火车站，只有 Agra Cantonment 这个火车站有符合我的行程的火车车次。

因此，在预订的过程中，我也在不断地调整自己的行程计划，订了 4 趟车之后，我决定对路线做一个较大的调整，去掉一个原先想要去的城市，增加两个其他城市，同时需要取消已经订好的两趟火车，再订一趟飞机。不通过中介网站的好处之一就是退票方便，在 irctc 上直接退票，显示退款几天之内能回到我的账上，但是要扣掉一部分退票费。不知道这个费用是怎么计算的，好像不是按金额比例，4 个人 2 趟火车的退票费总共 100 多元人民币。

根据现在的路线计划，还有 3 趟火车票要买，可是到了支付环节却怎么也不成功，网页提示由于风险因素，支付不成功。试了无数次，还是这样，不知道怎么回事。

当天晚上，我的手机接到了一个来自印度孟买的电话，客服小姐带着浓厚的印度口音问我是否买过印度的火车票，我回答是的，电话随即就被挂断。第二天我再登进系统里买票、支付，立马成功了。看来也许是我连着买了 4 趟票、再退了 2 趟的行为触发了他们的风险控制，需要人工打电话确认一下之后就可以继续买了。顺便说一下，irctc 网站的确对买票有所限制，明文规定，一个账户一个月内只能买 6 趟车次的车票。

从 2015 年开始，中国游客前往印度旅游，可以办理电子签证。只需在家上上网，填一些基本信息，提交一下护照扫描件、照片什么的就行。获批之后，打印出电子签证批准的信件即可出关、入关，省去了跑到签证中心办理签证的麻烦，而且价格还便宜。从电子签证获批之日起 30 天内可以入境印度，从入境日起可以停留 30 天。因此，不宜太早办理电子签证。1 月 3 日下午 3 点多，我在线完成了电子签证申请的提交，一共就花了 20 多分钟。第二天上午，就收到了获批的信件。半天就出签，这效率还挺高的，的确比去签证中心办理纸质签证方便多了。

印度历史和神话

虽然位于四大文明古国之列，印度历史上大部分时间并不是一个统一的国家，而是由许多个小国构成的。由于缺乏足够的连贯的史料记载，关于古印度的历史，历史学家中存在着争议。市面上买到的印度历史的书籍，大部分篇幅都是在讲英国殖民时期的历史，而对古印度历史都是寥寥几页带过。

古印度历史上比较著名的王朝有孔雀王朝（著名的阿育王就是孔雀王朝

的第三位君主）、笈多王朝等，但是如今在印度能看到的古堡、宫殿什么的，大都是莫卧儿王朝留下的。莫卧儿王朝是入侵印度的穆斯林建立，王朝由巴布尔建立，随后几任的皇帝分别是胡马雍、阿克巴、贾汗吉尔、沙贾汗、奥朗则布，从奥朗则布之后，王朝开始衰落。不知道是传统还是什么别的原因，莫卧儿王朝常常发生皇子篡位软禁父亲的事，其中比较著名的篡位就是奥朗则布将父亲沙贾汗关在阿格拉堡，使其只能通过窗户遥望泰姬陵。莫卧儿王朝鼎盛时期，疆土包括如今的印度、巴基斯坦、孟加拉国、伊朗、阿富汗等地方，衰落之后王朝一度成为英国人在印度统治的傀儡。

虽然佛教发源于印度，但是长久以来在印度的土地上盛行的还是印度教，即使是在莫卧儿王朝，上层统治阶级信奉伊斯兰教，但是广大人民还是印度教的信徒。

印度神话人物众多，主要有 3 大神：梵天（Brahma）、湿婆（Shiva）和毗湿奴（Vishnu）。梵天是创造一切的大神，湿婆是毁灭之神，毗湿奴则是维护之神。虽然梵天创造了一切，但是如今信奉梵天的人并不多，大部分印度人是湿婆或是毗湿奴的信徒。

如何分辨这 3 大神的画像呢？通常，梵天以四面（四张脸）的形象出现，毗湿奴以四臂的形象出现，而额头上有第三只眼的那个就是湿婆。

梵天创造了世界之后，又从心境中生出了众多个儿子，湿婆就是其中一个，而毗湿奴则是梵天的曾孙辈。

关于梵天，有一个比较有趣的故事。梵天从心意中生出了爱神迦摩，迦摩出生时就背着弓箭，他射出的箭可以使人产生爱欲和渴望。于是从此世上的男女不再孤单，各种生物也开始繁衍。而梵天自己却形单影只，于是决定创造出一个世界上最美的东西——绝世美人莎维德丽。没想到调皮的爱神向自己的父亲射了一箭，使他爱上了莎维德丽——自己的女儿。莎维德丽一直躲着父亲，于是梵天就生出了四张脸，以确保莎维德丽在他的视线中，于是莎维德丽飞到了天上，梵天又在头顶生出了朝向天空的第五张脸。后来莎维德丽向湿婆求助，湿婆用额头上的第三只眼喷出火，烧掉了梵天的第五张脸，才使梵天恢复了理智。虽然创造了整个世界，但是梵天在印度神话中的形象是傲慢、爱憎不分明的。

关于毗湿奴，他的形像始终是维护正义、保护众神的正面人物。叙述他的丰功伟绩的故事很多。毗湿奴有十大化身，许多故事都是通过他的化身展开的。这十大化身是：头上长角的鱼、龟、野猪婆罗诃、人狮那罗辛哈、侏儒伐摩那、持斧摩罗、罗摩、黑天、释迦牟尼（是的，佛主释迦牟尼在印度教神话中是毗湿奴的一个化身）以及白马迦尔吉。篇幅有限，关于这十大化身的各个故事我就不介绍了。

关于湿婆，这个人物性格比较复杂，他是毁灭之神，又以苦行僧的形像流浪在世间，还因为擅长跳舞、创造了众多舞蹈而被称为舞王。他的婚姻故事也很有戏剧性：湿婆娶了达刹仙人的女儿萨蒂为妻，而达刹仙人却非常不喜欢这个女婿。一次，达刹仙人举办了一个盛大的宴会，邀请了三界的群神来参加，唯独不邀请湿婆。湿婆并不介意，但是萨蒂却咽不下这口气，跑去宴会现场和父亲理论。没想到达刹仙人当着萨蒂和众神的面羞辱湿婆，萨蒂投火自尽。暴怒的湿婆赶到现场，砍下了达刹仙人的头，并重伤了众多天神，后来还是毗湿奴出手才阻止了更多的破坏。之后一万年间，湿婆四处游荡苦行，怀念自己的妻子。后来萨蒂转世成为雪山女神帕尔瓦蒂（Parvati），通过苦行感动了湿婆，成为湿婆新的妻子。

神话故事总有善恶两派，梵天的后代中，天神和阿修罗分别代表善恶不断进行着斗争。天神们和阿修罗们都是梵天的儿子——迦叶波的儿子。天神是迦叶波与第一个妻子阿底提的孩子，而阿修罗是迦叶波与第二、三个妻子生的孩子。起初，天神和阿修罗共同掌管着三界，后来在甘露争夺战中，双方反目成仇。

甘露争夺战是印度神话中一个重要的故事，这个故事又被称为“搅动乳海”：天神和阿修罗约定一同搅动乳海，以获取乳海中的甘露。食用甘露，可以长生不老。他们决定用龙王婆苏吉作为搅动的工具。毗湿奴深知阿修罗们多疑，提出让天神们抓着龙头，阿修罗们抓住龙尾来搅动。果然，阿修罗要求持龙头。就这样，搅动了一百年，龙王身体被搅紧后，吐出毒焰和热气，把阿修罗们熏了个半死，而持龙尾的天神们反而可以享受到龙尾摆动带来的凉爽清风。在甘露即将出现时，龙王不堪重负，将身体里的毒液吐在了乳海中。湿婆为了避免三界被毒害，将毒液全都喝了下去，因此喉咙被毒液灼烧成了青紫色。最终，吉祥天女拉克什米（Lakshmi）手托着甘露从乳海中出来了，她选择了毗湿奴作为自己的丈夫（真会选）。毗湿奴化身成了一个美女，为阿修罗们跳舞，吸引了他们的注意力，而天神们借此分食了所有的甘露。其中一个名叫罗睺的阿修罗装成了天神的样子，刚把甘露吃到嘴里，被太阳神和月亮神发现，告诉了毗湿奴，毗湿奴一刀将罗睺的头砍了下来，由于甘露还含在嘴里，因此罗睺的头具有了永生的能力，但是失去了整个身子。从此，罗睺对太阳神和月亮神恨之入骨，无止境地追着他们想把他们吃掉。但是由于罗睺没有身体，吃进去之后又从喉咙漏出来，因此产生了日食和月食。

印度神话中还有两个人物，在印度经常可以看到他们的雕塑或是画像，一个就是犍尼萨（Ganesha），又称象头神，是一个长着大象的头的小孩形象，被认为是智慧之神、财富之神。犍尼萨是湿婆和帕尔瓦蒂之子。话说湿婆常年在外苦行，帕尔瓦蒂一人在家比较孤独，就用泥土捏了一个小男孩并赋予其生命，这就是犍尼萨。帕尔瓦蒂让犍尼萨看门，结果一天湿婆回来，被犍尼萨阻挡在门外，于是湿婆将犍尼萨的头砍下。后来得知原委之后，向毗湿奴求助。毗湿奴说，出门向北走，遇到第一个生物将他的头砍下，安在犍尼萨的身体上就可以使犍尼萨复活。后面怎么回事大家也应该可以想象出来了。此外，犍尼萨只有一边象牙是完整的，具体的故事我就不展开了，只是提醒大家，买纪念品时不要以为缺失了一边象牙的犍尼萨塑像是残缺品。

另一个人物就是猴王哈奴曼（Hanuman），可能是《西游记》中美猴王孙悟空的原型。只不过在印度神话中，哈奴曼是一个面貌丑陋的猴子。印度神话中的哈奴曼也有摧毁类似蟠桃园这样一个果园的故事情节。

去印度之前，如果有兴趣且有时间的话，阅读一些印度神话的故事，还是挺有意思的。

脏乱的加尔各答

在昆明岳父岳母家过了年之后，大年初二晚上，Ellen 和我带着 5 岁半的大儿子直奔昆明长水机场去和李姐会合，小儿子还不满两岁，还不适合去印度这样的地方，等再大一点再带他继续看世界吧。

飞机晚点近一个小时才起飞，印度与中国时差2个半小时，到达加尔各答已是凌晨1点多。入关时，选择电子签证通道。一共就两个窗口办理，效率特别低，一个人要办上5分钟左右，还好我们出来得早，排在比较前面，只等待了不到二十分钟就成功入境了，估计排在后面的要等上1个多小时。

听说在机场换汇汇率不太好，我们决定第二天在市里再换。李姐在国内托人换到了2000多卢比，应该暂时够用。我们找到预付费出租车的窗口，把酒店地址递过去，工作人员说310卢比。折合人民币也就三十几快钱，挺便宜的。拿着收据，我们来到了机场外的出租车等候点。这里的出租车都是黄颜色的，外表看上去还不错，可是上了车就发现，里面还是挺破旧的。作为曾经的英国殖民地，印度采取和英国一样的左行右舵。我把地址递给司机，看来他并不熟悉这个地址，看了半天，我问他是否认得路，他点了点头。之前在网上看印度旅游攻略，经常有人说印度的出租车、突突车（三轮摩托）司机有时不认识路，但是为了拉客，先说认识，上路了再说，最后发现路远还会加价什么的，不过这个是预付费出租车，应该没问题吧。

从机场出来不久，感觉就像是进入了农村地带，一路上道路破旧，路边灯光昏暗。不知道是不是为了防止夜晚车速较快，市中心的很多道路每隔几十米就有一个标着加尔各答警察局标志的路障放在路中央。加尔各答是英国殖民时期印度的首都，有许多英国人留下来的建筑，在昏暗的灯光下，别有一番风味。

看来司机果然是不认识路，路上问了2个出租车司机后才找到酒店。我觉得挺纳闷的，这是一家位于市中心的五星级酒店，难道这么不知名吗？

可能是贫富分化较大的原因，进入酒店要先安检。在印度住酒店，信息登记还挺详细的，一路上的酒店，都要登记上一站是哪个城市，下一站去哪里，一共在印度呆几天什么的。全部折腾完，到达房间里，已经快3点了。

早上7点多，我就起床了。掀开窗帘一看，外面已经是艳阳高照。酒店门口是一条狭窄的马路，马路对面显然和这个酒店是两个世界，破旧不堪。酒店的早餐非常丰盛，除了一些欧式早餐常见的食物之外，还有各种印度风味的大饼、酸奶、咖喱等，味道挺好的。

加尔各答并不是我们这趟旅游的重点，我们打算就四处逛逛，看看殖民时代留下的一些建筑什么的，于是我来到酒店前台，打算要一份地图。酒店的工作人员很热情地拿来了地图，向我介绍了一些附近可以逛的地方。由于今天是星期一，而每周一所有的博物馆什么的都不开门（好像整个印度都是这样），因此可以逛的地方不多。工作人员还热情地推荐我们包酒店的车，说是总共4个小时同时总行程不超过40公里的价格是2800卢比（不含税），如果超过了需要额外计费。其实我不是很想包车，于是对他说我考虑一下要不要包再告诉他。不知道他是没听懂还是故意的，打了一个电话然后告诉我，车一会儿就来。

我和Ellen、李姐商量了一会儿，考虑到今天凌晨3点多才睡，而且外面天气炎热，还是包酒店的车出去逛逛吧。出门之前，先在酒店换点外汇吧。我问了汇率之后，觉得不是很合算，决定先换100美元。结果工作人员说，国家对换汇有限制，100美元超过了1个人的额度，需要用我和Ellen两个人的名字，我说没问题。没想到拿到手只有5850卢比，相当于1美元=58.5卢比，怎么这么少，比在网上看到的1美元换约67卢比差了许多？工作人员说，因为还有手续费，手续费是按人头收的，我用了两个名字换汇所以要收两份手续费，因此剩下只是这么多了。感觉被他蒙了一把，算了，吃一堑长一智，下次换汇我一定先问清楚手续费的情况。

虽然工作人员说车马上就到了，我们等了快半个小时才来。上车之际，酒店工作人员塞给我们好几瓶矿泉水让我们带着路上喝。

车子出发了，脑海中存留着的凌晨时分空荡荡的街道的景象霎时间被击得粉碎，马路上拥挤不堪，小汽车、公共汽车、突突车、行人、牛、马车等全部挤在一块，汽车基本上没法按照车道走，有空隙就往前钻；行人也一样，随时可能出现在汽车的前面横穿马路。我们的车两旁的后视镜不时地撞到行人，而司机与行人似乎都已习以为常，仿佛什么都没发生一样。我们的酒店就在老城区的市中心，周围不少维多利亚风格的建筑，但在这样一个混乱的环境下也显得黯然失色了。不过虽然城市脏乱，但是充满了各种色彩：所有的公交车外表都是五颜六色的、出租车是明亮的黄色，满大街色彩鲜艳的纱丽……

古老的城市中一般都有一条河流过，加尔各答也不例外，恒河的支流——胡格利河（Hooghly River）就流经这里。在加尔各答，有为数不多的几座桥横跨胡格利河，其中豪拉大桥（Howrah Bridge）离我们的酒店也就2—3公里的距离，可是由于拥堵的交通，我们花了不少时间才到达这座大桥。豪拉大桥建于20世纪40年代，是一座钢结构的吊桥，即使以现在的标准来看，这座桥也算是宏伟而且很有特色的。据说每天有约10万辆汽车和15万行人通过这座桥，估计是世界上最繁忙的桥了。混乱的交通导致时常有汽车撞击大桥，加上各种鸟类的粪便、人类的口痰带来的腐蚀，豪拉大桥已经出现了严重的损伤，加尔各答政府正在想尽办法保护大桥，比如在桥上装上监控头督促司机遵守交通规则、给大桥刷上油漆防止腐蚀等。

根据酒店工作人员的路线推荐，我们通过豪拉大桥，来到河的西岸，继续在车流人流中穿行，终于到达了第一个目的地——一个寺庙。已经是中午12点左右，我们下车才发现，这个寺庙中午关门休息，直到下午3

点才开门。李姐拿出攻略书籍一查，我们今天计划要到达的几个寺庙中午至下午 3 点前都关门。没地方可去了，算了，就当包车半日游览市容吧。于是我让司机掉头往回开，去另一座横跨胡格利河的大桥上去看看，在那里也许能够拍到豪拉大桥的全景。

就这样，我们一路欣赏着城市的拥堵，来到了 Vidyasagar Setu 大桥。这附近好像比之前的地方现代化一些，远处可以看到一座在建的几十层的高楼。在桥上向北望去，的确可以看到豪拉大桥的全景，但是由于空气质量不佳，远处灰蒙蒙的，看得不是很清楚。桥的对面看样子是新城区，建筑现代化，远看也比较整洁。我们不打算去新城区参观了，于是让司机掉头返回。没想到桥上不能掉头，开到对岸有一个收费站，司机付了过桥费之后才能掉头，掉头之后，还是收费站。这样我们瞬间付了 2 次过路费，返回到河的东岸。

成为摄影模特

实在没地方可以去了，我让司机把车开到维多利亚纪念馆（Victoria Memorial），本来打算明天去的，今天虽然博物馆不开门，至少可以在外围走走看看。纪念馆门口不能长时间停车，我和司机约定出来的时候打他电话，他再开车来接我们。

维多利亚纪念馆建于 1906—1921 年间，用于纪念女王维多利亚一世，入境成为了一个博物馆。虽然博物馆星期一关门，但是纪念馆外围的花园还是对外开放的，花园门票每人 10 卢比。花园中间正坐着维多利亚女王的铜像，背后的纪念馆是由雪白的大理石建成的，气势雄伟。维多利亚纪念馆融合了英国和印度的建筑风格，里面好像主要是展出一些美术作品。由于今天馆内不开门，外部花园里主要是当地人在这里游玩拍照。之前听说印度人非常喜欢用手机自拍，果不其然，在这里以及我们后面多日的旅行中，随处可见印度的男男女女拿着手机自拍。此外，印度人民非常喜欢和我们合影，特别是和我儿子，不知道是因为觉得他长得可爱还是因为这里比较少看见这么小的中国小孩。在印度人民邀请下一起合影成了我们这趟旅游中几乎每天不可缺少的部分。

从花园大门出来，给司机打了电话，过了好长时间，车才开过来。回到酒店，工作人员帮我计算了一下，总共行车 3 小时 47 分，47 公里，总计费 2350 卢比外加 6% 的税。其他人回屋休息，我决定一个人出门，找个银行换点汇，也许汇率会比较合算。

这下可以更近距离体验一下拥堵了，由于我拿着相机，穿着又和当地人不同，一路上收到不少人好奇的目光。由于这里是市中心，附近不少银行网点。可是去了几个银行，都说不能换汇。唯一一个说是可以换汇的是印度国家银行，但是马上就 4 点半了，银行要关门了，门口的保安建议我明天再来。返回酒店的路上，路边搭起了不少街边小摊，烹饪着各种饼、手抓饭以及很多叫不出名字的食品，生意挺好，不过看上去卫生情况不怎么样。都说来印度旅游容易拉肚子，因此我也不敢随便尝试这些街边小吃。再说，手头没多少卢比现金，还是在酒店吃晚饭吧，可以用信用卡呢。

五星级酒店的餐厅的环境的确是路边摊不能比的，我们看了菜单后，点了一些印度风味的食物，考虑到儿子不能吃辣，我们特别和服务员强调，不要辣。不知道沟通上哪里出了问题，端上来的开胃菜——印度的大饼就是辣的，而且之后上来的每道菜都很辣，最辣的一份居然就是给儿子点的那盘炒面，我们只好把不太辣的都给了儿子吃。服务员在一旁看我们辣得不行，免费送来一些酸奶让我们缓解一下。这顿饭总含税和服务费近 5000 卢比，是我们这趟印度行最贵的一顿，也让我们充分见识了印度菜的辣。

饭后，我们在附近昏暗的小巷子里逛了逛，来到一个纱丽店，进去看了看。和老板聊了聊才搞清楚原来纱丽就是一块很长的布，并不是制作好了的衣服，能把这么长的一块布裹在身上随处走动不掉下来也是一项技术活。纱丽下面的内衣叫做 Blouse，如果需要的话可以请裁缝额外订做。

印度初印象，可以用三个字概括：“脏、乱、辣。”

市中心的垃圾山

1月31日6点多，我早早起床，趁着天色刚亮，一个人出门看看印度人民早上的生活是怎样的。徒步的目的地是离我们酒店1—2公里的一个老中国城，不过据说现在已经没多少中国人在那里了。

天蒙蒙亮，但是街头已经热闹起来了。当然，也有一些不那么勤快的人还在街头睡觉，是的，就在人行道上睡，铺一个垫子、盖一个毯子就这么接近大自然。一些人在身上擦了肥皂，在路边的水井旁洗澡，还有一些蹲在街边刷牙。看来水源有限，很多人领着大桶小桶到水井或是有水管的接水点去取水。路边摊已经开始生火做饭，一些小商贩已经在地上摆好摊位开始做生意。正好Ellen的拖鞋坏了，我在这里买了一双，100卢比成交。毕竟是老中国城，摆摊的人群中，我看到了一个像是中国人的面孔。距离这个集市没多远，就是一个露天垃圾场，就在街道边上，臭气熏天。堆成小山的垃圾上有一些人在分拣垃圾，还有几头牛、三两只狗，以及无数的乌鸦在垃圾中寻找食物。

很难想象这就是印度第三大城市市中心普通民众的生活。

回到天堂般的酒店，用罢早餐，我们退了房，存了行李，再次徒步出发，沿Chowringhee Road一路向南走去。加尔各答所在的西孟加拉邦好像是由印度共产党执政，也许是因为这个原因，附近的街道有以列宁、胡志明、孙逸仙等人命名的，途中还看到一个铜像好像是列宁像。

加尔各答街头小商贩还挺多的，一路上都是卖各种商品的小摊，正好儿子这次来印度忘了带帽子了，就在路上买了一个。

随后我们来到了印度博物馆——印度最古老也是最大的博物馆。博物馆里收藏着很多印度教的雕塑、古生物化石、人类考古展品等。参观过程中，又有好多当地人过来和儿子一起合影。

从印度博物馆再往南一些，有一条斜叉向东南方向的街道，名叫Park Street。这里有很多商店餐馆，还有外汇兑换点。我在这里兑换了200美元，汇率是 1 美元 =63 卢比，没有额外手续费。已是午饭时间了，我们就在这里的麦当劳简单吃一顿快餐。

加尔各答的地铁

回到 Chowringhee Road，人行道上小摊边上堆满了人，许多看着像是在附近办公楼上班的白领站在这里，端着盘饭手抓着吃，导致道路更加拥挤。

在人群中穿行，我们来到了莎士比亚大街（Shakespeare Sarani Road）上的印度旅游局，领取大理石宫（Marble Palace）的门票。大理石宫是一个私人宫殿，但是不需要购买门票，而是必须事先到印度旅游局登记，免费领取参观许可，不知道为什么这么安排。

从印度旅游局出来，我们来到地铁 Maidan 站乘坐地铁。目前加尔各答只有一条地铁线路，建于 1984 年，是印度的第一条地铁。2009 年起，政府先后开始建造另外 5 条地铁线，8 年左右的时间过去了，没有 1 条线修好，由于各种原因，竣工日依然遥遥无期。

进入地铁站要安检，我们正准备照相，马上有警察过来制止，说是地铁里不能照相，后来我们才在地铁站外看到了不允许照相的提示。可能是由于这会儿不是上下班时间，地铁里不算非常拥挤。5 站地铁之后，我们来到了 MG Road 地铁站。沿大路往北走，马路边上全都是出售纱丽的店，看样子应该不是针对外国游客的。

奢华的私人宫殿

从地铁站出来，步行大约 400 米就到了大理石宫。在污水横流、混乱的小巷中，居然隐藏着这么一个豪华的宫殿。据说宫殿至今还有人居住，宫殿里不许照相，进入宫殿要脱鞋，必须由专人带领参观。宫殿是一个欧

泰戈尔故居

式建筑，中间一个庭院，四周一圈房子。庭院的顶上用巨大的网兜覆盖，这样外面的鸟飞不进来，里面的鹦鹉、鸽子什么的也飞不出去。

在向导的带领下，我们参观了这个极其奢华的宫殿，里面有来自世界各地的各种珍贵的收藏，来自中国、日本的瓷器，来自欧洲各国的雕塑、维多利亚风格的家具、制作精美的钟、欧洲和印度知名画家的作品，包括鲁本斯、提香等人的真迹。其中比较有意思的有几幅人物画，在左边看的时候，人物的膝盖是转向左边的，从右边看则是转向右边的。

参观之后，我给了向导 100 卢比小费，没想到他还嫌少，于是又塞给他 100。

加尔各答历史上有 2 个比较知名的名人，都是诺贝尔奖获得者。一个是诺贝尔和平奖获得者特蕾莎修女，不过我们这次没时间去参观特蕾莎修女之家。另一个就是诺贝尔文学奖获得者、大文豪泰戈尔。从大理石宫大门出去，沿着大门正对着的小巷向北不多远，再左转就到了泰戈尔的故居。

泰戈尔故居现在已经是 Rabindra Bharati 大学的一部分。学校里面干净整洁，绿草鲜花的，仿佛是周围脏乱环境中的一个世外桃源。参观泰戈尔故居需要购买门票，而且里面不能照相，而且需要脱鞋。我们嫌麻烦，就在外面欣赏了一下外观就返回了。

坐地铁到 Chandni Chowk 站，再步行一小段，我们就回到了酒店。我们今晚要坐 8 点的火车前往恒河边上的印度教圣地——瓦拉纳西（Varanasi）。我问酒店工作人员，订个车去豪拉火车站（Howrah Junction Railway Station）要多少钱，得到的答案是 2000 卢比。我说，太夸张了吧，我们半夜从机场打车过来 20 多公里才 310，而豪拉火车站离这里只有 4 公里左右的车程。工作人员于是马上把价格降到 300 卢比，我表示可以接受。没想到我们收拾行李的一会工夫中，这个工作人员突然过来说，可以免费送我们去火车站，但希望我们能在网上给他们一个好评。不知道是不是觉得刚才 2000 卢比的报价过于野蛮，现在良心发现直接给我们免费了。既然免费，我们当然乐于接受。

印度火车初体验

豪拉火车站是印度最大的火车站，建筑体以红色为主，看上去非常的大气。第一次在印度坐火车，我们提早了一个多小时到，开始寻找我们这班列车的站台信息。这时，一个印度人突然走过来，叽里呱啦说了一堆，好像是想看看我们的票。看看又没什么损失，于是我拿着票让他看。他又比比划划地说了半天，还指着外面。看我们不明白，他又拉来一个正在等车的会说英文的当地人，那人看了票，说我们应该去老火车站区，从这里从门往东一小段路就到。之前那个印度人就拼命挥手让我们跟他走，不知道有什么猫腻，我们停下来不跟他，往另外一个方向走去，没想到他走了几步发现我们没赶上来，又追上我们让我们跟他走。这么来来回回几次才把他甩掉。不知道他到底是一个热心人还是另有所图，反正在景区、火车站这种地方，主动过来搭讪让我们跟着走的，我们一概不理。

从新火车站区出来，走个一百米左右，就来到了老火车站区，看来这个豪拉火车站的确挺大。一个巨大的候车大厅里面熙熙攘攘，椅子都已经坐满，更多的人是把毯子铺在地上坐在上面的。大厅里面的信息牌显示每天从这里出发的火车车次，有我们这辆车，看来没错。可是显示候车站台的电子显示牌上却一直没有我们这辆车的信息。还好候车大厅里有个询问台，我过去一问，被告知我这趟车在 10 号站台。直到我们上车，电子显示屏上都没有显示我们这趟车的站台信息。

登车时，看到普通座位的车厢前排着长长的队伍，还有警察在维持秩序。一些人手上还拿着钱，不知道是不是直接在门口买票上车。而上卧铺车厢是不需要出示车票的，直到车开出一段时间之后，才有人来查票。因此，也有一些人买不到卧铺票，临时上车再补。可是如果没有空铺位该怎么安排我就不知道了。

我们这趟预订的是三等卧铺，分上中下三个铺位，不睡觉时中铺可以收起以腾出空间，车厢内有空调。国内的卧铺通常是仅在走道一侧有床位，另一侧是供乘客休息的座位。印度的卧铺则不同，另一侧还有上下两铺，和走道平行，分别被称为侧上铺（Side Upper）和侧下铺（Side Lower）。侧下铺的床可以从中间分开向两边收起，收起后成为两个椅子。

我给儿子买的是不占铺位的半价票，倒不是为了省钱，原本是打算每人一个铺位的，一个同事问我，你儿子单独一个铺位你晚上睡得着吗？会不会担心他被人抱走。我觉得很有道理，最终没给他买独立的铺位。不过三等铺床位挺小的，和儿子一起睡比较拥挤。

列车运行途中，一辆列车从我们旁边开过，看到普通座位车厢内的情形：虽然没有像网上一些照片展示的那样车厢外挂满了人的情形，但是里面的确挤满了人，车门也没有关，门口也站满了人。车厢的窗户焊上了一根根水平的铁条，看上去就像监狱一样。

坐在我们对面的是一个在美国工作的印度妇女，她这次专程从美国回来，带她 80 多岁父亲旅游。她告诉我，如果来印度首先到加尔各答的话，会觉得印度非常脏乱，但是其他地方会好很多。至于瓦拉纳西，这也是她第一次去。

一觉睡得还算安稳。车厢里不时有人领着一个大桶，拎着一次性纸杯叫卖奶茶。早上起来我买了一杯，好小的一个杯子，只比国内喝白酒的小杯子略大一点，10 卢比。我还买了火车上叫卖的早饭，像馒头一样的东西，但是味道有点酸，一点也不好吃。

最年轻的住客

本应 9:30 到达瓦拉纳西，火车晚点了约 2 个小时。我们在瓦拉纳西预订的住宿是 Bhadra Kali Guest House 客栈，位于恒河边上的小巷中，据说不太好找，因此我提前向客栈预约了来火车站接我们。由于事先提供了我们的卧铺席位号，客栈工作人员直接登上火车来找我们。这位工作人员穿着鲜亮颜色的蓝衬衫，姑且称他为“蓝衬衫”吧。我还以为客栈会派车来，没想到蓝衬衫出车站后临时叫了两辆突突车。

火车站外的马路上一片混乱，喇叭声震天，各种交通工具堵在一块，感觉比加尔各答还乱。除了不时横穿马路的行人之外，不时还有牛在路上悠闲地散步。说实话，我也去过 40 多个国家，如此混乱的场景还真是第一次见。路没多远，但是开了挺长时间。蓝衬衫说今天是一个节日，前方太拥堵，我们需要下车跟着他步行走个近道，在小巷中穿行。

我们小心翼翼地在迷宫般的小巷中穿行，努力避开地上的污水和各种粪便，有时还得想方设法驱赶站在中间堵住整条巷子的牛。终于，到达了客栈。客栈老板告诉我，虽然我们通过 booking.com 订了一间带洗手间的“海景房”和一间不带洗手间的普通房间，但是实际上“海景房”早就被其他人预订走了，他说他想没必要提前告诉我这个事，现在就提供给我们两件不带洗手间的普通房，当然，价格是按普通房的来收取。住酒店常常碰到免费升级的，这自动降级的倒是第一次见。在登记我们的护照资料时，老板拿着儿子的护照说，这是他第一次看到这么小年纪的护照。看来儿子有幸荣获 Bhadra Kali Guest House 史上最年轻的住客。

这个客栈虽然条件一般，但是位置非常的好，离主码头——Dashaswameth Ghat 只有步行 200 多米的距离。李姐在攻略书上查到，这里有一家叫做 Megu Café 的日本餐厅还不错，我们打算先去那里吃午饭，蓝衬衫主动提出带我们前往 Megu Café。从小巷中拐到 Dashawameth Ghat Road，右手边就是主码头。蓝衬衫带着我们向左拐，一路上有各式打扮的人，衣着颜色都很鲜艳，不知道是属于什么教派的，牛、狗、猪、猴什么的也不少。

没走多久，路的右手边出现一座庙宇，就是瓦拉纳西著名的金庙——Kashi Vishwanath Temple，从大门进去，发现是一条人群拥挤的商业街，琳琅满目地出售纱丽、头巾、以及各种手工艺品。金庙就在街道后面，据说只有印度教教徒才可以进入。沿着这条街一直往前走，看到路边 Megu café 的标记再往右拐，就到了这家餐厅。餐厅的店面非常狭小，总共只能容纳十多个人同时用餐。进入餐厅要先脱鞋，其实进入我们住的客栈也要先脱鞋，很好理解，谁知道鞋底上可能会有什么东西。

店主是一个日本女人，精通日语的李姐和她交流后得知，几年前她来瓦拉纳西学习印度传统乐器西塔琴，后来嫁给了当地印度人，就留在这里开餐馆了。不知道这个日本女子是如何能够忍受这里的脏乱的。店里有一个日本长相的小男孩，应该是她的儿子。小朋友就一个人在一旁乖乖地看电视，尿急了就跑到门口在路边的水沟里尿一泡。

蓝衬衫说他45分钟以后再来接我们，由于只有老板娘一个厨子，上菜速度比较慢，但是味道是挺不错的。45分钟过去了，我们还没吃完，这时蓝衬衫在店外探了探头，我示意一会儿就出去。

没想到等我们出来的时候，蓝衬衫已经不见踪影了，于是我们自己走到恒河边逛逛。恒河边上有许多码头，当地人称为Ghat，码头的石阶直接通向河里，许多人下到河里洗澡。在印度教徒眼中恒河是一场非常神圣的河，在这洗澡可以清洁身体、净化灵魂。我们来到主码头，一旁的河里已经有不少人在沐浴。我们兵分两路，Ellen带儿子先回客栈休息休息，之后去买买纪念品什么的，我和李姐就沿着岸边一路向北逛去。

恒河的水

传说瓦拉纳西是印度教三大神之一的湿婆所建立的，是世界上连续有

人类居住的最古老的城市之一，各色人等来到这混乱不堪的地方，有来朝圣的、有来学习艺术的、有来净化心灵的、有乞讨的、有骗子、有苦行僧……路上一群不到10岁的小孩嘻嘻哈哈地围着我，塞给我一张2000卢比的大钞，然后说了一通，好像是说送2000卢比给我，也要我送一点钱给他们。我瞄了一眼这张钞票，感觉色彩过于鲜艳，不像是真钞，于是装作听不懂，最终他们就放弃了，继续欢快地跑到别处。

路上一些穿着印度特色服装、留着长胡子的人，主动招手让我一起合影，之后要取小费。也有一些骨瘦如柴、头发蓬乱、全身脏兮兮的苦行僧，看到我举起相机便摇摇手，示意我不要拍照。总之，在恒河边上行走是一件很有意思的事情，既要注意观察并拍摄四周的人物以及建筑，应付想赚你的钱的人的搭讪，又要留意路中间的牛，小心不要踩到躺在地上睡觉的

狗，当然还要绕开地上随处可见的粪便。

绕过一个色彩鲜艳的像桥墩一样的建筑，不远处有一个看上去像是庙宇的建筑，建筑前面有好几个火堆。我还没来得及意识到这是什么地方，一旁就有一个当地人迎上来说，这里是火葬的地方，不能照相。但是他表示可以带我参观。又是一个想从我这弄到钱的，被我拒绝了。这里是 Manikarnika Ghat，码头上堆满了劈好的木头，据说用不同的木头焚烧价格是不同的。我们看到一家人把一具用红布包裹好的尸体抬过来，放在火堆上烧。据说焚烧之前尸体要在恒河里浸泡一下，焚烧之后骨灰之类的也是抛入河水中。但是，这不妨碍在下游刷牙洗澡的印度教信徒，在他们心中，恒河的水永远是洁净的。

离开火葬场，我们再往前走了一小段就返回了。回到客栈，正好碰到 Ellen 和儿子刚逛街回来。她说，她刚一出门就碰到了蓝衬衫，蓝衬衫非要带她去购物，买了几条围巾感觉价格贵了，于是把蓝衬衫打发走了自己继续逛，最后买了一块纱丽。据说瓦拉纳西的纱丽还是很不错的。

恒河夜祭

晚上 6 点多，我们再次来到主码头，此时码头上已经坐满了人，恒河夜祭开始了。

恒河夜祭好像是歌颂湿婆和恒河的一个仪式，每天晚上都在主码头上举行，估计已经成为吸引旅游的一个商业模式。当然，观看夜祭是不需要付费的。很多游客提早 1—2 个小时就在这里找好了合适的位子等待夜祭开始，有一些人选择乘坐小船在河上观看。我们是夜祭开始以后才到达河边，我个人觉得在紧挨着河边的岸上观看比较合适，因为祭司们大部分时间是面对着河水表演的。5 名祭司在各式各样的相机、手机的“照射”下吟唱，虽然听不懂他们唱什么，但是配上钟声、火焰以及他们庄严的动作，感觉非常神圣。儿子也点了一盏载有蜡烛的小纸船，放到了恒河里。

我们怕夜祭结束时一大群人一起离开会非常拥挤，因此提早退场，再次来到 Megu Café 享用晚餐。点得多了些，于是将一些寿司打包回去当第二天的早饭。房间里也没有冰箱，怕寿司坏了，于是我把它们挂在窗外，夜里室外的温度只有几度，应该可以保鲜。

第二天一大早 6 点，我独自起床，准备去看恒河边的晨浴。天黑没亮，我轻声走下楼，发现店主以及其他两个客栈工作人员就在一楼大堂的地上

睡觉，大门紧锁，没法出去。没办法，只好把店主叫醒请他开门。外面一切雾蒙蒙的，河边的船夫在不停地揽客上船。早上坐船在河上观看当地人晨浴也是许多人来恒河想体验的一个旅游项目，不过我只打算在岸上走走，而且这么大的雾，能见度不到 10 米，估计上了船也什么都看不清。

沿着岸边往南走，一些码头上高耸着像城堡一样的建筑，在大雾中朦胧的路灯的照射下别有一番风味。清晨的气温还是很低的，但是丝毫不妨碍当地人下河洗澡。我往南逛了一大圈之后，返回主码头，虽然天已经很亮了，但是雾气还是很重，看来今天一早坐船的游客应该没有太大的收获。主码头上一个端坐在坐床上的人看到我路过，向我招招手，示意我给他照相。又是一个想方设法赚钱的人，不过这次我没有拒绝，想体验一下，看看他想干什么。我给他照相之后，他示意我给他看看相片。我靠近之后，他用手指占了红色和黄色的颜料，在我的同意之下，点在了我的眉心上。然后用不知道什么语言朗诵着什么经文，并且让我跟着读，估计是祝福或是祈祷之类的内容吧。读到最后，拿起铃铛摇了一下，表示整个仪式结束，然后告诉我，要 200 卢比。我说我最多给你 50 卢比，没想到翻开钱包一看，最小面值的钞票只有 100 卢比，估计他肯定会以没有零钱找作为借口。索性直接给 100 卢比，他挺高兴的，临别还送了一条香蕉给我。

回到客栈，听 Ellen 说，当她打开三楼的窗户准备拿寿司时，眼睁睁的看着一只猴子把寿司给抢走了。完了，早饭没有了。

印度人的时间观念

我们今天计划去距离这里约 10 公里处的鹿野苑（Sarnath），然后赶到机场搭乘 12:50 的飞机去克久拉霍（Khajuraho）。昨天我和客栈老板订了辆车送我们去鹿野苑，再去机场。老板说，考虑到路上可能比较拥堵，从这去鹿野苑有可能要 1 个半小时。10 公里要 1 个半小时？有点夸张吧。老板又说，你们要至少 11:30 到机场，机场距离鹿野苑可能也要 1 个多小时，因此建议我们早上 6:30 就出发。我觉得他预估的时间过于夸大了，最终和

他订好了 7:45 的车。老板一再跟我们表示，订好了没问题。没想到 7:40 左右我们下楼到大堂，发现他们还在地上睡觉。印度人的时间观念真不敢恭维。

我们把老板叫醒，他不紧不慢地起床，打电话叫蓝衬衫来客栈接我们。过了好一会儿，蓝衬衫来了，还和老板聊起天了，我们只好催促他赶紧带我们走。蓝衬衫带我们往金庙的方向走去，再穿过几条街道，最后在路边停下来。他说就在这里等，可是等了好一会儿也没车来。在我们的催促下蓝衬衫打了几个电话，又过了一会儿，我们的车终于来了，这时已经快 9 点了。上车之后，蓝衬衫一直站在副驾驶的车窗边上，估计是想向我要小费，我们对这一早上拖拖拉拉感到火大，因此没有理他。

早上路不怎么堵，半个多小时之后，我们来到了鹿野苑。

瓦拉纳西是印度教的圣地，而鹿野苑则是佛教的圣地，这里是佛祖释迦牟尼初转法轮之地，唐三藏也曾经到访过这里。后来穆斯林统治印度的时期，佛教圣地基本被毁，只剩下一些废墟，不过答枚克佛塔（Dhamekh Stupa）依然耸立。佛教虽然在这起源并传播到整个东南亚，但是没能在印度继续发扬光大，现在整个印度基本上是印度教和伊斯兰教的天下。

和瓦拉纳西相比，这里非常干净，附近除了历史遗迹之外，还有一些新建的各国寺院，包括泰国寺院、中国寺院、日本寺院等。我们停留的这一会儿时间，有一队泰国的僧人带着一群泰国信徒，从泰国寺院出来一路诵经来到废墟和佛塔这边。我们时间不多，匆匆转了不到 1 个小时，就返回车上了。

11 点左右，我们到达了机场。印度的机场很有意思，必须凭机票才能进入（打印出来的电子客票也可以）。进入机场后，行李是分航空公司进行安检的，安检后挂上相应航空公司的牌子。飞行 50 分钟之后，我们来到了克久拉霍。

克久拉霍的神庙

和出租车司机讨价还价，以 250 卢比的价格成交送我们去酒店，其实酒店离机场就1公里左右的距离。到了酒店，司机极力怂恿我们这两天包他的车游玩，为了打发他走，我让他留下电话号码，说如果想包车就打他电话，没想到他说他就一直在酒店外等着。愿意等就等吧，我们先进酒店休息休息。

我们入住的是Clarks Khajuraho酒店，是一个五星级酒店，但是不知道为啥价格只要300多元人民币这么便宜。我们休息了快一个小时后才出来，那个缠人的出租车司机已经不见了。没想到还有一个更耐心的等在那里，一个当地人迎上来说，他在机场见过我们，曾经问我们酒店在哪，要不要坐突突车，被我们回绝之后还说过，我们可能还会再见面的。经过讨价还价，我们决定以400卢比的价格包他的突突车去东庙群。没想到他并不直接开车，而是和司机坐在一起，看上去像是一路在指导那个司机，不知道是不是在带徒弟。

克久拉霍有众多的印度教神庙，大致可以分为西庙群、东庙群和南庙群，大部分庙宇是在公元950—1050年间建成的，1986年这里被联合国科教文组织列入世界文化与自然遗产保护名录。这里原本就是一个小村庄，但是自从这些庙宇被世人所知后，来自世界各地的游客蜂拥而至，旅游业成为这里的支柱产业。这里到处都非常干净，和瓦拉纳西相比，简直是两个世界。

克久拉霍的庙宇，除了具有重要的历史和宗教价值之外，庙宇上刻有

数量众多、栩栩如生的雕塑，特别是有许多大胆的描写性爱的雕塑，成为了这里的一大特色。

东庙群是由散落在东边的几个庙宇构成，可以免费参观。我们先来到一个庙群，由 3 个庙组成——Shantinatha Temple、Parshvanatha Temple 和 Adinath Jain Temple。这 3 个庙都是耆那教的庙宇，克久拉霍的庙宇以印度教为主，也存在着几个耆那教的庙宇，表明这两个宗教是和平相处、互相尊重的。庙宇的顶上密密麻麻的雕刻着各式各样的人物雕塑，不知道每个雕塑背后是不是有相应的神话故事。

东庙群的其他庙宇散落在更远一些的地方，比如梵天庙、神猴哈努曼庙之类，零散分布在农田之间。梵天虽然在印度教里是创造一切的大神，但是如今信梵天的教徒并不多，据说全印度只剩下一座真正意义上的祭拜梵天的庙，而东庙群这里的所谓梵天庙，建造之初并不是用来祭拜梵天、而是祭拜毗湿奴的，庙里毗湿奴神像被后人替换成了梵天。而哈努曼庙，不知道为什么与其他所有的神庙建筑风格完全不同，从外表看根本不像一个庙，而是一个普通的房子。

李姐查了一下攻略书籍，说是在南庙群可以看到很美的日落，此时已经接近日落时分，“副司机”说带我们过去要加 200 卢比，我们表示同意。

南庙群也是免费参观的，其中 Chaturbhuj Temple 是看日落的好地方，太阳西下，整个庙宇在柔和的阳光下展现出红彤彤的颜色。据说这个庙是克久拉霍唯一一个没有性爱雕塑的庙。“副司机”说庙内的雕塑是由毗湿奴的头、梵天的身体和湿婆的脚组成的，汇聚印度教三大神为一体。但是事后我在网上搜索，并没有任何资料支持他的这个说法。

返回酒店的路上，远处咸鸭蛋般红的太阳缓缓落下了地平线。没走几分钟，突突车一拐，我们的酒店就出现在马路对面，看来其实这南庙群就在离我们酒店几百米的地方，这 200 卢比有点不值，不过好在印度消费水平整体不高，有时即使被忽悠了，也损失不了多少钱。

回到酒店，我们就跟“副司机”预订了一下明天的行程：明天一大早接李姐去西庙群看日出，然后 8 点多再来酒店接我们 3 个去西庙群，随后送我们回酒店，下午再送我们去火车站，总共 800 卢比。

西庙群晚上还有灯光秀表演，不过我们对这种人为的表演不是很感兴趣，还是第二天看原汁原味的古迹吧。

健谈的印度人

2 月 3 日，我一早起来，收到李姐从西庙群发来的信息，说是雾气比较大，不建议太早来。快 9 点的时候，我们 3 个出发了，“副司机”已经笑眯眯地等在了门口。

这会儿天气非常的好，蓝天白云、艳阳高照。西庙群是克久拉霍几个庙群中保护最好，而且庙宇最集中的，需要买票进入。顺便说一下，印度的旅游景点门票，通常是当地人一个价、外国人一个价，不过总体来说不算贵。这里主要有 8 个庙宇，都保存得比较完整，中间还有一大片绿色的草坪。我们一个个庙宇逛过去，看看上面精美的雕塑，偶尔“蹭蹭导游”，听听带团的导游的讲解介绍。除了外国游客，还有一些印度本地的游客或

是教徒前来参拜。

在最里面的庙宇旁，我们和李姐会合了。参观完毕，等在大门外的“副司机”邀请我们去他的纪念品商店看看。商店里主要出售一些羊毛制品和一些木制的手工艺品，我们不是很感兴趣，什么也没买，不知道“副司机”有没有很失望。这个“副司机”居然还会日语，能和李姐用日语交流，他说以前来这里旅游的日本人很多，因而他学了日语。

回到酒店，在酒店内用了午餐，并且换了汇。这里的汇率是 1 美元换 63.5 卢比，不另收手续费。

没什么地方可去，在酒店里耗到下午 5 点多，我们坐突突车来到了机场。之前还担心我们 4 个人好几件行李怎么坐得下，后来发现突突车后面还有一个小空间可以放行李，虽然挤一些但是还是容纳得下所有人和行李的。因此从此之后，我们在印度基本上全程都坐突突车而不坐普通的出租车了。

进入火车站要安检，候车大厅里有一头牛，不知道怎么混进来的。

由于是始发站，车准点就出发了。这辆车是 18:20 从克久拉霍出发开往新德里的，凌晨 2:20 到达我们的目的地阿格拉（Agra）。这次我们买的是二等卧铺票。和三等卧铺车厢不同，这里的铺位只有上下铺而没有中铺，因此更加宽敞一些，当然，侧上铺和侧下铺和三等卧铺车厢是一样的。另一个区别点就是二等卧铺车厢内有帘子可以把不同区块的铺位隔开，隐私性相对好一些。

坐在我的对面的印度人名叫 Rajesh，他得知我是从中国来的，非常热情地和我聊天。他说他对中国不是很了解，因此问了我很多关于中国的问题，并告诉我相应的印度的情况。据他所说，印度没有义务教育，也就是说，小孩是可以不用上学的，因此整个印度的识字率大约只有 70%。印度也存在计划生育政策，也就是每家人可以生 2 个孩子，如果生了第 3 个，则不可以进入政府机关工作。

我问 Rajesh，既然你那么想了解中国，为什么不去中国旅游一趟。他说他不敢去，他很担心饮食情况，听说中国人平时都吃蛇啊青蛙啊什么的。我只好告诉他，要吃这些东西要去专门的餐厅才行，平时也没什么人吃。

Rajesh 说，他很吃惊我的英语说得这么好，他说他在西班牙住了好几年，于是我用西班牙语和他聊了几句，结果他说，你的西班牙语还需要多练习。

Rajesh 一直兴致勃勃地和我聊天，已经很晚了，由于我 2 点多就得起床下车，我告诉他我得睡了。Rajesh 热心地叫来列车员，请他在火车到达阿格拉时叫醒我们。

印度的火车上并不报站，再加上火车可能会晚点，因此使用手机 GPS 查询到了哪里是一个很好的方法。我设了闹钟 2 点起床，看看手机 GPS，距离阿格拉还有几十公里的距离。其实我挺希望这趟火车能够多晚点一会儿，这样我们就可以在车上多睡一会儿。

列车员还挺靠谱的，当 GPS 显示快到阿格拉的时候，他走到我的铺位边来喊我了。车到站我们下到月台，站台上几个中国人问我们，晚点了多久？我说 1 个多小时，他们笑笑说，他们的车已经晚点了 1 天多，他们现在还在等。

时间还早，我们决定现在车站的候车室里休息休息，等天亮了再去今晚入住的酒店。首先看到一个二等座（也就是普通硬座）的候车室，进去一看，里面比较混乱，不少人就躺在地上，我让 Ellen 他们先坐下，我再去找找有没有好一点的候车室。果然，前方不远供乘坐卧铺的客人休息的候车室，男女分开各一间，门口还有一个人看守，不过这会儿他正坐着睡觉。不知道我们这种到达而不是出发的乘客能否使用这个候车室，管他三七二十一，反正看守的人在睡觉，进去再说。

泰姬陵名字的来由

在休息室里休息到早上 7 点，我们走出火车站，拥过来好几个突突车司机，我们现在对砍价已经得心应手，咬住一个价不放松，不同意我们就接着往前走，反正这里等候着的突突车比乘客还多，终于，以 200 卢比成交。

我们入住的是 Aman Homestay，是一个民宿，房间挺干净整洁的，而且到处都散发着一股香味。我们用过早饭之后，出门坐突突车前往泰姬陵（Taj Mahal）。

从字面上看，泰姬陵像是名为“泰姬”的女子的陵墓，有些人甚至以为泰姬陵在泰国。但其实这是翻译上的一个误导，“泰姬”只是 Taj Mahal 中“Taj”的音译，但事实上，Taj 并不是某个女子的名字之类的，而是指皇冠，而“Mahal”是宫殿的意思，因此，Taj Mahal 字面上的意思应该是宫殿的皇冠。

虽然和“泰姬”没有什么关系，但是 Taj Mahal 的确是一个陵墓。陵墓的主人名叫阿姬曼・芭奴（Arjumand Banu），是莫卧儿王朝皇帝沙贾汗的王妃。因为这个王妃又被称为 Mumtaz Mahal，所以翻译成中文时有人称她为马哈尔皇后，但是“Mahal”的确是“宫殿”的意思而不是她的名字，Mumtaz Mahal 的字面意思是“宫廷之选”，应该是皇帝为了表达对她的喜爱而给她的封号之类的。

泰姬陵被评为新世界七大奇迹之一，修建于17世纪，据说花了约22年建成。这个来自波斯的女子阿姬曼是沙贾汗最宠爱的王妃，可惜红颜薄命，香消玉殒之后，沙贾汗悲痛万分，决定建造一座华丽的陵墓来纪念她，据说整个建造过程花费了相当于现在8亿美元的资金。泰姬陵竣工不久，沙贾汗的儿子篡位，将沙贾汗囚禁于阿格拉堡（Agra Fort）的八角宫里。此后整整八年间，沙贾汗只能通过小窗遥望泰姬陵，直至过世，不过所幸最后能和阿姬曼合葬于泰姬陵中。

泰姬陵每周五关门，刚到印度的第一天，听说这个信息时，我惊出一身冷汗，赶忙查一下我们的行程，因为之前安排行程时想当然地认为哪天去都行，而且按照计划我们只能在阿格拉住一天。所幸安排在了星期六，否则来阿格拉一趟去不了泰姬陵就傻了。

随便喝

泰姬陵一共有三个入口：东入口、西入口和南入口。西入口通常是团

队游客的首选，据说东入口的售票处距离入口处还有 1 公里远，因此我们选择了南入口。南入口隐藏在小巷中，在小巷穿行时有不少小贩前来搭讪。进入大门时需要安检，而且很多东西不允许带入，比如大的背包、相机的三角架、尖锐金属物品、食物、饮水等，凭门票可以领取矿泉水一瓶和鞋套一副。因此，为了避免麻烦，建议大家来泰姬陵除了相机和一些简单的随身物品，其他什么都别带了。进入南门之后是一个大庭院，从院子北面的伊斯兰风格的拱形门中就可以看到远处泰姬陵美丽的身影。穿过这道门，一个长方形的水池笔直地通向这个梦幻般的建筑，两边则是修剪整齐的花园。

毕竟是世界级的知名景点，游客非常的多，大家都在不停地拍照。我看到一对印度夫妇，带着 7、8 岁的女儿前来参观。女儿跟父母说了些什么，看动作像是要喝水。但是这对印度夫妇好像没有矿泉水，于是父亲叫住一旁路过的一个中国游客，指指他喝了一半的矿泉水，那个中国游客满脸狐疑地把水递过去，父亲把水交给女儿，她打开瓶盖，大口喝了几口，之后盖上瓶盖还给了那位中国游客，整个过程那个中国游客都看呆了。看来印度人的卫生习惯的确比较随性，我突然想起好几年前在北京的机场候机时，旁边坐着的一个印度人和我聊天，说是一个科技公司的经理，聊着聊着，他发现我没有水喝，于是热心地把自己正在喝的一瓶矿泉水递给我，问我要不要。看来他们对随便喝水已经习以为常了。

泰姬陵的主体建筑坐落在一个巨大的大理石平台上，平台四角各有一个巨大的柱子，其中一个柱子被脚手架包围着，估计正在修整，略微影响一些美观。主体建筑也是由大理石建造的，平台两旁各有一个红色的清真寺。

想要登上这个大理石平台，必须将之前领取的鞋套套在鞋上，或者干脆把鞋脱了也行。走近了才感觉到，泰姬陵其实挺高大宏伟的，大理石的墙面上雕刻着许多花纹，巨大的白色平台给人一种非常纯净的感觉。

从泰姬陵正面的大门进去，可以参观内部的灵柩，不过不能照相。在里面转了一圈，从北边的门出来，可以看到墙外的亚穆纳河。以前网上曾就流传过照片，说是泰姬陵就位于一个大垃圾场旁边，至少从我们现场看来，应该并不属实。

原路返回，从南门出去，再次穿过满是纪念品商店的小巷，街对面有一个名叫 Treat Restaurant 的餐厅，餐厅很小，但有一个二楼的屋顶平台。已是午饭时分，我们沿着狭窄的楼梯来到楼顶吃午饭。老板看我们是中国人，居然拿来了一份手写的中文菜单，上面大都是什么牛肉炒饭、炒面之类的中餐。我们点了些炒饭，还有 Lassi。顺便说一下，Lassi 是印度特有的酸奶，我们在印度的这段时间经常喝。

饭后，我们下楼拦了一辆突突车，前往阿格拉的另一个著名景点——阿格拉堡。由于城堡的主色调为红色，阿格拉堡又称为阿格拉红堡。莫卧儿王朝统治了印度 300 多年，其中 100 多年间，阿格拉一直是王朝的首都。莫卧儿王朝是一个穆斯林统治的王朝，建筑风格以伊斯兰风格为主，但也有独特的印度特色。

泰姬陵和阿格拉堡等门票费用是包含一笔支付给印度考古局的，购买阿格拉堡的门票时，如果能出具当天的泰姬陵的门票，可以免去这笔费用。

据说阿格拉堡内原来有 500 多座建筑，后来某一任皇帝为了建造大理石宫，拆掉了一些，后来英国人占领这里，又毁掉了一些，现在只剩下 30 多座建筑了。

毕竟是曾经的都城，城堡里各个宫殿都富丽堂皇的，特别是大理石宫，在强烈的阳光下特别耀眼，让人一种置身于雪白童话世界的感觉。

从阿格拉堡出来，坐突突车返回酒店，休息了一阵后，我们就出门觅食。来了印度几天了，我们对在街边吃东西会拉肚子的说法已经放松了警惕，就在路边的一家小饭馆吃了晚饭，饭后还在街边的小摊上买了一些馕当作第二天的早饭。

由于第二天我们的火车时早上 7 点出发的，我和老板娘商量能否帮我们订一辆突突车一早来接我们。当了解到我们的火车车次后，老板娘告诉我们，这趟火车经常晚点，通常都晚 4 个小时以上，因此建议我们不用那么早去火车站。她还告诉我一个查询列车状态的网站（http://enquiry.indianrail.gov.in），建议我查询之后再去火车站。

我登上这个网站一看，我们这般列车时每天晚上 23:00 从始发站出发，早上 6 点多到达阿格拉的，最近两天的列车状态是一天晚点 11 个小时，另一天列车索性被取消了，而我们要乘坐的这辆还未发车，目前显示状态正常。看来我们之前在站台上碰到的那些说火车晚点了一天的那些中国人，应该就是要乘坐那趟被取消了的火车的。看来我们运气还不错，要是提前 1 天或是 2 天来到阿格拉，整个行程都会被火车晚点给破坏了。

凌晨 2 点多，我查了一下列车状态，显示晚点 1 个小时，看来还好，没晚点多少，也不用早起赶火车了。

碰到女流氓

早上起床后，列车状态显示晚点 2 个小时。我们不紧不慢地吃了馕，坐突突车来到火车站。到了火车站后，一定要注意看电子屏上的列车到站信息，确定自己的火车停靠在哪个站台。而且这个信息是有可能变的，也就是说，一开始显示停靠 2 站台，过一会儿可能变成是 4 站台。最终，火车晚了 2 个多小时，我们也安全地登上了火车。

这一次我们预订的是普通卧铺，车厢内的结构和三等卧铺车厢基本一样，但是没有空调，窗户是和普通座位车厢的窗户一样，用一根根水平的铁条焊住的。三等以上的卧铺车厢内的颜色是以红色调为主，普通卧铺则是以蓝色调为主，干净整洁程度明显差一些，儿子一上车就嚷嚷着不想坐这个火车，要坐前天坐的那个。

车厢里的人员也比较混杂，途中还有小孩卖艺乞讨。车厢里除了我们，全都是印度当地人，没有其他外国游客。这些印度人估计也不太会说英语，全程没有人和我们搭话。倒是车开到一半的时候，一个胖胖的印度女子过来，手上捏着一把钱，向各个乘客收钱，坐在我旁边的那个印度人马上递过去了 20 卢比。奇怪的是，这个女人并没有向在上铺睡觉的印度人收钱，而是盯着我，我也盯着她，然后她就开口说了一大堆，不知道什么意思，反正就是让我付钱。不知道什么来头，我就是不给，她气势汹汹地说了一大堆，可以听到她的话中夹杂着“警察”“保安”之类的英语单词。管她的，反正我已经买了火车票，莫名其妙来向我收钱我就是不给。最后她也没办法，恶狠狠地走了，我的脸还被她摸了一下。到现在我都不知道这个女流氓一般的人到底是干什么的，为啥其他印度人乖乖地就把钱给她了，为什么她没有骚扰在上铺睡觉的印度人。

终于，晚点 3 个多小时，我们到达了斋普尔（Jaipur）。已是下午 4 点多，我们坐突突车到了酒店。

我们入住的是 Fortune Select Metropolitan 酒店，非常干净整洁，特别是房间的层高非常高，估计超过 5 米，拉开墙边巨大的窗帘，看到外面车水马龙而不拥堵，整个城市也很干净。

中招了

我们酒店旁就是一个商场，商场顶楼也有类似国内商场里的“大食代”一般的许多餐厅，晚上我们就来到这里吃晚餐。

借这个机会谈谈印度的食物，大家都知道，印度食物以咖喱著名，咖喱的英文是“Curry”，但是在印度本地餐厅的菜单上，基本看不到“Curry”的字样，反倒是“Masala”这个字比较常见。其实，这个是翻译上的一个误会，印度的泰米尔语中，“Kari”一词表示“调料”，英国人把它翻译成了“Curry”，但事实上，“Masala”才是我们理解的那种咖喱。而且，很多印度人是素食主义者，咖喱通常用来烹饪蔬菜，再加上牛在印度的神圣性，印度的菜单上能见到的咖喱肉类菜就是咖喱鸡或者咖喱羊肉了。

除了咖喱之外，印度食物中还有丰富的饼类，包括馕（Naan）、Chapati 等，没有深入研究，不知道这么多不同的名字代表的饼之间的区别在哪里，不过味道都挺不错的。

晚饭吃得是挺开心的，不过第二天一早起床时发现不好了，中招拉肚子了。回想一下晚餐时的那盘色拉可能是元凶，毕竟煮熟的东西吃了应该问题不大。不过还好，拉了两次稀后，虽然肚子感觉还有点异样，但还算是止住了。

粉城斋普尔

斋普尔又称“粉城”，是印度北部著名的四色城之一。粉城斋普尔、蓝城焦特普尔（Jodhpur）、白城乌代布尔（Udaipur）和金城杰伊瑟尔梅尔（Jaisalmer）是许多来北印旅游的人的必去之地。我们这次由于时间限制，

选择了粉城和蓝城。

从我们的酒店到斋普尔老城区大约 5 公里的距离，乘坐突突车不久，就可以看到粉红色的城墙。穿过粉红的城门，我们进入了老城区。我们这一趟印度游游览过的各个城市的老城区中，粉城应该是最干净整洁的，虽然也有些拥堵，但是干净的街道加上城市的暖色调，令人感到比较温馨。

进入老城区后，我们首先来到城市宫殿（City Palace）。历史上印度北部小国林立，现在很多城市的所谓城市宫殿其实就是当时的一个小国的王宫。而我们现在所在的斋普尔，从公元 12 世纪起是个名字叫琥珀国（Kingdom of Amber）的小国，后来改名叫斋普尔国（Jaipur State）。莫卧儿王朝统治印度的时候，这个小国成为了王朝的附属国，接受王朝的统治。斋普尔的城市宫殿至今还有王室在里面居住，但是宫殿的一部分作为博物馆向公众开放。虽然这种城市宫殿在规模上与大国的王宫不能比，但是里面还是挺漂亮的，里面比较惹人瞩目的是两个巨大的银罐，每个重

340 公斤，应该是世界上最大的吧。此外，在一个小庭院内，有 4 个装饰精美的门——波浪门、莲花门、孔雀门和玫瑰门，分别象征着春夏秋冬四个季节。

从城市宫殿出来，东南边没几步路的地方就是天文台（Jantar Mantar），在这里可以购买包括风之宫殿、琥珀堡在内的参观联票。印度北部好几个城市都有天文台，都是琥珀国 Jai Singh 二世国王的杰作。Jai Singh 二世是一个博学多才的国王，莫卧儿王朝的皇帝命令他研究天文和历法，因此他在斋普尔、新德里等 5 个地方建造了天文台。

天文台里的仪器都是用石头和黄铜之类以建筑物的形式建造出来的，因而每个仪器都非常的大。据说在这里，通过这些巨大的仪器，可以很轻松地用肉眼观测天体活动。这里的日晷是世界上最大的一个，简直就是一个巨大的建筑物，人们可以通过楼梯登到"日晷"的顶上。至于这个日晷该怎么用，我也不清楚。

从天文台出来，我们步行来到风之宫殿（Hawa Mahal）。宫殿的入口并不是在大路上而是在一条巷子里。宫殿不算大但是很精致，总共有 5 层楼高，是这附近最高的建筑了，其中二楼平台上的一些小走廊建得像迷宫一般。

从宫殿出来，我们来到风之宫殿路（Hawa Mahal Road），这里拍摄到宫殿正面的照片。网上常见的风之宫殿的照片就是在这里拍摄的。路边的红色墙顶上不时有猴子爬过，到处都是手工艺品商店。据说斋普尔的手工艺品很出名，不过我们今天没时间慢慢逛，要去郊外的琥珀堡。

坚持不懈的小贩

琥珀堡距离这里大约 8 公里的距离，我们拦了几辆突突车谈价，终于以 500 卢比的往返价格（返回时直接回我们酒店）成交。

在琥珀堡对面的停车场下了车，我们买了一些大饼当作午饭，经过山脚下的 Maotha Lake，我们向小山顶上的城堡前进。抬头环望四周，附近

的山上绵延着像中国的长城一样的城墙，看来这个城堡的规模还不小。在上山的路上，一个兜售笔的小贩极力怂恿我们买一些，开价 20 卢比一支，我提出总共 100 卢比买 10 支，他只肯降价到 150，谈不成就算了，没想到他执着地跟了我们一路，不停地在我们旁边唠叨 150、150……我们也只好把他当作空气一样，该拍照就拍照，该喝水就喝水。即便这样，这个小贩还是不停地跟在我们身边。直到我们到达山顶，要进入城堡了，他才接受了我们的价格。做趟生意真不容易啊。

整个城堡主要由 4 个庭院构成，其中第 4 个庭院是后宫嫔妃的居住地，为了避免嫔妃们争风吃醋，同一建筑物内的嫔妃们的房间被设计成互不相通，而每个嫔妃的房间有独立的楼梯可以到达。据说这样，大家就不知道国王到了哪个嫔妃的房间去了。

城堡还里有一个密道，一直通往更高处的另一个城堡 Jaigarh Fort，是

供王室成员在琥珀堡被攻破时逃跑用的。密道入口处在一座建筑的地下，走出琥珀堡的范围后，是一条狭窄的露天的道路，就像是在地上挖下去的一条长长的沟，不知道古时候这条路的顶上有没有密封或者被什么遮挡起来。走了 10 分钟，回到地面上，Jaigarh Fort 的大门赫然出现在眼前。看来要全部逛完这两个城堡以及周围的“长城”，估计需要至少 2 天的时间。

从密道出来，居然不允许原路返回，只能沿着城堡外围绕回去。回到城堡入口处的大广场，我们从北面的山坡下山，前往下一个景点——阶梯水井（Step Wells）。

顾名思义，阶梯水井就是可以沿着一级级的台阶通向底部水面的水井。这种水井在印度北部比较常见，整个“井”占地面积挺大，通常是方形的，“井”的四壁上是一级级紧贴着井壁的狭窄的台阶，“井”底则是一个小水塘。从琥珀堡北面下山，步行约 700 米就到达了这个水井。从来没有想过，一个水井还能造得这么有特色，建议大家来琥珀堡的时候一定不要错过这个水井。

无证的司机和受贿的警察

离开水井，不必返回山上，直接可以沿着山脚绕行回到湖边的停车场。坐突突车返回斋普尔的途中，我们经过了水之宫殿（Jal Mahal），停下来拍照。水之宫殿位于 Man Sagar Lake 湖中，一共有 5 层，水位高的时候，下面的 4 层都会被水淹没。当然，这个宫殿只能远观，不能进去参观。事实上，这个 Man Sagar Lake 并不是一个天然的湖，而是当时琥珀国国王为了对抗当地的干旱修建起来的一个人造水库。至于这个水之宫殿，到底是水库修好之前还是之后建造的？我在网上查了很多资料，没有得到明确的答案。

重新坐上突突车，这时司机要求加价。早就听说印度的突突车司机经常干这种事，不过来印度这么多天，还是第一次碰到，我当然是严词拒绝。没想到司机开始耍赖，说当时谈好的价格是 700 卢比，于是我大怒，表示不坐了要下车。果然像网上介绍的那样，印度的突突车司机一般都是欺软怕硬的，你强硬一些他就怂了。

进入斋普尔城区，交通开始拥堵。突然，司机把车从外边的车道开往内部的车道，明显是在躲避什么人。朝外车道的方向一看，不远处一个警

察拿着一个棍子慢慢走过来。印度街头的警察大都是拿着棍子执法的，对行人和司机轻则用棍子驱赶，重则打骂。司机明显想加速逃跑，但是无奈车辆实在拥堵，没逃几米，就被警察赶上了。警察揪着司机的耳朵直接把他拖下了车，不知道到底发生了什么情况。他们不是用英语交谈，所以我也不知道他们在说什么。只听懂警察说 “License（执照）”，司机摇头表示没有。难道这是个无照经营的黑突突车？最后，司机掏出 100 卢比，当着我们的面“偷偷地”从较低的位置塞给警察，警察环顾了一下四周（显然没有顾及到我们的存在），把钱接过来，塞进口袋。

我们继续上路了。

回到酒店，司机还想再多要点钱。其实如果不是他之前要赖，看在他被“罚”了 100 卢比的份上我应该会多给他一点。但是鉴于他中途要求加价又要赖，我坚决不多给他钱。

蓝城焦特普尔

从酒店取了行李，休息片刻，我们来到了火车站，要前往下一个城市——蓝城焦特普尔。

火车晚点了半个多小时，在站台等车时，一个印度人靠近我们，一张口居然是流利的中文。他自我介绍说他在中国的绍兴工作，家住焦特普尔，现在他回家探亲。一打听，居然挺巧，和我们同一个车厢。我们这次乘坐的是普通卧铺车厢，上车后，这个印度小伙还不时来我们的铺位看看，告诉我们不要害怕，虽然这里的火车和中国的不一样，但是还是安全的。其实我们一点儿不怕，又不是第一次在印度坐火车了。

到达焦特普尔，已经是晚上 11 点多了，儿子早已在车上睡着了。我一路把他抱下火车、抱上突突车、抱进宾馆、最后放到床上，他都没有醒，看来是真的累了。

第二天早上，艳阳高照，我们来到酒店顶上的天台，从这里可以看到不远处的梅兰加尔堡（Mehrangarh Fort）。冬季是来这里旅游的好季节，到了夏季，据说这里的气温会超过40度，最高时据说出现接近50度的高温。

酒店不包早餐，我们退了房，出门打算坐辆突突车去梅兰加尔堡。从酒店到古堡的直线距离大约只有2公里，但是突突车司机说实际行车路线有7公里，因此怎么也不肯降价，于是我们只好甩头继续向前走。不一会儿，司机赶上来表示同意我们的80卢比的价格。事实证明，的确汽车走的路线有大约6公里的距离，这80卢比对于司机来说，应该算是赚少了。

买了门票之后，我们在入口处的露天咖啡馆吃了早餐。这里还提供免费的解说仪，而且有中文版本的，我们就戴着解说仪，开始参观。

梅兰加尔堡是我们这次印度行中参观过的最漂亮的古堡。今年的一部贺岁片《大闹天竺》中有一段戏就是在这里拍的。城堡建在一座小山上，入口处高大雄伟的城墙给我们留下了深刻的印象，在这里还可以看到两个身着民族服装的当地人在演奏民族风格的音乐。

城堡中有一个博物馆，里面有丰富的藏品。博物馆里的庭院里，还有人展示如何将9米长的头巾一层层地包在头上。

从博物馆出来，沿着山坡继续向高处走，来到小山的悬崖边，可以看到守护城堡的炮台。山下就是著名的“蓝城”——在一堆杂乱无章的老城区的房子中，许多房子的外墙被染成蓝色。据说起初只有婆罗门（印度种

姓最高的种族）才能把房子染成蓝色，不过后来没有这么严格的限制了。

从城堡出来，我们坐突突车来到了老城区，下车在这里徒步逛逛。老城区狭窄的小巷子就像迷宫一般，还好有手机 GPS 导航，否则进去了真不知道从哪条路出来。

跟着手机导航，我们来到了集市的区域，小道两旁是各种小店，有卖纱丽的、卖香料的、卖手工艺品的……路面上不时可以看到动物的粪便、污水、垃圾什么的，人群和突突车不断穿梭，拥挤不堪。虽然各种店铺很多，但是居然没有看到餐厅。我们买了一些香料和手工艺品后，终于看到了一家小宾馆，名字叫 Nirvana Home，中文意思就是涅槃之家。我们登上这个宾馆的屋顶平台，在这里享用午餐。屋顶的视野很好，可以看到不远处的梅兰加尔堡，附近的蓝色小屋也都一收眼底。

饭后再往东没几步，可以看到一个钟塔，这附近应该是古城区最大的集市了，人来人往、熙熙攘攘。

这里离我们昨天住的酒店已经不远了，只有 2 公里左右的距离。我们以 80 卢比的价格谈下了一辆突突车，让司机送我们到酒店取行李，再去下一个酒店——Ajit Bhawan Palace。

豪华的酒店

在印度，有不少由古时候的宫殿、城堡之类的改建的酒店。入住这些酒店，可以体验一下当年王公贵族的生活，当然，价格也不菲。由于预订的早，我们入住的这个 Ajit Bhawan Palace 一间一晚上的费用大约是 1000 元人民币出头，比较便宜。“Bhawan”在当地语言中就是宫殿的意思。一进门就有人奏乐欢迎，办理好入住手续后，由专人带我们参观了一下整个宫殿。酒店内有 2 块绿草坪、1 个室外游泳池，随处可见在绿荫下的摇椅，到处是盛开的鲜花。我们的房间是草坪边上的“小茅屋”，内部装修一般，不过挺宽敞。房门上使用的是重重的挂锁，钥匙也是黄铜造的又大又重的一把，挺有特色的。

SARDAR MARKET GIRDIKOT

儿子在泳池边玩水，我四处走走拍照。到了晚饭时间，我们来到酒店北边几十米处的一个商场，准备找个餐馆吃饭。这是一个 5 层楼的大楼，1—2 楼是商场，卖的就是一些日用品什么的。楼里还有一个电影院，正在上映成龙的贺岁片《功夫瑜伽》以及其他几部印度电影。5 楼有一个餐厅，由于我们剩下的印度卢比不多，进餐厅前先问了服务员，结果这里不接受国际信用卡。不过服务员还是热心地告诉我们去一个叫做 On The Rocks 的餐厅。

On The Rocks 就在酒店的南边，晚餐时分，不少欧美游客来这里吃饭，应该还是当地比较知名的餐厅。价格也不贵，我们四个人连税带小费，一共才 200 人民币出头。我个人感觉，这里的馕挺好吃的。

回到酒店，草坪上的篝火晚餐已经开始了，月色下，一个印度老人在演奏民族乐器，几个身着民族服装的女子在草坪上跳舞。

第二天早上，我们慢悠悠地去吃早餐，餐厅里的一个年纪挺大的服务员，一直过来逗儿子玩，还主动端来了一些适合小孩吃的食物。酒店的自助早餐挺不错的。

饭后，我们来到不远处的另一个宫殿——Umaid Bhawan Palace。这个宫殿也被改建成了一个酒店，不过宫殿里的一个博物馆依然对游客开放。博物馆不大，主要就是一个大展厅和一个庭院组成。博物馆外就是酒店附属的花园，必须是住客才能进去。花园的边上有一个老爷车的展览厅，里面展出的是老旧的豪车，从车牌号上就可以看出当年车的主人的地位显赫，比如 Jodhpur 1 号什么的。此时正好一辆旅游大巴载着一队欧洲游客入住旁边的酒店，酒店门口响起了号角声和击鼓声。这个酒店应该是焦特普尔最贵的酒店，一晚上的房价好几千甚至上万人民币，不知道里面到底是怎样的豪华。

离开 Umaid Bhawan Palace，我们再次来到我们住的酒店旁的电影院，想看场电影打发时间，结果没想到今天上映的电影，包括成龙的《功夫瑜伽》，都是印地语版本而且没有英文字幕的，只好作罢。

再次到 On The Rocks 吃了午餐，下午时间，我们就在酒店里草坪上的摇椅上消磨时光，看看蓝天白云、鲜花绿草，用手机上上网什么的，顺便说一下，酒店内WIFI信号挺好的，覆盖几乎任何一个角落，上网很方便。

一等卧铺体验

傍晚时分，我们坐突突车来到了火车站。这是我们此次印度行的最后一趟火车之旅，我订的是一等卧铺。车站里有一等卧铺客人的专用候车室，门口也没有人查票，进去一看，里面其实也挺简陋的，就两张桌子几把椅子，空荡荡的没几个人，倒是还算干净。

登上火车，来到我们的车厢。通常，一辆火车只有1—2节一等卧铺车厢，因此一票难求。一等卧铺是每4张床一个房间，分上下铺，床位很宽敞，而且有专门的一级级的楼梯供乘客登上上铺用。床头还有一个按钮，可以呼唤服务员。和我们一个车厢的是一个印度商人，非常胖。他基本不会说英语，只简单地和我们聊了几句，说他是生产印度的一些服饰的。看他这

么胖，我很担心他能不能爬上上铺。果然，到了睡觉时间，他问我能否和他换一换铺位，他说他实在是上不去。

一觉睡得非常安稳，之前还担心这位胖大叔可能会打呼噜，没想到他睡得非常安静。火车准点到达了新德里。

毕竟是首都，车站外的突突车司机一开价就是400卢比，没想到我直接还价到120，估计是觉得我的还价太野蛮了，他们做出一副不可思议的表情。不过最终把价格降到200，我依然不肯松口。于是司机们挥手让我们走。谁怕谁，我们继续往前走，没想到他们又赶上来，但是还是没谈拢。估计这些在车站门口趴活的司机，总是想一趟生意多赚点，价格压低了他们宁愿不接。于是我们再往前走几步，遇到一个刚送客人过来的突突车，司机同意以140卢比的价格送我们去酒店。

我们一大早就到了酒店，办理入住时，我问工作人员，从这里打车去机场要多少钱？工作人员倒是挺直爽，说，搭乘酒店自己的车去，要2800卢比，如果在门口叫个出租车，只要900左右。

新德里 vs 旧德里

在酒店安顿好之后，我们出发了，在手机GPS导航下，我们步行来到了距离酒店500多米远的地铁站。这500多米的路，两旁绿树成荫，路面也非常干净。马路上的汽车也非常有秩序。进入地铁，安检时，警察看到我脖子上挂着的相机，提醒了我一句，地铁里不许照相。新德里的地铁挺新的，而且很干净，所有的线路都是2000年以后才开始建造的。地铁的频率很快，一趟车如果赶不上，没过十几秒，下一班车又来了。

我们乘坐黄线来到市中心的Rajiv Chowk站，这里是一个重要的换乘站，有非常多个出口。我们在地铁站里的咖啡馆吃了早饭之后，随便找了一个出口上到了地面上。地面上就是Connaught Place，新德里的一个知名的商业中心。刚出地面没多久，迎面过来一个人说：“这里大部分商店都关门了，如果要买东西的话，可以去那里。”说着手指着一个方向，示意可以带我们去。我摆摆手说我们不买东西，他说：“别担心，我不是卖东西的，我只是这里的一个保安。”

没理他，我们继续往前走，不一会儿，又过来一个人说：“这里大部分的商店都关门了，如果要买东西的话……”听着怎么这么耳熟？此人又说：“别担心，我不是卖东西的，我只是这里一个银行里的工作人员。”难道这些人都经过统一培训的？

Connaught Place 的建筑是以中心草坪为圆心的一层层发散出去的同心圆。草坪上飘着一面巨大的印度国旗，真的非常的大。一圈圈的白色建筑物按照所处的扇区不同，划分为 A 区、B 区……这里有许多商店、餐馆、影院什么的。可能是现在时间太早，大部分商店的确还没开门。这里还有很多换汇的地方，汇率还不错，于是我们又换了一些卢比。

返回地铁站，我们继续乘坐黄线来到 Chadni Chowk 站，目的地是大约 1 公里外的德里红堡（Red Fort）。

刚出地铁站，感觉周围的环境完全与我们住的酒店附近不同，重新回归了脏乱的画风。看来这里应该是老城区。途中还看到许多穿着破烂的人们排成了好长的队伍，我们赶到队伍前面一看，原来他们在领取救济的食

物。这里可是印度的首都的市中心啊。

红堡是莫卧儿王朝的第五任皇帝沙贾汗修建的，就是那个修泰姬陵的皇帝，他当时决定把都城从阿格拉迁到德里。红堡和泰姬陵一样，都是有一个名叫 Ustad Ahmad Lahori 的波斯人担任主设计师的，代表了莫卧儿王朝时期伊斯兰建筑的巅峰水平，因此，红堡里面应该有非常豪华的建筑。没想到进去一看，里面只有几座破旧的宫殿以及草坪。后来上网查了资料才知道，红堡里的大理石宫殿之类的精美建筑全部被英国殖民者给毁了。

从红堡出来，沿着城墙一直往南走，虽然内部建筑被毁了，但是保留下来的城墙还是很雄伟的。下一个目的地是贾玛清真寺（Jama Masjid），在路边的人力三轮车车夫的怂恿下，我们坐了一辆三轮车前往。这个车夫看上去非常的干瘦，一共就大约 500 米的距离，他蹬得非常的吃力，稍微有点上坡的地方，他就蹬不动了，只能下来推着走。到了目的地，我比约定的价格多给了他一点钱。

贾玛清真寺是免费参观的，但是要携带相机进入的话，需要付 300 卢比的“拍摄费”。Ellen 和李姐不想进去了，我也觉得这个拍摄费不值得，于是把相机放在 Ellen 这，空手进去转了一圈。贾玛清真寺也是由沙贾汗建造的，建筑色调也是他喜欢的红色和白色。据说当年英国殖民者差点把这里也给毁了，后来由于当地人民的强烈反对才作罢。

离开清真寺，我们就在这旧德里（Old Delhi）老城区逛逛，一路向地铁站走去。和之前经历过的其他地方的老城区一样，旧德里的街头也是拥挤不堪，三轮车、突突车、行人什么的挤在一块，路边都是各种小吃摊。与众不同的是，空中密密麻麻的布满了电线，不知道这里火灾的隐患有多大。

我一路抱着儿子，生怕被这拥挤的人群冲散。又一个 500 多米的距离，不知道我们走了多久，终于来到了 Chawri Bazar 地铁站。事后我一个同学说，当年他来印度玩的时候，是坐车来到旧德里老城区的，当时都没敢下来走。

坐地铁回到了 Connaught Place，我们找了个快餐店吃午饭，之后就是逛逛商场买买东西。此时所有的商店都开门了，除了地面上的各种品牌的商店，这里还有一个地下广场，里面各种小摊出售服饰、玩具什么的。

失败的谷歌地图

回到酒店，在地图上一查，我们酒店附近好像没有什么餐厅，不知道这里到底是个什么区域，附近连个买东西的小店都找不着。我在谷歌地图上一查，离这里最近的超市大约有 1.6 公里的距离，于是我决定徒步走到那里去买点吃的当作大家的晚饭。

天色已经黑了下来，路上也没有什么行人，倒是看到一小群猴子在人行道中央坐着，我还有点担心它们会不会突然攻击我什么的，所幸从它们身边通过时一切平安。再往前几步，来到了甘地的墓，不过此时应该已经关闭参观了。

继续往前，人行道上不时可以看到持枪巡逻的士兵，路边的墙顶可以看到铁丝网，墙后还有架着机枪的小岗亭。这到底是个什么鬼地方，怎么这么多士兵？后来看到大门口的标志才明白，原来这附近是印度国防部、空军总部什么的，怪不得戒备这么森严，周围连个商店也找不着。

终于，来到了谷歌地图上标记着的超市的位置，不远处就是印度的国会大厦，可是这里哪里有什么超市，地图上标记的位置是在一条大马路的正中央，不知道谷歌地图为什么会犯这样的错误。我问了路边的一个士兵哪里可以买东西？他说要做汽车，离这至少 3 公里。我只好悻悻地原路返回了。回想一下在印度这么多天，一个现代意义上的超市都没有看见过，只有各种小商铺。

巧遇庆典

回到了酒店，查了查菜单，这里居然提供中餐，于是我们点了些面条馄饨之类的，味道还不错。

2 月 10 日，我们退房存了行李后，离开酒店步行前往印度门（India Gate）。这附近的生态保持得挺好，到处都是大树，昨晚看到很多猴子，今天一早就看到树上几只漂亮的鹦鹉，应该是野生的吧。路上经过的一个重兵把守的“豪宅”，上面写着好像是空军司令的住宅。大约走了半个多小时，我们来到了印度门。

印度门是用来纪念印度在第一次世界大战等战争中牺牲的士兵的，有点巴黎凯旋门的样子。印度门正对着一条笔直的马路，直通向远处的印度国会大厦。马路的两旁是大草坪，印度门附近到处都是人，而且以印度本地人为主，看来这里也是印度人民常去的休闲散心的地方。在这里我还听到了印度的小贩用中文叫卖。

我们沿着草坪一路向印度国会大厦逛去，路上碰到了不少搭讪的突突车司机，但都被我们打发走了。在国会大厦边上逛了一会儿之后，我们就再次坐地铁来到 Connaught Place，找了一家名叫少林村的中餐馆吃了午饭。一顿饭 1400 多卢比，外加税和小费，总共 1900 多卢比。顺便说一下印度的税，税率不低，比如酒店的房费，网上查到的价格通常是不含税的，实际支付时，可能还要外加 20% 左右的税。

午饭后，没什么其他地方想去了，我们打算找个电影院看看电影打发时间。前几天在焦特普尔的时候本想看成龙的《功夫瑜伽》，但是没有英语版本的，新德里应该有英语版本的上映吧。Connaught Place 这里一共有5 个电影院，我们一个个找过去，结果发现所有的电影院全天只上映一部电影《Jolly LLB 2》。这是一部印度电影，估计是印度对自己的国产电影还是非常保护的，重要的国产电影上映时，所有的电影院都只播这一部，而外国的电影全部给它让路。

没法子了，电影也看不成，我们找了一个星巴克喝喝咖啡打发时间。买咖啡时，遇到一个来这里出差的中国人，他第一次来印度，说这里的突突车太可怕了，他都不敢坐。我心想，突突车都不敢坐的话以后坐火车该怎么办。

回到酒店，正赶上这里在举行一个订婚典礼，男女双方的家人在台上载歌载舞，他们不介意我们在一旁一直看着，也不介意我们照相，服务员还给我们端来了吃的，可是我们不好意思享用。据说在印度，一些有钱人家的婚礼极其奢华，如果能有幸碰到一场婚礼也能打开眼界。我们这次碰到了订婚典礼，也算是比较幸运的吧。

我们要搭乘凌晨 3 点的飞机回上海，11 点多，我到酒店门口看看能不能拦一辆出租车，结果发现门口有人在“趴活”——几个司机就在酒店门口搭了一个床，睡在那里，随时可以满足客人的用车需求。车费只要 700 卢比，比通过酒店叫车的 2800 卢比便宜了许多。

到达了机场，同样的，需要凭打印出来的电子机票才能进入机场。由于我预订的是东航的飞机，电子客票是中文的，机场门口的保安不懂得中文，他让我们去 6 号门那里，说是那里的保安看得懂。

我将信将疑的来到了 6 号门，递上机票，那个保安看了好半天，最后指着纸问我，这里写的是什么、那里写的是什么，最后让我进去了。看样子他应该没看懂。不过都什么年代了，还需要凭打印出来的机票才能进入机场，这种落后的规定早就该废除了。

我们到达的是英迪拉甘地国际机场的 3 号航站楼，是 2010 年建成的，因此非常新。机场非常大，缺点就是从安检处到登机口的距离非常长，要走上近 20 分钟。今天折腾了一整天，儿子累坏了，刚到机场就睡着了。

2 月 11 日，正月十五的中午时分，我们回到了上海。

总 结

总结一下此次印度游的一些注意事项：跟突突车司机要多斗智斗勇，价格谈不拢就找下一个谈，毕竟满大街都是突突车；陌生人主动过来搭讪尽量不要回应；每周一所有的博物馆关闭，每周五泰姬陵不对外开放。

关于印度的火车铺位情况，档次从低到高分为普通座位、普通卧铺、三等卧铺、二等卧铺、一等卧铺。普通铺环境较脏乱，车门有时不关。三等卧铺（含）以上有空调，三等铺分上中下铺、二等铺分上下铺且有帘子隔开，床铺比三等铺宽敞、一等铺 4 人一间，铺位很宽敞。建议有可能的话，尽量乘坐三等以上的铺位。

关于印度英语，以前在国外碰到的一些印度留学生，感觉他们说英语时口音都一样，语速较快，比较难听懂。到了印度后才发现，大部分人并不是这么说英语的，可能是因为这些人受教育程度低，英语并不是很好，语速慢，虽然也有口音，但是反而容易听懂。

关于饮食，很多人担心来印度会拉肚子，事实上我有一天也有点拉肚子，但是感觉只要全程喝瓶装水、不吃生的蔬菜，应该问题不大，毕竟只要是煮熟的食物，风险都不大。

2017 年 3 月 28 日

斯里兰卡游

方便的签证

春节带 1 岁半的儿子出行马来西亚还算成功，我们计划着国庆继续带儿子出国旅游。原本打算去捷克、匈牙利这些东欧国家，后来一研究，办签证比较麻烦，对于未成年人好像还要办亲子公证什么的，再加上周围不少人向我推荐斯里兰卡，于是把目光转向这个小岛。

斯里兰卡是印度东南面的一个岛国，被称为印度洋上的一滴眼泪。旧称锡兰（Ceylon），1972 年改名为斯里兰卡。由于北部的泰米尔人想独立并索要斯里兰卡一半的领土，这个国家长期以来一直处于血腥的内战中，直到 2009 年，持续近 30 年的内战结束，反叛的泰米尔（Tamil）猛虎组织被击溃，整个国家恢复和平。

办理斯里兰卡的签证很方便，足不出户在家里上网就可以办理。登上斯里兰卡官方的电子签证网，填写个人信息、在网上支付后（每人 30 美元，12 岁以下的儿童免费），24 小时之内就收到一封自动发送的标明电子签证已获批准的邮件。只要把这封邮件打印出来，出境时给中国边防看看便可出境；入境斯里兰卡时边防官会根据系统的记录在护照上贴上电子签证。顺便一提，成年人的签证获批邮件很快就收到，儿子的却迟迟未到，我们只好打电话到斯里兰卡驻北京大使馆，之后又打电话到斯里兰卡国内才搞定。

搞定签证，我们也定了机票。港龙航空从上海出发经停香港的机票还算比较便宜，不过要在香港停留一天：成人票总共 4062 元一个人，儿童票 3397 元（儿子已经 2 岁了，不能再买婴儿票了）。也不错，正好 Ellen 没去过香港，顺便去转转。香港签注就不用办了，过境香港可以免签停留 7 天。

斯里兰卡就是一个岛国，比台湾岛稍微大一些，我们通过网上预订了在斯里兰卡 8 天带司机的包车（www.srilankantours.org，7 座的商务车，配备婴儿座椅）。包车公司根据我们提供的旅游线路开出的价格是总共 510

美元，另外需要支付5%—10%的小费给司机，还算比较便宜。据说在斯里兰卡自驾基本不可能，需要有当地驾照才行。

过境香港

9月28日下午，我们出发了。飞机略微晚点，一路还算顺利，儿子在飞机上也没哭闹。我们在香港入住的是位处上环的Butterfly on Hollywood Boutique Suites酒店。到达酒店已经半夜12点多了，偏偏房间的电子钥匙又出了问题，打不开房门。我们住在21楼，我跑上跑下两次还是不行，最后酒店工作人员跟我上楼，才最后搞定。香港寸土寸金，酒店房间也小得不行，仿佛一转身就会碰到个家具。儿子还很兴奋，折腾到两三点才睡。

超级台风刚过香港，虽然今天没下雨，但是天还是有点灰蒙蒙的，不是一个适合摄影的好天气。29日一早，我们先来到太平山乘坐缆车前往山顶。据说这个缆车线路也有百年以上的历史了，线路全长1.4公里，最陡的地方坡度达到27度。登上山顶的观景台，中环的高楼大厦一览无余。其实晚上来这里看夜色应该不错，不过我们晚上就要出发去机场了，只能一大早过来看看。

下了山，我们在中环转了转。正值星期天，是菲佣聚集中环休息的日子，到处可以看到大批的菲佣坐在地上吃东西、休息、聊天。一条马路甚至被封起来，禁止车辆进入，路边几个人拿着吉他等乐器弹奏、一个人拿着麦克风唱歌、一群菲律宾人在马路上载歌载舞……有点中国大妈在公园里扭秧歌的架势。

其实香港除了购物、迪斯尼和海洋公园之外，也没太多地方好玩了。儿子太小，我们就不去迪斯尼和海洋公园了，岳父提议到尖沙咀，从对面遥望维多利亚港的风景。于是我们乘地铁来到了尖沙咀，从海边的星光大道上欣赏对面的维多利亚港。可惜天气不是非常晴朗，否则风景还是非常不错的。这条星光大道是2003年修建的，仿效好莱坞的星光大道，大道的路面上有许多知名的影星或是电影工作者的手印。

离开星光大道，我们在尖沙咀吃了午饭，逛逛街买了点东西，时间也差不多了，我们要去机场了。回到酒店刚取了行李，外面就下起了雨。天公还算作美，等我们离开时才下雨。酒店的工作人员服务态度很好，看我们一家老小出门坐出租车，出来了好几个人为我们打伞。

订机票时没有注意看，原来从香港到斯里兰卡的机票是要在曼谷经停的，加上经停时间，这趟飞行总共花费 6—7 个小时，可能是坐在座位上坐烦了，儿子期间狠狠地哭闹了一次。

大象孤儿院

到达斯里兰卡首都科伦坡（Colombo）已经是凌晨时分了，这里和中国时差 2 个半小时。我在机场用 100 美元换了 12，922 斯里兰卡卢比（1 元人民币约等于 21 斯里兰卡卢比）。我们包车的司机已经在出口处等着我们，司机名叫 Saman，姓氏是一个 P 开头的很长的字，不记得怎么拼了，姑且叫他 P 司机吧。P 司机说，婴儿座椅暂时没办法提供，明天再想办法。这辆车也不是之前说好的 7 座的商务车，而是能坐 11 人的小巴。机场离科伦坡市不算近，车开了约 1 个小时才到。到达酒店，我将约定的 510 美元交给了 P 司机，另外还给了他 5 美元小费，并约好早上 10 点出发。

今晚我们住的是 Unique Towers Luxury Boutique Suites，是个套间，面积很大，可惜我们住几个小时就要走了。儿子又很兴奋，折腾到 3 点多才睡。早上 9 点，工作人员送来了丰盛的早餐。我出门转了一圈，附近可能正在修建，周围环境比较差，到处尘土飞扬，路上堵车也很厉害。

10 点，我们退了房，坐上 P 司机的车，前往康提（Kandy）。P 司机好像有点小气，我们关车门稍微重了一些，或是拿放行李时碰到了他的车，他脸上就显露出一幅非常心疼的表情。他的车看上去倒是挺新，可是一辆搭乘游客的中巴车，难免有些磕磕碰碰，又不是豪车，至于吗？

按照我们约定的行程，我们要在康提住 3 个晚上。到达康提之后，第二天我们要前往康提周边的 3 个景点，最后返回康提入住。可是 P 司机说，公司的人不清楚实际情况，这样的安排很不合理，一天去3个景点太远了，不可能做到，他建议我们少去一个景点，或者只在康提住2个晚上，在其中一个景点附近住一个晚上。可是我们酒店的钱已经预付了，不可能退，于是我们说需要考虑考虑再说。

路上P司机找地方弄来了一个婴儿座椅，可是儿子死活不肯坐，只能作罢。中午时分，我们来到了大象孤儿院，在进入大象孤儿院之前，P司机先带我们去一个小园子里骑大象。由于Ellen和岳父岳母以前在云南都骑过大象了，今天就我一个人骑。还价之后价格是20美元骑20分钟，不算便宜。这只大象可真大，是只母象，没有长长的牙齿。和想象的不一样，大象背上没有啥座椅什么的，就铺了一块皮坐垫，直接骑，手可以抓着大象脖子上的锁链保持平衡。一个当地人拿着根棍子一路吆喝，指挥大象往哪里走，另一个拿着我的相机，一路帮我拍照。事后我给了他们一人100卢比的小费。我骑着大象一路走下小溪、走进树林，在训象人的指挥下，大象还用鼻子折断了一根不算细的树枝……

大象孤儿院是用于收养因各种原因脱离了群体的无家可归的幼象。据

大象孤儿院

说目前世界上有两所大象孤儿院，另一所在肯尼亚。大象孤儿院的门票可不便宜，要2000卢比，也就是约100元人民币。进去一看，其实也就是一群大象在河里洗澡。正值午饭时分，我们便在河边的餐厅用餐，顺便观赏河里的象群。吃完午饭，P司机又谈到了行程的问题，这次他说，如果想保持原来的行程不变的话，需要加100美元。看来这才是他的真正目的，一个贪财不厚道的司机。我告诉他，等到了康提的酒店我们再决定是否改行程还是加钱。

接下来，P司机带我们去了一个草药园，也就是参观花园，让游客买草药精油什么的，我们没啥兴趣，逛了一圈就走了。时间也不早了，我们驱车前往酒店。

我们在康提预订的是Paradise Kandy酒店，位处一座小山上。上山的坡道比较陡，快到酒店那段路，估计有30度左右的坡度，而且路坑坑洼洼的。P司机的车看来不行，爬坡很吃力。突然间，车熄火了，再次启动之后，变速箱里发出了像是金属断裂的刺耳的声音，之后车就完全没有动力了。还好刹车还没有失灵，我们赶忙从车上下来，看到车底下散落着一些黑色的粉末，不知道是车哪里坏了，估计这下P司机可是真的要心疼得要死了。这里离酒店还有一小段坡路，我们决定从车上取下行李，步行上山去。P司机也顾不上我们了，只顾着检查着车，于是我们就自行上山来到了酒店，由于坡道挺陡，虽然路不长，拿着行李上山还挺累。

到了酒店，我们赶忙打电话给我们包车的旅游公司的负责人，告诉他P司机的车坏了，以及他说需要加100美元的事，负责人说他来处理，稍后和我们联系。这个酒店估计也就是个家庭旅店改造过来的，说实话环境挺好的。酒店一共3层楼，只有2楼3楼共4间客房。2楼有一个巨大的厅，家具摆设什么的都挺好。厅的一旁是个厨房，一共只有3个工作人员，都是男的：一个自称是厨子，但是看着像是这里的老板。我们在厅里的沙发上坐下，服务员端上了刚泡好的免费的红茶，味道还不错。看来这几天只有我们一家人入住，倒也清静。儿子看到这么大的一个厅，很开心地在厅里跑来跑去。

我们就在酒店里用晚餐，7点钟，餐桌上摆满了精致的餐具。看来餐具很重要，顿时觉得晚餐的档次很高。晚餐以咖喱风味为主，味道还不错。这里也没什么别的娱乐活动，吃完晚饭，我们便到 3 楼的阳台看看满天的星星。收到包车公司负责人的短信，说是明天一早 6:30 会有一个新的司机开一辆新的车来接我们，行程不变，也不需要加钱。

古迹一日游

第二天一早，新的司机 Fernando 来了。Fernando 人很和蔼，看上去就比 P 司机靠谱多了。Fernando 先为昨天发生的事情道了歉，希望我们不要因为这个影响了心情。按照计划，我们今天要去丹布拉石窟寺（Dambulla Cave Temple）、狮子岩（Sigiriya）以及波隆纳鲁沃（Polonnaruwa）三个景点。其实每个景点之间距离也就几十公里，如果是在中国，一天玩下来绰绰有余。但是在斯里兰卡，全国只有一条高速公路，其他地方大部分道路都是双车道甚至是单车道的柏油路，所以行驶速度较慢，平均时速可能也就 30—40 公里。

我们首先来到丹布拉石窟寺，这里的门票要 1500 卢比一个人，我身上的卢比现金不够了，Fernando 先借了一些给我，待会儿路上再带我去换汇。

丹布拉石窟寺位于一座小山的山顶上，山脚下的入口处有一尊巨大的金色佛像。沿台阶上山，一路上可以看到路边许多猴子，一点也不怕人。斯里兰卡是一个佛教国家，参观这些与佛教相关的地方都必须脱鞋脱帽，裤子（裙子）必须过膝，女士不能露肩膀。石窟寺门口有存鞋的地方，每双 25 卢比，我们把鞋脱了，塞进包里，没有存。石窟寺有点类似中国的龙门石窟，不过规模比龙门石窟小多了，而且佛像雕塑看上去也没有龙门石窟的好看，可能是由于光线有点阴暗，看上去阴森森的。

从山上下来，Fernando 带我去换了钱，这里的汇率比机场的略差一些。由于时间紧，我们就在超市里买了点干粮作为午饭路上吃。

下一个景点是著名的狮子岩。狮子岩是联合国科教文组织保护的世

丹布拉石窟寺

界级珍贵遗产之一，门票 3900 卢比。这里其实是一个在巨大岩石上修建的宫殿。从远处看，这块巨大岩石有点澳大利亚的艾尔斯岩的感觉，岩石高 200 米左右，据说曾经在丛林中埋没了好几个世纪，直到 19 世纪中叶才被英国人发现。宫殿是公元 5 世纪的时候摩利耶王朝的国王卡西雅伯（Kassapa）为了逃避追杀而建造的。岩石的四周有一圈护城河，过了护城河，沿着一条笔直的红土大道一直走到巨大岩石的脚下，我们要开始攀登了。沿石阶走到半山腰，后面的台阶越来越陡，岳母决定不继续上去了，在半山的平地这里陪儿子玩，等我们下来。

继续向上攀登，通过一段螺旋金属台阶来到半空中的一个洞穴里看壁画，不知道古人是如何爬到这么高的悬崖岩洞里作画的。据说整个狮子岩四周的悬崖上，原来有 500 多幅壁画，现如今仅剩下 22 幅了。从台阶下来，我们来到了镜墙（Mirror Wall）。不知道为啥叫这个名字，也许是因为墙壁呈金黄色，打磨得比较光亮，像铜镜一般。这里其实就是一段城墙，可能古时候在这里可以观察远处的敌情。沿着镜墙往前走，绕到巨岩的另一边，再上一段台阶，就是狮爪平台了，这里就是狮子岩宫殿的城门口了。要想欣赏宫殿的全貌，还得继续向上，到达巨岩的顶部才行。

从狮爪城门进入，上了几级台阶，通过一条狭窄的贴着悬崖的铁梯之后，我们到达了巨岩的顶部，整个天上宫阙的废墟豁然呈现在眼前。虽然无法知道1500多年前的宫殿的富丽堂皇，凭借这一片庞大的遗址，还是可以想象和惊叹一下当年这里的奢华。这里原先的建筑都只剩下残垣断壁，只有皇家游泳池还保持原状，里面灌满了深绿色的水。在狮子岩的顶上放眼望去，四周茂密的森林一览无余，居住在这里，应该可以算是一种享受。

从狮子岩下来，Fernando告诉我们，狮子岩后面还有一条小路，直接通往森林中，是当年修建用于逃跑的。接下来，我们又前往另一个古迹——波隆纳鲁沃古城。公元11世纪开始，这里成为斯里兰卡的首都，现在有点类似柬埔寨的吴哥窟，到处都是宫殿、寺庙等建筑的废墟，不过没有吴哥窟的磅礴的气势和丛林密布的神秘感。我们在Fernando的带领下参观了几个古迹废墟，休息时间，买了几个黄椰子，一个50卢比，挺便宜。据

狮子岩

说黄椰子是斯里兰卡的特产，果皮是黄色的，里面果肉很少，水分非常多，营养成分高；不过味道不怎么甜，很清淡。

离开波隆纳鲁沃，要返回酒店了。我们在路上买了点快餐在车上吃，到达酒店已经是晚上 9 点多了，国庆日就在紧凑的行程中结束了。

佛牙寺和皇家植物园

10 月 2 日，今天的行程很宽松，用罢早餐之后，Fernando 驱车将我们带到康提市中心的佛牙寺，这里供奉着佛祖释迦牟尼的佛牙舍利。佛牙寺就位于康提湖畔，寺周围有一圈护城河。

进入佛牙寺的时候，一场宗教仪式正在进行，数百名信徒用小篮子装着鲜花花瓣，来到佛牙寺里，等候仪式结束之后，排队进入到一个小房间里瞻仰佛牙。人很多，在小房间外面什么也看不到，我们也懒得在长长的队伍后排队，就在四周转了一圈就去来了。

从佛牙寺出来，我们就直奔一旁的康提湖。据说这里是由稻田挖出来的人工湖，路边绿树成荫，在炎热的天气里沿着湖畔闲逛倒是十分惬意。

离开康提湖，我们前往康提市中心逛逛。康提市不大，也没什么高楼，城市基础设施也很一般。我们找到了市中心的汇丰银行，用取款机取了 9 万斯里兰卡卢比。顺便一提，现在银联的网络系统很发达，在很多国家都可以用中国的银行卡在取款机上直接取当地货币（只要该取款机上有银联的标记，汇丰银行的取款机肯定有），不过需要一些手续费。国内大银行发行的卡的手续费相对较高，而一些小银行，手续费很低，甚至免手续费。加上手续费，这 9 万卢比等于 4273.01 元人民币，相当于 1 人民币 =21.06 卢比，和通过美元再换成卢比差不多。之前身上没什么当地货币现金，心里总是有点不踏实，现在好多了。

通过 Google Map，我们找到了一家叫做 Flower Song 的中餐馆用午餐。这里挺实惠，味道也不错，可是中午除了我们只有另外 2 个人在这里用餐，服务员倒有 5—6 个，不知道开这个餐馆挣不挣钱。用罢午餐，我们沿路买了点纪念品，就回到了佛牙寺门口，Fernando 按照我们的约定等在了那里，接下来他带我们去皇家植物园。

刚到皇家植物园门口，看到一大群年轻人，有男有女，头裹着红巾，拿着横幅，喊着口号，一路向前走去。一问 Fernando 才知道，这是大学生们在游行。斯里兰卡的教育从小学到大学都是免费的，但是现在政府打算引入学费昂贵的私立大学，导致大学生开始抗议。

刚到植物园，儿子就睡着了，这倒也不错，我们可以推着婴儿车在植物园里悠闲地走走。康提的皇家植物园面积不小，据说占地面积超过 60 公顷，号称是世界上最好的热带植物园。园内植物种类繁多，据说有超过 4000 种斯里兰卡本土的以及从海外引进的植物。除了珍奇的植物之外，还有大片的草地，的确是一个午后闲逛的好地方。园内还有很多野生猴子，不过来斯里兰卡没几天，已经看到太多的野生猴子，见怪不怪了。植物园里的当地游客不少，我们正好赶上一群小学生来秋游，他们看到在婴儿车里熟睡的儿子，都很好奇地过来看看。

在植物园里悠闲地逛了 2 个多小时之后，我们返回了宾馆，我给了 Fernando2000 卢比，作为过去的两天的小费。偌大的一个宾馆还是只有我们一家人入住，儿子醒了，在宾馆里楼上楼下跑来跑去，他发现厨房的天花板上有一个燕窝，燕窝下方的地板上还有工作人员铺的用于承接粪便的帆布袋。在斯里兰卡人与动物还是相处得非常的和谐。傍晚时分，燕子返回巢中……

高山茶园

新的一天到来了，我们要离开康提了。宾馆的几个工作人员依依不舍地送我们离去，真的是依依不舍，因为不知道什么时候才会有新的游客入住进来。离开康提，我们要前往号称“小英格兰”的 Nuwara Eliya。Nuwara Eliya 地区是斯里兰卡海拔最高的地区，最高处 2000 多米，这里以高山茶园著名，是斯里兰卡重要的产茶地。当年英国人把茶叶以及相关的种植技术从中国带到了斯里兰卡，在这里发展起众多的茶园。

Fernando 驾驶者汽车沿着盘山公路上行，路边漫山遍野的都是茶园，还有一些小型的瀑布。购物一直都是旅行中不可或缺的一个主题，Fernando 带我们来到了一个茶园，参观参观茶叶制造的过程，然后就是购买茶叶。这个茶园名叫 Glen Loch，一看就知道是英国人留下的。当年我在苏格兰玩的时候正好对这两个字有所了解，Glen 是苏格兰语“峡谷”的意思，Loch 是苏格兰语“湖”的意思。一进茶园，来了一个身着民族服装的女士带领我们参观，讲解茶叶采集、加工的工艺。她带我们在厂房里转了一圈，里面有各式各样的机器，其实不用她介绍，我们都知道这些机器是干什么的，因为这些机器都是从中国杭州进口过来的，上面有中文标记，什么“茶叶捻揉机”之类的。

购买了一些茶叶之后，我们驱车到达了 Nuwara Eliya。之所以号称“小英格兰”，是因为这里的建筑都是当年殖民时期留下的英伦风格的建筑，而且这里海拔相对较高，气候与斯里兰卡其他地方的炎热天气相比，较为寒冷，比较接近英格兰的天气情况。我们入住的宾馆在一座小山的半山腰。

宾馆的视野不错，可以看到远处的湖景山色，美中不足的是空中有太多电线。入住之后，享用了一杯美味的免费红茶之后，我和 Ellen 步行下山逛逛。

其实 Nuwara Eliya 市中心也没什么可逛的，除了一些英式风格的建筑、维多利亚公园和一个高尔夫球场里修整得非常漂亮的草坪之外，没什么特别的东西了。

回到酒店，岳父岳母和儿子还在睡觉。不知道什么原因，这里晚上 6 点之后才有电，房间里没有空调，夜里还是有点凉的，需要开启电取暖器才行。

失败的浮潜

10 月 4 日，我们离开 Nuwara Eliya，前往海边城市加勒（Galle）。Fernando 先开车带我们到湖边看看，然后再带我们看看几个比较有英格兰特色的当地建筑，之后就向加勒方向开去。今天的路途较长，都是弯弯曲曲的山路，路边是无穷无尽的热带雨林。中午时分，Fernando 带我们来到小溪旁的一个餐厅用了午餐，在征求了我们的意见之后，我们下午又走了 2 个小时的山路之后上了从科伦坡到加勒的高速公路。高速公路费需要我们额外支付，也就 400 卢比，这样可以节省 2 个小时的路途时间。目前斯里兰卡全国仅有这一条高速公路，为了迎接 11 月份在斯里兰卡召开的英联邦会议，另外一条高速公路即将完工。

到达我们在加勒预定的酒店的时候，天色已经开始暗了下来。我们入住的是 Thaproban Pavilion Resort and Spa 酒店，定的是一个 2 层楼的套间，非常不错，俨然一副小别墅的样子。酒店不大，旁边没有沙滩，靠海的一边是一个小游泳池，游泳池旁有几个巨大的岩石，岩石背后就是波涛汹涌的大海了。用波涛汹涌来形容一点不为过，天色已经完全黑下来，岩石后面啥都看不见，但是时不时有巨大的海浪从黑洞中翻上来拍在岩石上，发出令人敬畏的巨大的声响。

10 月 5 日，我们用过早餐，向海滩出发。海边可供游客游玩的沙滩距离我们的酒店有个几百米的距离，在沙滩边上有我们这个酒店的分店，因此有一小块私人沙滩。其实也不能说是私人沙滩，所有人都可以在这里玩，包括使用沙滩上的躺椅，只不过本酒店所有分店的住客可以从酒店里借用毛巾什么的。

自从上次在沙巴浮潜之后，Ellen 就很渴望再次体验在海里浮潜看鱼，因此这次我们也把浮潜的装备带来了。到海边一看，海浪有点大，海水不是很清澈，浮潜可能看不到鱼。于是我们问沙滩上一个提供水上快艇的工作人员，他说如果想浮潜看鱼的话可以坐他们的船到海中间的小岛边，每人需要 3500 卢比，那里的海比较平静，可以看到鱼。想起在沙巴坐船出海到岛上浮潜的经历，我们毫不犹豫地就答应了。不一会儿，船来了，带我们到了海中间的岛旁，说是岛，其实就是几块礁石，人是不能登上去的。船主把船停在海中央，说是就是在这里浮潜。可是这里海浪还是很大，能看到鱼吗？有点被骗的感觉。而且这里是在深海中，虽说身上穿着救生衣，对于水性不是很好的我来说，还是有点紧张的。来都来了，不管三七二十一，我先下水试试，扑通一声就从船上跳进了水中。身上的救生衣好像不太好，入水的冲击力一下子把救生衣的扣子冲开了，右半边从我的身上脱落，只剩左边挂在我的左肩上。由于风浪大，船已经漂远了。这是我第二次在深海落水，上次是在三亚，自己驾驶摩托艇开到海中央，速度太快转弯时没减速，一下子人飞出去落水了。当时离岸边太远，还好海中间有个小岛，岛上的人看到了我落水，驾船过来救我。当时落水还很镇定，毕竟有救生衣在身上，沉不下去。这次可不一样，救生衣已经脱了一半，我急忙在水里扑腾，并向远处的船主和Ellen挥手。他们看到了我，开船过来，放下了一个梯子，我爬了半天才爬上去，非常狼狈。

船主说我不会游泳就不要下去了，但是我不死心，换了件救生衣又下水了。这次没问题，我戴着浮潜面罩在海里游了一阵，由于风浪大海水浑，只能隐约看到水下的一些岩石，其他什么也看不见，于是我挥手让 Ellen 不要下来了。

爬回船上，我们返航了。白白花了 7000 卢比，什么都没看到，还有惊无险地落了次水。

由于风浪大，不适合儿子下水玩，我们决定返回宾馆，让儿子在游泳池里玩玩。上次在沙巴的时候，儿子还小，啥都不懂，把他放在救生圈里放在海面上漂，他一点没有反应。现在不同了，进入游泳池里他很紧张，抱着我不放，后来发现双脚可以着地（我们在儿童浅水区），才轻松下来。玩了一个小时还不肯上岸，最后是我们把他硬拖上岸带回房间的。

由于早上没看到鱼，我们有点不甘心，看了网上的一些攻略，说是附近的一个海滩叫做 Jungle Beach 的，是个浮潜的好地方。午饭后，岳父岳母和儿子都午休去了，我和 Ellen 带上装备，搭乘突突车（三轮摩托）前往 Jungle Beach。Jungle Beach 离酒店不算远，不过都是山路，道路不平整，一路颠簸。司机带着我们上坡、下坡……在一个下坡道之前，突突车戛然停止，司机带我们步行沿着一小段坑坑洼洼的下山道穿过了一片丛林，一小片海滩出现在眼前。海滩虽小，旁边也有出租救生衣的，我们租了救生衣，就下海了。可是海水还是有点浑浊，我们在海里游了一个小时，一条鱼都没有看见，很是令人失望。上岸之后，我们问司机这里平时能看到鱼吗？他说，风浪小的时候这里的水还是很清的，可以看到很多鱼，11 月之后风浪会比较平静。之前也听 Fernando 说过，11 月至第二年 4 月是斯里兰卡的旅游旺季，看来我们来早了一些。顺便说一下，11 月之后来加勒这里，可以出海看到很多鲸鱼。

返回酒店的路上，司机还顺路带我们去看了一下一个小山顶上的大佛，往返车费是 1000 卢比，司机的服务还算比较周到。从这个小山顶上可以俯视附近的大海，景色还不错，可惜我们这趟出来没带相机。

回到酒店后，又陪儿子去游泳池玩了一阵。天色开始暗了下来，我们出门觅食。从宾馆出发，沿小路向外走，一路两边都是酒店、餐厅和小商店。我们本来打算找家餐厅吃海鲜，不知道怎么着，逛到一个卖当地大饼为主食的一个餐厅门口，大家决定就在这里吃了。点了海鲜饼、蔬菜饼之类的几个菜，服务员端上来我们一看，与之前想象的不同，饼已经被切碎放在盘子里，不知道的人完全不会想到这盘食物原来是个饼，不过味道还挺不错的。

警局笔录

10 月 6 日早上，我们吃了早饭，在宾馆的楼顶看看四处的风景，收拾收拾行李，就准备出发了。11 点钟，Fernando 按照约定来到了门口，出发之前，他把我拉到一边，说有个事要和我商量一下，说是需要我帮个忙。原来是这样，之前那个 P 司机，拿了我给的 510 美元，没有上交给公司，就失踪了，打电话也不接。他们公司准备起诉 P 司机，需要我去附近的警察局做个证，好让警察去抓他。本来我们今天计划去参观海边的加勒要塞（Galle Fort），之后就返回科伦坡。Fernando 希望我们在返回科伦坡之前能和他一起先去警察局做个笔录什么的。我还以为是什么大事呢，原来就做个笔录，没问题。

加勒是一个历史悠久的港口，几百年前波斯人、阿拉伯人、中国人都曾经来到过这里做生意。郑和下西洋时也曾经过这里。而成为现代意义上港口，是 16 世纪的时候葡萄牙人来到这里之后完成的。17 世纪之后，加勒被荷兰人殖民，建成了如今的这个要塞。整个要塞由高大的城墙围住，我们的车从城门进入，仿佛来到了一个欧洲小镇，四周全部都是欧式风格的建筑。Fernando 开车带我们在小镇转了一圈之后，来到了海堤旁。我们下车在海堤上走走，蓝天白云、海堤上的灯塔、巨大的椰子树、漂亮的建筑……

离开要塞，我们要去警察局了。Fernando 驱车一路沿着印度洋的海岸线向北开。2004 年印度洋海啸的时候，加勒也是一个重灾区，如今四周风景如画，很难想象当时的惨状。我们经过一个小镇，名字好像叫 Hikkaduwa，Fernando 说这里是当时海啸受灾最严重的地方，当时海水退去之后甚至有好几节火车车厢挂在高高的椰子树上。虽然已经过去多年，海边依旧屹立着一些当时毁坏的废弃的房屋。离海岸不远处有一个小岛，上面有一个寺庙。Fernando 说，原来那不是一个岛，是和陆地相连的，海啸之后变成了岛。附近还有一个纪念碑，缅怀在海啸中丧生的人们……

海啸这个话题还是有点沉重，我们还是再看看风景。大片大片的椰林，海水也很漂亮，可能是风浪大的缘故，一路的海滩上几乎都没有人在玩耍。在一片椰林旁边还有一个巨大的佛像。看来同意来警察局做笔录真是一个不错的选择，让我意外看到了美丽的风景。

快到警局的时候，Fernando 正在等红绿灯，绿灯亮，车正启动，一旁一个路人大喊了一句什么，Fernando 一个急刹车。原来有一只巨大的蜥蜴正要过马路，从我们的车底下爬过，路人提醒 Fernando 不要压到它了。斯里兰卡人动物保护的意识还真不错。不过斯里兰卡的蜥蜴还真是多，我们来了没几天，从几厘米长到 1 米左右的蜥蜴，常常可以看到。

终于到了 Ambalangoda 小镇的警察局，旅游公司的人已经等在那里。他先感谢我来帮他们做笔录，之后就带我进去。警察局里的人还不少，我们先到了一个像是局长办公室的地方，旅游公司的人和“局长”哇啦哇啦说了半天，不知道在讲什么。这里倒是挺像印度电影里乡村警察局的样子，除了长相相似，连警察的服装也都很相似。之后我又被带到另一个房间，一个大桌子，对面坐着两个女警，旅游公司的人问我能否用英语写一下我给510美元的经过。碰到像我这样记忆力好的证人也算是他们的运气了，我详细地写下了那天的经过，几点到的科伦坡，几点P司机接上我们去酒店，甚至连酒店的具体地址我都写了下来，然后我写了在酒店门口把510美元给了P司机。旅游公司的人在一旁看得很兴奋，大声说，他知道怎么写。

我旅游的地方也不少，第一次到警察局做笔录，也算是一个经历吧。

离开警局，我们再一次上了唯一的高速公路，返回了科伦坡。Fernando先带我们在城市兜了一圈，大致介绍了一下科伦坡的主要景点，然后就带我们去了酒店。

在餐厅里擦地板

夜幕降临，我们决定到科伦坡的加勒大街附近，找一家中餐馆，好好吃顿海鲜。为啥一定要到中餐馆呢？因为如果不是中餐馆，你一定会觉得好好的海鲜被厨师糟蹋了。

出门打了2辆突突车（一辆车最多坐3个人），我们来到了加勒大街边Sea View Avenue上的一家中餐馆，名叫168 Sea Food Palace。一看名字就知道是中国人开的，不过餐馆里上菜的服务员都是当地人，不知道大厨是不是中国人。

我们点了2只1公斤左右的斯里兰卡大螃蟹，一条石斑鱼，还有一些蔬菜什么的，坐下等着上菜，准备饱餐一顿，悲剧发生了：穿着开档裤的儿子突然不声不响地在地上拉了好几坨那个什么，还好这个餐馆的桌椅摆设比较宽松，不同餐桌之间距离比较远，而且我们这里正好有一个柱子挡住了一部分，所以暂时还没人发现。我赶忙拿了一些餐巾纸，把这些盖上，先防止其他食客看到，也避免气味扩散。幸好随身带了2个塑料袋，我用餐巾纸一点一点地捡起来，放到塑料袋里。岳母和Ellen把儿子抱到洗手间，洗屁股、洗裤子。不知道儿子是不是有点不消化，拉得有点稀，我捡了半天才捡完，这个过程中我想起了那个关于《时间简史》的笑话。终于捡完了，我去洗手间里取了点洗手液，用餐巾纸蘸着开始擦地板。这时进来了1个中国人，看看店里的当地服务员，再看看着装休闲、挎着腰包、弯腰擦地板的我，毫不犹豫地上来问我，你是这里的老板吧……

一片狼藉处理完了，整个过程中一旁的服务员也没说啥，就事后过来喷了点空气清新剂。儿子的裤子洗掉了，只能光着屁股。我在餐厅外方圆500米找了一圈，今天正值星期天，又是晚上了，没有任何商店开门可以给儿子买条裤子。Ellen被搅得已经没了食欲，加上怕儿子一直没裤子穿着凉，我们匆匆吃了一些，剩下的打包带回酒店慢慢吃。不过说实话，这家餐厅的味道还真不错，只可惜儿子拉的不是时候，等他长大以后一定要让他知道这件糗事。

科伦坡一日游

10月7日，吃过早饭，我们开始了科伦坡一日游。由于11月的英联邦会议在即，科伦坡到处都在大兴土木进行城市建设，要赶着在这个月完工，很多地方都尘土飞扬。从宾馆步行出发，走了一小段路之后，就来到了一个公园，叫做Viharamahadevi Park，公园北边有一个像美国国会大厦一般的建筑。与四周喧闹的施工现场相比，公园里十分宁静而且干净。我们在公园里看到了一只大蜥蜴，有几棵树上还有许多蝙蝠。公园南边的街对面是国家博物馆，据说这里有当时郑和下西洋路过斯里兰卡时立下的碑。我们进去转了一圈，里面文物不少，可是没有找到那个碑。从博物馆出来，儿子在一个坡道跑上跑下，边跑边笑，博物馆的好几个工作人员跑了出来，欢乐地看着儿子在这里玩。

天气太热了，加上阳光暴晒，我们参观完博物馆，就步行返回了宾馆。休息了一阵，收拾好东西，我们退房出来。Fernando按约定等在了门口，我们决定去网上推荐的一家叫做88海鲜屋的中餐馆吃午饭。刚到餐厅门口，儿子就睡着了，我们终于可以安安心心地吃一顿海鲜了。虽然网上推荐说这家餐厅很不错，但是我们都觉得不如昨天晚上的 168 Sea Food Palace，价格也比那家贵一些。

午餐之后，我们参观了独立广场，以及班达纳奈克国际会议大厦（Bandaranaike Memorial International Convention Hall），这个会议大厦是中国在上世纪 70 年代还很穷的时候无偿援建的，象征着中国和斯里兰卡的友谊。

科伦坡没什么特别值得玩的地方，由于我们将搭乘今晚凌晨的飞机回国，只能在四处走走，打发时间。Fernando 带我们到一个商场，让我们逛逛。之后来到海边的绿地（Galle Face Green）看看海景。从这里可以看到远处的国会大楼，以及科伦坡为数不多的几幢高楼大厦，好像都是香格里拉、希尔顿之类的 5 星级酒店。Fernando 说，在内战时期，要想来到我们现在所在的地方，需要经过层层的安检。

离开绿地，我们去参观这里比较有建筑特色的一个清真寺和印度庙。这两个建筑都位于熙熙攘攘、嘈杂的街道中，天色已晚，已经不能进入，只能在外面看看。印度庙还是很有特色的，屋顶上有许多稀奇古怪的人物雕塑，好像印度教与其他一些宗教不同，所信奉的神灵的形象和普通人不一样，常常是有个三头六臂，或者长着大象鼻子之类的。

天色黑了下来，我们决定再吃一次海鲜，刚才路上看到有一个餐厅叫做 China Town（中国城）的，我们决定去那里吃龙虾。到了餐厅，服务员都是斯里兰卡人，他们说半米多长的大龙虾只剩一只了。没得选，就这只吧。点好菜，我们正坐着等，服务员又过来说，那只龙虾打开之后发现发臭了，不能吃了，只剩下一只 20 多厘米长的龙虾。得，只能吃这只小的了，没吃到当地的大龙虾，晚上就要离开了，有点可惜。等到菜上来一看，龙虾肉是用菠萝咕咾肉的做法做的，完全没有吃海鲜的感觉，看来这个餐厅虽然名字叫中国城，可能不是正宗的中餐馆，估计是大厨学了一些中国菜的烹饪方法而已。

饱餐一顿，我们向机场出发。Fernando 依然很敬业，一路还在给我们介绍路边的建筑是什么。到了机场，车刚停下，过来一个搬运工飞快地把我们的行李搬上了推车，估计是要收费的，可是拒绝已经来不及了。我们和 Fernando 道别，感谢这几天优质的服务，我又给了他 5000 卢比的小费，加上之前给他的 2000 卢比，7 天时间一共给了他 7000 卢比小费，希望他对这个金额能满意。临别之时，我又问他，那个 P 司机抓到了吗？他说，还没，完全找不到人。

进入机场里面，我给了搬运工 50 卢比的小费，结果他嫌少，指着衣服上的字说他们没有工资，完全靠小费的。我定睛一看，衣服上印着，每件 50 卢比。这不是强买强卖吗？我又塞给他 100 卢比，打发他走。

身上还剩下 9000 多卢比，我们决定换回美元。在斯里兰卡，把美元换成卢比很简单，要换回来就稍微麻烦一些。如果你有当时从美元换成卢比的收据，可以按当时换汇的汇率再把卢比换回美元；如果没有的话，只能按一个不太合算的汇率换回。我当时换汇的收据找不着了，只好承受一些汇兑损失了。

飞机 0:40 起飞前往香港。来的时候经停泰国曼谷，回去则不同，经停新加坡，因而时间还要更长一些。儿子途中又哭闹了一次，下午 4 点多，我们回到了上海。

后　记

虽然有 P 司机事件，斯里兰卡人民总体来说，还是非常友好的。在斯里兰卡，对面过来的路人大都都会对我们微笑示意。唯一一个比较令人不习惯的是，这里和印度一样，点头表示不，摇头表示是。而且他们常常只用点头摇头来回答，而不说话。根据 Fernando 的介绍，斯里兰卡人的平均收入也就是每月 1500 元人民币左右，其中 1200 元要用于吃饭，所以也存不下什么积蓄。

斯里兰卡的旅游资源还算比较丰富，有狮子岩这样的知名古迹、有寺庙、有海滩，还有野生动物园。斯里兰卡的卫生状况也不错，食物什么的都挺干净。美中不足的是由于气候炎热而且生态环境好，有时候宾馆里会有一些昆虫蚂蚁什么的。在斯里兰卡旅游，驱蚊油、防晒霜什么的不可少。

斯里兰卡人，不论高矮胖瘦，大部分的肚子都挺大，不知道是不是因为常常喝红茶加很多糖导致的。不过他们的红茶味道的确不错。虽然 1972 年国名从锡兰改为斯里兰卡，但是这里出产的红茶的名字不变，依旧称为锡兰红茶。

11 月份的英联邦会议在科伦坡如期召开，不知道那里的城市建设和高速公路是不是提前修好了。这次英联邦会议遭到了加拿大等一些国家的抵制，原因是他们认为斯里兰卡政府军在内战后期的一些行为践踏了人权。当然，大部分英联邦国家还是出席了此次会议。我查了查资料，好像是内战初期，猛虎组织拒绝谈判，内战后期，当政府军占绝对优势时，猛虎组织希望谈判表示愿意投降，但是遭到政府拒绝，被政府军全歼。是不是践踏人权我不予评论，但是至少一场长达 20 多年的内战结束了，战争和恐怖袭击不再存在，人人脸上堆满了微笑，这难道不好吗?

2013 年 11 月 13 日